BESTSELLER

Malcolm Gladwell (Inglaterra, 1963) escribe habitualmente, desde 1996, para la revista *The New Yorker*. Es autor de *El punto clave*, *Blink (Inteligencia intuitiva)*, *Outliers (Fuera de serie)*, *Lo que vio el perro* y *David y Goliat*, que han ocupado, todos ellos, primeros puestos en las listas internacionales de ventas. Antes de unirse a *The New Yorker*, trabajó como reportero para *The Washington Post*, del que cubría las secciones de Negocios y Ciencia y dirigió la oficina de Nueva York.

MALCOLM GLADWELL

Blink. Inteligencia intuitiva
¿Por qué sabemos la verdad en dos segundos?

DEBOLS!LLO

Título original: *Blink. The Power of Thinking Without Thinking*

Primera edición: octubre de 2019

© 2005, Malcolm Gladwell
© 2017, derechos de edición mundiales en lengua castellana:
Penguin Random House Grupo Editorial, S. A. de C. V.
Blvd. Miguel de Cervantes Saavedra núm. 301, 1er piso,
colonia Granada, delegación Miguel Hidalgo, C. P. 11520,
Ciudad de México
© 2019, Penguin Random House Grupo Editorial USA, LLC.
8950 SW 74th Court, Suite 2010
Miami, FL 33156

Traducción: Gloria Mengual

www.megustaleerenespanol.com

ISBN: 978-1-644730-88-1

Impreso en Estados Unidos – *Printed in USA*

Penguin
Random House
Grupo Editorial

A mis padres,
Joyce y Graham Gladwell

Índice

Introducción

La estatua que tenía algo raro

En septiembre de 1983, un comerciante de arte llamado Gianfranco Becchina se puso en contacto con el Museo J. Paul Getty de California. Decía estar en posesión de una estatua de mármol del siglo VI antes de nuestra era. Se trataba de un kurós, una escultura que representa a un varón joven desnudo, de pie, con la pierna izquierda adelantada y los brazos pegados a los costados. Sólo se conservan alrededor de dos centenares de estas obras, en su mayor parte bastante dañadas o reducidas a fragmentos, descubiertas en tumbas o en yacimientos arqueológicos. Pero éste era un ejemplar conservado casi a la perfección. Superaba los dos metros de altura y tenía una coloración clara resplandeciente que lo diferenciaba de otras piezas antiguas. Se trataba de un descubrimiento extraordinario por el que Becchina pedía algo menos de 10 millones de dólares.

El Museo Getty respondió con cautela. Aceptó el kurós en préstamo e inició una investigación exhaustiva. ¿Casaba la estatua con otros kurós conocidos? La respuesta parecía afirmativa. El estilo de la escultura recordaba al del kurós de Anavyssos, que se encuentra en el Museo Arqueológico Nacional de Atenas, lo que sugería que podría encajar en un lugar y una época determinados.

¿Dónde y cuándo se había encontrado la figura? Nadie lo sabía con exactitud, pero Becchina proporcionó al departamento jurídico del Museo Getty un montón de documentos relacionados con su historia más reciente. Según constaba en ellos, desde la década de 1930 el kurós formaba parte de la colección particular de un médico suizo llamado Lauffenberger, quien a su vez lo había adquirido a un conocido comerciante de arte griego llamado Roussos.

Stanley Margolis, geólogo de la Universidad de California, pasó dos días en el museo examinando la superficie de la escultura con un microscopio estereoscópico de alta resolución. Luego, extrajo una muestra de un centímetro de diámetro y dos de longitud de la zona situada justo debajo de la rodilla derecha y la sometió a análisis mediante microscopía electrónica, microsonda electrónica, espectrometría de masas, difracción de rayos X y fluorescencia de rayos X. Margolis concluyó que la estatua era de mármol dolomítico procedente de la antigua cantera del cabo de Vathy, en la isla de Thasos, y que la superficie estaba cubierta por una delgada capa de calcita; el geólogo señaló al museo la importancia de este detalle, pues la dolomita tarda cientos, cuando no miles, de años en transformarse en calcita. En otras palabras: la estatua era antigua. No se trataba de una falsificación contemporánea.

El Museo Getty quedó satisfecho y, 14 meses después de comenzada la investigación sobre el kurós, aceptó comprarlo. Se expuso por primera vez en el otoño de 1986. *The New York Times* señaló la ocasión con una primera página. Pocos meses después, Marion True, restauradora de antigüedades del Museo Getty, escribió un largo y encendido relato sobre la adquisición para la revista de arte *The Burlington Magazine*. «Erguido sin necesidad de ningún soporte exterior, los puños firmemente apretados contra los muslos, el kurós expresa la confiada vitalidad característica de sus mejores hermanos». Y concluía en tono triunfal: «Divino o humano, encarna toda la energía radiante de la adolescencia del arte occidental».

Pero había un problema: el kurós tenía algo raro. El primero en señalarlo fue un historiador del arte italiano llamado Federico Zeri, que formaba parte del consejo de administración del museo. Cuando en diciembre de 1983 le llevaron al estudio de restauración para ver el kurós, se quedó mirando las uñas de la escultura. En aquel momento no pudo expresarlo con palabras, aunque le pareció que tenían algún defecto. Evelyn Harrison fue la siguiente. Era una de las expertas en escultura griega más destacadas del mundo y se encontraba en Los Ángeles visitando el Getty justo antes de que el museo cerrase el trato con Becchina. «Arthur Houghton, el conservador en aquel momento, nos acompañó a verlo», recuerda Harrison. «Retiró la tela que lo cubría y dijo: "Todavía no es nuestro, pero lo será en un par de semanas". "Pues lo lamento", respondí yo». ¿Qué había visto Harrison? Ella no lo sabía. En el preciso instante en el que Houghton retiró el lienzo, tuvo un presentimiento, una sensación instintiva de que algo no encajaba. Pocos meses más tarde, Houghton llevó a Thomas Hoving, anterior director del Museo Metropolitano de Arte de Nueva York, al estudio de restauración para que viese también la estatua. Hoving siempre repara en la primera palabra que se le pasa por la cabeza cuando ve algo nuevo, y nunca olvidará cuál fue esa palabra en su primera visión del kurós: «Reciente. La palabra fue "reciente"», recuerda Hoving. Y «reciente» no parece ser la expresión correcta que suscita una escultura de 2 mil años de antigüedad. Más tarde, pensando en aquel momento, Hoving comprendió por qué se le vino a la mente tal idea: «Yo había excavado en Sicilia, donde encontramos fragmentos de objetos similares, pero el aspecto con el que salen no es éste. El kurós parecía haber sido sumergido en el mejor café con leche de Starbucks».

Hoving se volvió hacia Houghton: «¿Ya ha pagado usted por esto?». Recuerda la mirada de desconcierto del conservador.

«Si ya lo ha pagado, procure que le devuelvan el dinero», añadió Hoving. «Y si no, no lo pague».

Los responsables del Museo Getty empezaron a inquietarse y convocaron un congreso especial sobre el kurós en Grecia. Embalaron la estatua, la enviaron a Atenas e invitaron a los mejores expertos del país en escultura. Esta vez, el coro de voces consternadas clamó con más fuerza.

George Despinis, director del Museo de la Acrópolis de Atenas, comentó a Harrison, que se encontraba de pie a su lado, señalando al kurós: «Cualquiera que haya visto alguna vez sacar una escultura del suelo puede decir que esta cosa no ha estado enterrada jamás». Georgios Dontas, presidente de la Sociedad Arqueológica de Atenas, vio la escultura y lo que sintió de inmediato fue frío. «Cuando vi el kurós por primera vez», dijo, «noté como si hubiese un cristal entre la obra y yo». Después de Dontas, intervino en el congreso Angelos Delivorrias, director del Museo Benaki de Atenas. Se extendió sobre la contradicción entre el estilo de la escultura y el origen del mármol en que estaba labrada, que procedía de Thasos. Y por fin entró en materia. ¿Por qué pensaba que era una falsificación? Porque la primera vez que puso los ojos sobre ella, dijo, notó una oleada de «rechazo instintivo». En la clausura del congreso, muchos de los asistentes estaban de acuerdo en que el kurós no era lo que se suponía, ni mucho menos. El Museo Getty, con sus abogados, sus científicos y sus muchos meses de laboriosa investigación, había llegado a una conclusión, y algunos de los mejores especialistas del mundo en escultura griega, con sólo mirar la estatua y sentir un «rechazo instintivo», habían llegado a otra. ¿Quién tenía razón?

Durante algún tiempo, el asunto continuó sin aclararse. El kurós pertenecía a ese tipo de objetos sobre los que los expertos en arte discuten en los congresos. Pero, poco a poco, las razones del museo fueron perdiendo fuerza. Las cartas de que se valieron los abogados del Getty para seguir el rastro del kurós hasta el médico suizo Lauffenberger, por ejemplo, resultaron ser falsas. Una de ellas, datada en 1952, llevaba un código postal que no existió hasta 20 años más tarde. Otra, de 1955, hacía referencia a una cuenta bancaria que no se abriría hasta 1963. La conclusión inicial de los largos meses de investigación fue que el kurós se ajustaba al estilo del de Anavyssos, pero también esto se iba a poner en duda: cuanto más de cerca examinaban la pieza los expertos en escultura griega, con más claridad empezaban a comprender que se trataba de un *pastiche* desconcertante de estilos, épocas y lugares distintos. Las esbeltas proporciones del joven recordaban mucho a las del kurós de Tenea, que está en el Museo de Múnich, mientras que el peinado adornado con cuentas se parecía mucho al del kurós del Museo Metropolitano de Nueva York. En cuanto a los pies, eran más modernos que otra cosa. Al final resultó que el ejemplar al que más se parecía era una pequeña estatua a la que le faltaban algunos fragmentos, descubierta en Suiza por un historiador del arte británico en 1990. Las dos esculturas estaban talladas en mármoles similares y seguían técnicas muy parecidas. Pero el kurós de Suiza no procedía de la antigua Grecia, sino del estudio de un falsificador romano de principios de la década de 1980. ¿Y qué decir del análisis científico según el cual la superficie del kurós del Museo Getty sólo podía haberse formado después de cientos o miles de años de envejecimiento? Al parecer, la cosa no estaba tan clara. Después de nuevos análisis, otro geólogo concluyó que la superficie de una escultura de mármol dolomítico podía envejecerse en un par de meses con moho de la patata. En el catálogo del Museo Getty se reproduce una imagen del kurós con la indicación «Hacia 530 a. de C., o falsificación moderna».

Cuando Federico Zeri, Evelyn Harrison, Thomas Hoving, Georgios Dontas y todos los demás vieron el kurós y sintieron un «rechazo instintivo», acertaron de lleno. En un par de segundos, de un simple vistazo, lograron captar más sobre la esencia de la escultura que el equipo del Museo Getty en 14 meses.

El presente libro trata de esos dos primeros segundos.

Voy a proponerles un juego de cartas muy sencillo. Imaginen que frente a ustedes hay cuatro mazos de naipes: dos de color rojo y dos de color azul. Con cada uno de esos naipes ganarán o perderán cierta cantidad de dinero; de lo que se trata es de ir dando la vuelta a las cartas de los montones, de una en una, de modo que la ganancia sea máxima. En todo caso, hay algo que no sabrán al principio: las cartas rojas son un campo de minas. Ofrecen premios elevados, pero si pierden con ellas, pierden mucho. En realidad, sólo podrán ganar si sacan naipes de los montones azules, que ofrecen unas ganancias constantes de 50 dólares y pérdidas moderadas. De lo que se trata es de averiguar cuánto tardará usted en darse cuenta.

Un grupo de científicos de la Universidad de Iowa hizo este experimento hace algunos años y descubrió que, después de haber puesto boca arriba cerca de 50 cartas, casi todo el mundo comienza a intuir en qué consiste el juego. Los apostantes no saben por qué prefieren los naipes azules, pero están bastante seguros de que es mejor apostar por ellos. Después de sacar alrededor de 80 cartas, la mayor parte de los participantes ha descubierto cómo funciona el juego y es capaz de explicar con exactitud por qué los dos primeros mazos de cartas son tan poco recomendables. Es lógico: adquirimos cierta experiencia, reflexionamos sobre ella, elaboramos una teoría y, por último, sacamos nuestras conclusiones. Así funciona el aprendizaje.

Ahora bien, los científicos de Iowa hicieron algo más, y ahí es donde empieza la parte más extraña del experimento. Conectaron a cada uno de los jugadores a una máquina que medía la actividad de las glándulas sudoríparas de la palma de la mano. Como casi todas las glándulas de este tipo, las de la palma de la mano responden tanto al estrés como a la temperatura, y por eso nos sudan cuando estamos nerviosos. Así descubrieron los investigadores que los jugadores empezaban a generar respuestas de estrés a las cartas rojas cuando habían sacado 10, es decir, 40 cartas antes de ser capaces de afirmar que intuían que en esos dos montones había algo malo. Y, lo que es más importante, observaron también que casi al mismo tiempo que empezaban a sudarles las manos, su comportamiento comenzaba a cambiar; mostraban preferencia por las cartas azules y sacaban cada vez menos naipes de los mazos rojos. En otras palabras: los jugadores habían descubierto el juego antes de darse cuenta de que lo habían hecho; empezaban a hacer los ajustes necesarios mucho antes de ser conscientes de cuáles eran esos ajustes.

Por supuesto, el experimento de Iowa no es más que eso: un sencillo juego de cartas en el que participan unos pocos sujetos y un detector de estrés. Pero ilustra de forma muy convincente el modo en que funciona nuestra mente. Reproduce una situación en la que las apuestas son altas, las cosas cambian con rapidez y los participantes tienen muy poco tiempo para sacar algo en limpio de una información abundante, nueva y contradictoria. ¿Qué nos dice el experimento de Iowa? Que en tales circunstancias, nuestro cerebro utiliza dos estrategias muy diferentes para entender la situación. La primera es la que nos resulta más familiar: la estrategia consciente. Pensamos en lo que hemos aprendido y terminamos por elaborar una respuesta. Se trata de una estrategia lógica y contundente. Ahora bien, necesitamos 80 cartas para elaborarla. Es lenta y exige mucha información. Claro que hay una segunda estrategia que actúa con mucha mayor rapidez. Entra en acción después de sacar 10 cartas y es realmente inteligente, pues capta la trampa de las cartas rojas casi al instante. Pero tiene un inconveniente, y es que, al menos al principio, actúa por completo bajo la superficie de la conciencia. Envía mensajes por canales endiabladamente indirectos, como la sudoración de la palma de la mano. Se trata de un sistema por el que nuestro cerebro saca conclusiones sin decirnos enseguida que lo está haciendo.

La segunda estrategia fue el camino seguido por Evelyn Harrison, Thomas Hoving y los especialistas griegos. No sopesaron todas y cada una de las pruebas, sino que tuvieron en cuenta sólo aquello que podía captarse con un vistazo. Esa forma de pensar pertenece al orden de lo que el psicólogo del conocimiento Gerd Gigerenzer gusta describir como «rápido y frugal». Se limitaron a mirar la estatua, y una parte de su cerebro hizo una serie de cálculos instantáneos; antes de que tuviese lugar ningún tipo de pensamiento consciente, sintieron algo, igual que la súbita aparición del sudor en la palma de la mano de los jugadores. En el caso de Thomas Hoving fue la palabra «reciente», totalmente inapropiada, la que le vino de súbito a la mente. En el de Angelos Delivorrias fue una oleada de «rechazo instintivo».

Georgios Dontas sintió como si hubiese un cristal entre la obra y él. ¿Sabían por qué sabían? Ni mucho menos. Pero *sabían*.

LA COMPUTADORA INTERNA

La parte del cerebro que se lanza a extraer esta clase de conclusiones se llama inconsciente adaptativo, y el estudio de esta forma de tomar decisiones es uno de los nuevos campos más importantes de la psicología. El inconsciente adaptativo no debe confundirse con el subconsciente descrito por Sigmund Freud, un lugar oscuro y tenebroso ocupado por deseos, recuerdos y fantasías, tan perturbadores que no podemos pensar en ellos de forma consciente. Por el contrario, esta nueva noción del inconsciente adaptativo se concibe como una especie de computadora gigantesca que procesa rápida y silenciosamente muchos de los datos que necesitamos para continuar actuando como seres humanos. Cuando empiezan a cruzar una calle y de repente se dan cuenta de que un camión se les viene encima, ¿tienen tiempo para pensar en todas las opciones posibles? Naturalmente que no. Si los seres humanos hemos logrado sobrevivir tanto tiempo como especie ha sido sólo gracias a que hemos desarrollado otra clase de aparato de decisión capaz de elaborar juicios muy rápidos a partir de muy poca información. Como el psicólogo Timothy D. Wilson escribe en su libro *Strangers to Ourselves* [Extraños ante nosotros mismos]:

La mente actúa con más eficacia relegando al inconsciente gran cantidad de pensamientos elaborados de alto nivel, igual que un reactor moderno vuela sirviéndose del piloto automático, con escasa o nula intervención del piloto humano «consciente». El inconsciente adaptativo se las arregla estupendamente para hacerse una composición de lugar de lo que nos rodea, advertirnos de los peligros, establecer metas e iniciar acciones de forma elaborada y eficaz.

Wilson afirma que cambiamos entre los modos consciente e inconsciente de pensar en función de la situación. La decisión de invitar a cenar a un compañero de trabajo es consciente. Se le da vueltas, se llega a la conclusión de que será divertido y se invita al interesado. La decisión espontánea de discutir con ese mismo compañero es inconsciente y la toma una parte del cerebro diferente motivada por una parte distinta de su personalidad.

Cuando nos reunimos con alguien por primera vez, cuando entrevistamos a alguien para un empleo, cuando reaccionamos ante una idea nueva, cuando tenemos que tomar una decisión rápidamente y estamos sometidos a estrés, utilizamos esa segunda parte del cerebro. ¿Recuerdan cuánto tiempo necesitaban en el colegio para decidir si un profesor era bueno o no? ¿Una clase? ¿Dos? ¿Un semestre? El psicólogo Nalini Ambady mostró en cierta ocasión a unos estudiantes tres grabaciones en video, de 10 segundos cada una y sin sonido, de unos profesores, y descubrió que no les costaba en absoluto puntuar su valía. Acto seguido, Ambady redujo la duración a cinco segundos, y las puntuaciones obtenidas fueron las mismas. Y siguieron siendo muy similares cuando mostró a los estudiantes sólo dos segundos de grabación. A continuación, Ambady comparó estos juicios instantáneos sobre la calidad de los profesores con evaluaciones realizadas por sus alumnos después de un semestre de clases, y descubrió que eran esencialmente iguales. Una persona que ve una grabación muda de dos segundos de un profesor al que jamás ha visto antes llega a conclusiones sobre la valía de éste muy similares a las de los alumnos que han asistido a sus clases durante un semestre completo. Aquí se observa el poder del inconsciente adaptativo.

Ustedes hicieron lo mismo, tanto si se dieron cuenta como si no, la primera vez que tomaron este libro en sus manos. ¿Cuánto tiempo lo tuvieron? ¿Dos segundos? En ese instante, el diseño de la cubierta, las asociaciones que les haya suscitado mi nombre y las primeras frases sobre el kurós habrán compuesto una impresión —un caudal de pensamientos, imágenes e ideas preconcebidas— que ha determinado de manera fundamental el modo en que han leído esta parte de la introducción. ¿No sienten curiosidad por saber lo que ha ocurrido en esos dos segundos?

Creo que, por naturaleza, desconfiamos de esta clase de cognición rápida. Vivimos en un mundo que da por sentado que la calidad de una decisión está directamente relacionada con el tiempo y el esfuerzo dedicados a adoptarla. Cuando a un médico le resulta difícil establecer un diagnóstico, pide más pruebas, y cuando el paciente no ve claro lo que le explica el doctor, solicita una segunda opinión. ¿Y qué le decimos a nuestros hijos? La prisa es mala consejera. Mira antes de cruzar. Párate y piensa. No juzgues un libro por la portada. Creemos que obtendremos mejores resultados recopilando la mayor cantidad de información y deliberando sobre ella durante todo el tiempo posible. Sólo confiamos en las decisiones conscientes. Pero en ocasiones, sobre todo en situaciones de estrés, la prisa no es mala consejera y los juicios instantáneos y las primeras impresiones constituyen medios mucho mejores de comprender el mundo. La primera labor de *Inteligencia intuitiva* será convencerles de un hecho sencillo: las decisiones adoptadas a toda prisa pueden ser tan buenas como las más prudentes y deliberadas.

Ahora bien, este libro no es sólo una celebración del golpe de vista. También me interesan esos momentos en los que el instinto nos traiciona. ¿Por qué, por ejemplo, si el kurós del Getty era tan claramente falso o, al menos, tan dudoso, lo compró el museo? ¿Por qué sus expertos no sintieron ningún rechazo instintivo durante los 14 meses que dedicaron a estudiar la obra? He aquí lo más desconcertante del caso del Getty, y la respuesta está en que, por el motivo que fuere, esos sentimientos se bloquearon. Se explica en parte por la fuerza de convicción que tienen los datos científicos (el geólogo Stanley Margolis estaba tan convencido del valor de su propio análisis, que publicó su método por extenso en la revista *Scientific American*). Pero la razón más importante es que el Museo Getty quería por encima de todo que la escultura fuese auténtica. Era un museo joven, ansioso por reunir una colección de gran categoría, y el kurós era un hallazgo tan extraordinario que los expertos no hicieron caso a su instinto. Ernst Langlotz, uno de los expertos en escultura arcaica más importantes del mundo, preguntó en cierta ocasión al historiador del arte George Ortiz si quería comprar una estatuilla de bronce. Ortiz fue a ver la pieza y se quedó desconcertado, pues era, en su opinión, una falsificación manifiesta, llena de elementos contradictorios y chapuceros. ¿Por qué Langlotz, que entendía de escultura griega más que nadie, resultó engañado? La explicación de Ortiz fue que Langlotz había comprado la pieza cuando era muy joven, antes de adquirir la formidable experiencia que llegaría a tener. «Supongo», comentó Ortiz, «que Langlotz se enamoró de la pieza; de joven siempre te enamoras de la primera compra, y quizá ése era su primer amor. A pesar de sus extraordinarios conocimientos, fue totalmente incapaz de poner en tela de juicio su primera apreciación».

No es una explicación caprichosa. Capta un aspecto esencial del modo en que pensamos. Nuestro inconsciente es una fuerza poderosa, pero falible. Nuestra computadora interna no siempre se abre paso en las tinieblas ni descubre al instante la «verdad» de una situación. Puede ser derrotada, distraída y neutralizada. Nuestras reacciones instintivas tienen que competir muchas veces con toda clase de intereses, emociones y sentimientos. ¿Cuándo debemos confiar en nuestro instinto y cuándo nos conviene desconfiar de él? Responder a esta pregunta es la segunda tarea de este libro. Cuando nuestra facultad de cognición rápida fracasa, lo hace por razones muy concretas y sólidas, y esas razones pueden identificarse y conocerse. Es posible aprender cuándo conviene escuchar a nuestra potente computadora de a bordo y cuándo desconfiar de ella.

La tercera tarea del presente libro, y la más importante, es convencerles de que pueden educar y controlar sus juicios rápidos y sus primeras impresiones. Sé que cuesta creerlo. Harrison, Hoving y los demás expertos en arte que examinaron el kurós del Getty reaccionaron con convicción y sutileza ante la escultura, pero ¿no brotaron espontáneamente esas reacciones desde su inconsciente? ¿Es posible controlar esa clase de reacciones misteriosas? En verdad es posible. Así como podemos aprender a pensar de manera lógica y deliberada, también podemos aprender a hacer mejores juicios instantáneos. En este libro comprobarán que hay médicos, generales, entrenadores, diseñadores de muebles, músicos, actores, vendedores de coches y muchos otros profesionales que son muy buenos en lo suyo y que deben su éxito, al menos en parte, a las cosas que han hecho para conformar, controlar y educar sus reacciones inconscientes. El poder de saber en los primeros dos segundos no es un don otorgado mágicamente a unos pocos afortunados: es una capacidad que todos podemos cultivar en nuestro favor.

UN MUNDO DIFERENTE Y MEJOR

Hay muchos libros que abordan temas generales, que analizan el mundo desde elevadas cimas. Éste no es uno de ellos. *Inteligencia intuitiva* trata de los aspectos más sencillos de nuestra vida cotidiana: el contenido y el origen de esas impresiones y conclusiones instantáneas que afloran de forma espontánea cuando conocemos a alguien, cuando afrontamos una situación difícil o cuando tenemos que decidir algo en condiciones de estrés. Creo que, cuando se trata de conocernos y de conocer el mundo, prestamos demasiada atención a los grandes temas y muy poca a los detalles de los momentos fugaces. ¿Qué pasaría si tomásemos en serio nuestro instinto? ¿Si dejásemos de explorar el horizonte con un telescopio y empezásemos a examinar nuestra manera de decidir y de comportarnos con el más potente de los microscopios? Creo que cambiarían la forma de librar las guerras, los productos que vemos en las estanterías, las películas, la manera de formar a los agentes de policía, los consejos que se dan a las parejas, las entrevistas de trabajo y muchas otras cosas. Y, combinando todos esos pequeños cambios lograríamos crear un mundo diferente y mejor. Creo —y espero que cuando terminen este libro también lo crean ustedes— que la tarea de conocernos y conocer nuestro comportamiento exige ser conscientes de que vale tanto lo percibido en un abrir y cerrar de ojos como en meses de análisis racional. «Siempre he considerado la opinión científica más objetiva que el juicio estético», dijo Marion True, la conservadora de la sección de antigüedades del Museo Getty, cuando por fin quedó clara la naturaleza del kurós. «Ahora sé que estaba equivocada».

1

La teoría de la selección de datos significativos: lo lejos que puede llegar un poco de conocimiento

Hace algunos años, una pareja joven acudió a la Universidad de Washington para visitar el laboratorio de un psicólogo llamado John Gottman. Tenían veintitantos años, eran rubios, de ojos azules, llevaban el pelo elegantemente alborotado y unos originales lentes de sol. Algunas de las personas que trabajaban en el laboratorio comentaron después que era el tipo de pareja que suele gustar: inteligentes, atractivos y graciosos, de esos con chispa e ironía, y eso es justo lo que refleja con claridad el video que grabó Gottman de la visita. El marido, a quien llamaremos Bill, tenía una actitud juguetona que resultaba encantadora. Su mujer, Susan, era de una agudeza deliberadamente inexpresiva.

Los condujeron a una pequeña sala situada en la planta superior de las dos que tenía el edificio, más bien anodino, que constituía el centro de operaciones de Gottman. Allí se sentaron en sendas sillas de oficina, colocadas sobre plataformas elevadas y separadas entre sí algo más de metro y medio. En los dedos y las orejas les pusieron electrodos y sensores que medían la frecuencia cardíaca, la cantidad de sudor y la temperatura de la piel. Bajo las sillas, sobre la plataforma, había un «movimientómetro», es decir, un dispositivo que medía los cambios de postura de cada uno. Dos cámaras de video, una dirigida al marido y otra a la mujer, grababan todo lo que éstos decían y hacían. Se les dejó solos durante 15 minutos ante las cámaras activadas, tras haber recibido instrucciones de que discutieran sobre cualquier cuestión de su matrimonio que se hubiera convertido en un motivo de polémica. En el caso de Bill y Sue, era su perra. Vivían en un pequeño apartamento y acababan de adquirir un cachorro de gran tamaño. A Bill no le gustaba la perra; a Sue, sí. Pasaron los 15 minutos discutiendo sobre lo que deberían hacer al respecto.

La cinta de video de la discusión entre Bill y Sue parece, al menos al principio, un ejemplo tomado al azar de las conversaciones que habitualmente sostienen las parejas. Ninguno de los dos se enfada. No hacen escenas, ni sufren ataques de nervios ni descubren de repente algo revelador. «Lo que pasa es que a mí no me gustan los perros», es como arranca Bill, en un tono de voz totalmente razonable. Se queja un poco, aunque de la perra, no de Susan. Ella se queja igualmente, pero también hay momentos en los que parecen olvidarse de que están allí para discutir. Cuando abordan la cuestión de si la perra huele mal, por ejemplo, Bill y Sue intercambian bromas, de lo más contentos, y ambos esbozan una sonrisa.

> Sue: ¡Pero, cielo, si no huele mal!
> Bill: ¿Es que no la has olido hoy?
> Sue: La he olido. Y olía bien. La he acariciado, y las manos no se me han quedado grasientas ni malolientes. Y a ti no te han olido nunca las manos a grasa.
> Bill: Claro que sí.

Sue: Yo no dejo que la perra esté grasienta.

Bill: Claro que sí. Es una perra.

Sue: Mi perra nunca ha estado grasienta. Será mejor que tengas cuidadito con lo que dices.

Bill: Tú eres quien debe tener cuidadito.

Sue: No, ten cuidadito tú... Oye, deja ya de llamar grasienta a mi perra.

El laboratorio del amor

¿Cuánta información acerca de la relación marital de Sue y Bill creen que se puede extraer de los 15 minutos de video? ¿Podemos detectar si su relación va bien o mal? Me imagino que la mayoría de nosotros diría que la conversación entre Bill y Sue sobre el perro no dice mucho. Es demasiado corta. Los matrimonios reciben embates de cosas mucho más importantes, como el dinero, el sexo, los niños, los trabajos y los suegros, en combinaciones que varían constantemente. Hay veces en que los miembros de las parejas se sienten muy felices juntos; hay días en que se pelean, y alguna que otra vez en que casi sienten ganas de matarse entre sí, pero entonces se van de vacaciones y vuelven como si fueran recién casados. Para «conocer» a una pareja creemos que debemos observar a los cónyuges durante muchas semanas, si no meses, y verlos en diferentes estados (felices, cansados, enfadados, irritados, contentos, con ataques de nervios, etcétera), no sólo en la situación relajada de conversación informal en la que daban la impresión de estar Bill y Sue en el video. Para hacer una predicción exacta acerca de algo tan serio como el futuro de una relación marital —en realidad, una predicción de cualquier tipo—, parece que sería preciso recopilar mucha información y en tantos contextos como fuera posible.

John Gottman, sin embargo, ha demostrado que no es preciso hacer eso en absoluto. Desde la década de 1980, ha llevado a más de 3 mil matrimonios, como Bill y Sue, a esa pequeña sala de su «laboratorio del amor» cercana al campus de la Universidad de Washington. A todos ellos se les ha grabado en video, y los resultados recogidos en las cintas se han analizado de acuerdo con algo que Gottman ha bautizado como SPAFF (abreviatura de *specific affect*; en adelante, en abreviatura del castellano: AFESP, «afecto específico»), un sistema de codificación con 20 categorías que corresponden a todas las emociones imaginables que puede expresar un matrimonio en el curso de una conversación. Indignación, por ejemplo, es la categoría 1; desdén, la 2; enojo, la 7; actitud defensiva, la 10; queja, la 11; tristeza, la 12; actitud obstruccionista, la 13; actitud neutral, la 14, etcétera. Gottman ha enseñado a sus colaboradores a leer cualquier matiz de emoción en la expresión facial de las personas y a interpretar fragmentos de diálogo en apariencia ambiguos. Cuando ven la cinta grabada de un matrimonio, asignan un código AFESP a cada segundo de interacción de la pareja, de forma que una discusión de 15 minutos acaba convertida en una secuencia de mil 800 números: 900 para el marido y 900 para la mujer. Así, la notación «7, 7, 14, 10, 11, 11» significa que, en un periodo de seis segundos, uno de los miembros de la pareja se mostró enojado algunos instantes; a continuación, neutral; se puso a la defensiva unos momentos, y después comenzó a quejarse. A esto se añaden los datos que proporcionan los electrodos y sensores, de tal modo que los codificadores saben, entre otras cosas, cuándo se aceleró el corazón de uno o de otro, cuándo se elevó su temperatura o cuándo se movió en su asiento, y toda esa información pasa a formar parte de una compleja ecuación.

A partir de tales cálculos, Gottman ha demostrado algo sorprendente. Al analizar una hora de conversación entre marido y mujer, puede predecir con 95 por ciento de exactitud si la pareja seguirá casada transcurridos 15 años. Si observa a una pareja durante 15 minutos, el índice de éxito se acerca a 90 por ciento. Sybil Carrère, una profesora que trabaja con Gottman, hizo unas pruebas recientemente con algunas cintas de video con el propósito de elaborar un nuevo estudio, y descubrió que tan sólo *tres minutos* de análisis de la conversación de una pareja permiten predecir con una exactitud realmente impresionante quiénes se divorciarán y quiénes seguirán juntos. La verdad de una relación marital puede comprenderse en un tiempo mucho más corto del que jamás se ha imaginado.

John Gottman es un hombre de mediana edad, ojos completamente redondos, pelo plateado y barba cuidadosamente recortada. Es bajito y encantador, y cuando habla de algo que le apasiona (que es casi todo), los ojos se le iluminan y se le abren aún más. Durante la guerra de Vietnam fue objetor de conciencia y aún conserva algo de los *hippies* de los sesenta, como la gorra estilo Mao que lleva a veces sobre el solideo trenzado. Aunque su formación es en psicología, estudió también matemáticas en el Massachusetts Institute of Technology (MIT), y no cabe duda de que el rigor y la precisión de esta ciencia lo emocionan tanto como cualquier otra cosa. Cuando lo conocí, Gottman acababa de publicar su libro más ambicioso, un denso tratado de 500 páginas titulado *The Mathematics of Divorce* [Las matemáticas del divorcio], e intentó exponerme sus argumentos garabateando ecuaciones y gráficos improvisados en una servilleta de papel, hasta que la cabeza empezó a darme vueltas.

Gottman puede parecer un ejemplo curioso digno de figurar en un libro acerca de los pensamientos y las decisiones que afloran desde el inconsciente. En su planteamiento no hay nada instintivo. No emite juicios instantáneos. Se sienta ante la computadora y analiza concienzudamente las cintas de video, segundo a segundo. Su trabajo es un ejemplo clásico de pensamiento consciente y deliberado. Pero resulta que Gottman tiene mucho que enseñarnos sobre una parte crucial de la cognición rápida conocida como «selección de datos significativos». Es decir, la capacidad que tiene nuestro inconsciente para encontrar patrones en situaciones y comportamientos a partir de fragmentos de experiencia muy pequeños. Eso es lo que hizo Evelyn Harrison cuando vio el kurós y espetó: «Pues lo lamento»; o los jugadores de Iowa cuando generaron respuestas de estrés a las barajas rojas tras haber cogido sólo 10 cartas.

La selección de los datos significativos es en parte lo que hace tan sorprendente al inconsciente. Pero es también lo que nos parece más problemático de la cognición rápida. ¿Cómo es posible recopilar la información necesaria para elaborar un juicio complejo en un tiempo tan corto? La respuesta es que cuando el inconsciente está realizando esa selección de datos, lo que hacemos es una versión automatizada, acelerada e inconsciente de lo que hace Gottman con las cintas de video y las ecuaciones. ¿Puede comprenderse realmente una relación marital en una sola sesión? Sí, se puede, al igual que muchas otras situaciones en apariencia complejas. Gottman no ha hecho más que mostrarnos cómo se hace.

EL MATRIMONIO Y EL CÓDIGO MORSE

Vi el video de Bill y Sue con un estudiante de posgrado del laboratorio de Gottman, Amber Tabares, experto codificador de AFESP. Nos sentamos en la misma sala en la que estuvieron Bill y Sue y observamos sus interacciones en un monitor. La conversación la había empezado Bill. A él le gustaba el perro que habían tenido antes, decía. La nueva perra, sencillamente, no le gustaba. No lo decía con enojo ni hostilidad. Daba la impresión de que, en verdad, sólo deseaba explicar sus sentimientos.

Si escuchábamos con más atención, señaló Tabares, no había duda de que Bill estaba adoptando una actitud muy defensiva. En el lenguaje de AFESP, lo que estaba haciendo era responder con quejas a las quejas de su compañera y emprender la táctica del «sí, pero...», es decir, aparentar que se está de acuerdo y luego retirar lo dicho. Al final, la actitud de Bill se codificó como «actitud defensiva» en cuarenta de los primeros sesenta y seis segundos de conversación. Por lo que respecta a Sue, en más de una ocasión, mientras Bill hablaba, había alzado la mirada en un gesto característico de desdén. Bill empezó entonces a hablar sobre su oposición a la caseta donde vivía la perra. Sue le respondió cerrando los ojos y adoptando después un tono de voz condescendiente, de sermón. Él continuó diciendo que no quería que hubiera una valla en el cuarto de estar. Sue dijo: «No quiero discutir sobre eso», y volvió a hacer el gesto de desdén. «Mire eso», dijo Tabares. «Más desdén. Acabamos de empezar y ya hemos visto que él está casi todo el tiempo a la defensiva, y que ella hace ese gesto varias veces».

La conversación continúa, aunque ni él ni ella dan muestras claras de hostilidad en ningún momento. Sólo aparecen cosas sutiles durante uno o dos segundos, que hacen que Tabares detenga la cinta y llame mi atención sobre ellas. Hay parejas que, cuando se pelean, se pelean de verdad. Pero en ésta, era mucho menos evidente. Bill se quejaba de que la perra afectaba su vida social, puesto que siempre tenían que volver a casa pronto por temor a lo que la perra pudiera hacer en el apartamento. Sue respondía que eso no era cierto, y argumentaba: «Si va a morder algo, lo hará en el primer cuarto de hora que pase sola». Bill pareció estar de acuerdo con ese comentario. Asintió con la cabeza ligeramente y dijo: «Sí, ya lo sé», a lo que añadió: «Yo no digo que sea lógico, lo que pasa es que no quiero tener un perro».

Tabares señaló la cinta de video. «Él ha empezado con: "Sí, ya lo sé", pero es una frase del tipo "sí, pero…". Aunque ha empezado corroborando la opinión de Sue, lo que ha dicho a continuación es que no le gusta la perra.

En realidad, está a la defensiva. Yo estaba pensando, qué simpático, da su aprobación. Pero después me di cuenta de que estaba empleando la táctica del "sí, pero...". Es fácil que te engañen».

Bill continuaba: «Estoy mejorando mucho, tienes que admitirlo. Esta semana estoy mejor que la última, y que la penúltima, y que la antepenúltima».

Tabares volvió a la carga. «Sometimos a estudio a unos recién casados y observamos lo que suele pasar en las parejas que terminan divorciándose, a saber, que cuando uno de ellos pide reconocimiento, el otro no se lo da. En las parejas más felices, el cónyuge contestaría: "Tienes razón". Está claro. Al asentir con la cabeza y decir "¡ajá!" o "claro", lo que haces es dar una muestra de apoyo, y en este caso ella no lo hace nunca, ni una vez en toda la sesión. Pues bien, ninguno de nosotros se había dado cuenta hasta que efectuamos la codificación».

«Es extraño», prosiguió Tabares. «Al entrar aquí, no daban la impresión de ser una pareja infeliz. Cuando terminaron, se les pidió que vieran su propia discusión, y todo les pareció divertidísimo. En cierto modo, su relación tenía buena pinta. Aunque... no sé; no llevan mucho tiempo casados. Todavía están en la época de fascinación. Pero el hecho es que ella se muestra totalmente inflexible. Si bien el motivo de disputa es la perra, de lo que se trata en realidad es de la total inflexibilidad de ella siempre que discrepan en algo. Es una de esas cosas que a la larga podrían causar mucho daño. Me pregunto si serán capaces de superar la barrera de los siete años. ¿Existe entre ellos la suficiente emoción positiva? Porque lo que parece positivo no lo es en absoluto».

¿Qué buscaba Tabares en la pareja? Desde una perspectiva técnica, estaba midiendo la cantidad de emociones positivas y negativas, puesto que uno de los descubrimientos de Gottman es que, para que una relación marital sobreviva, la proporción entre emociones positivas y negativas en un enfrentamiento dado tiene que ser de al menos cinco a una. Ahora bien, en un nivel más simple, lo que buscaba Tabares en esa discusión corta era un patrón en la relación entre Bill y Sue, ya que un argumento central en el trabajo de Gottman es que todos los matrimonios tienen un patrón característico, una especie de ADN marital que aflora en cualquier tipo de interacción importante. Por eso pide Gottman a las parejas que le cuenten cómo se conocieron, porque ha descubierto que, en la narración que hacen marido y mujer del episodio más importante de su relación, ese patrón aparece de inmediato.

«Es muy fácil advertirlo», afirma Gottman. «Ayer mismo estuve viendo esta cinta. La mujer dice: "Nos conocimos un fin de semana esquiando. Él estaba allí con un grupo de amigos, y a mí, no sé por qué, me gustó, y quedamos para vernos. Pero él bebió demasiado y tuvo que irse a casa a dormir, así que yo estuve esperándolo tres horas. Lo desperté y le dije que no me gustaba que se me tratara de esa manera, que no era en realidad muy amable de su parte. Y él dijo que sí, que lo sabía, que había bebido demasiado"». Ya había un patrón inquietante en su primera interacción, y la triste verdad era que el patrón había continuado durante la relación. «No es tan difícil», prosiguió Gottman. «Cuando empecé a realizar las entrevistas, pensé que tal vez estas personas tuvieran un mal día cuando venían a vernos. Pero los niveles de predicción son muy elevados, y el patrón es el mismo si la entrevista se realiza otra vez, y otra y otra».

Para entender lo que Gottman dice sobre los matrimonios se puede recurrir a la analogía de lo que se denomina en Morse «el puño». El código Morse está formado por puntos y rayas, cada uno de los cuales tiene una longitud predeterminada. Ahora bien, nadie reproduce tales longitudes a la perfección. Cuando los operadores envían un mensaje —en especial, cuando usan las antiguas máquinas manuales como el manipulador vertical o el oscilador telegráfico—, varían el espaciado, o alargan los puntos y las rayas, o combinan los puntos, las rayas y los espacios con un ritmo especial. El código Morse es como el habla. Cada uno tiene una voz diferente.

En la Segunda Guerra Mundial, los británicos reunieron a millares de los denominados interceptores (sobre todo, mujeres), cuya labor consistía en sintonizar día y noche las transmisiones de radio de las distintas divisiones del ejército alemán. Desde luego, estas transmisiones estaban codificadas, al menos al principio de la guerra, de modo que los británicos no podían entender lo que decían. Pero no importó mucho, en realidad, puesto que a los interceptores les bastó con escuchar la cadencia de las transmisiones para, en poco tiempo, empezar a distinguir los «puños» o estilos personales de los operadores alemanes y, con ello, algo casi igual de importante, a saber quién las enviaba. «Si se escuchan los mismos códigos de llamadas durante un tiempo determinado, se empieza a reconocer que hay, por ejemplo, tres o cuatro operadores en la unidad en cuestión, que trabajan por turnos y que cada uno tiene sus propias características», afirma Nigel West, un historiador del ejército británico. «Y en todos los casos, aparte del texto en sí, estaban los preámbulos y los intercambios ilícitos, por ejemplo: "¿Cómo va eso hoy? ¿Qué tal la novia? ¿Qué tiempo tienen hoy en Múnich?"». De manera que si se escribe en una tarjetita toda esa información, no se tarda mucho en establecer una especie de relación con esa persona».

Los interceptores idearon descripciones de los «puños» y de los estilos de los operadores a los que estudiaban. Les asignaron nombres y conformaron unos perfiles muy detallados de sus personalidades. Una vez identificada la persona que enviaba el mensaje, los interceptores localizaban la señal. Eso significaba más información. Así sabían quién estaba allí. West continúa: «Los interceptores llegaron a conocer tan bien las características de transmisión de los radiotelegrafistas alemanes, que prácticamente podían seguirlos por toda Europa, dondequiera que estuviesen. Algo de sumo valor para elaborar un orden de batalla o gráfica que refleja lo que hace cada unidad militar en el campo y cuál es su posición. Supongamos que hubiera un radiotelegrafista en concreto en una unidad determinada que transmitiera desde Florencia. Si tres semanas más tarde reconocías a ese operador, y en esta ocasión se encontraba en Linz, podías deducir que la unidad se había trasladado del norte de Italia hacia el frente oriental. O sabías que cierto telegrafista pertenecía a una unidad de reparación de tanques y que todos los días transmitía a las 12 en punto. Pues bien, si tras una gran batalla se le escuchaba a las 12, a las cuatro y a las siete, se podía deducir que esa unidad tenía mucho trabajo. Y, en un momento de crisis, cuando alguien de rango superior preguntaba: "¿Tienes la certeza absoluta de que este Fliegerkorps de la Luftwaffe [escuadrón de las fuerzas aéreas alemanas] está a las afueras de Tobruk y no en Italia?", podías responder: "Sí, ése era Óscar, estamos totalmente seguros"».

La clave de los «puños» del Morse es que surgen de modo natural. Los telegrafistas no tienen intención de que se les reconozca. Pero acaba por pasar, ya que una parte de su personalidad parece expresarse automática e inconscientemente en la manera en que trabajan con las señales codificadas del Morse. Otra cuestión con respecto a los «puños» que se ponen de manifiesto incluso en la muestra más pequeña de código Morse. Basta con escuchar unos pocos caracteres para detectar el patrón de una persona en concreto. No cambia ni desaparece en ciertos tramos, ni aparece sólo en algunas palabras o frases. Por eso los interceptores británicos no tuvieron más que escuchar unas cuantas señales para poder afirmar con absoluta certeza: «Es Óscar, lo que significa que, en efecto, su unidad está a las afueras de Tobruk». El «puño» de un operador no varía.

Lo que Gottman dice es que la relación entre dos personas tiene también un «puño», una firma característica que surge de forma natural y automática. Ésa es la razón por la que una relación marital puede leerse y descodificarse con tanta facilidad, ya que cierta parte fundamental de la actividad humana —ya se trate de algo tan sencillo como emitir un mensaje en Morse o tan complejo como estar casado con alguien— sigue un patrón identificable e invariable. Predecir el divorcio, como seguir la pista de los operadores del código Morse, es reconocer un patrón.

«En una relación, los miembros están en uno de dos estados», continuó Gottman. «El primero es el que yo denomino sentimiento positivo anulador, en el que la emoción positiva anula la irritabilidad. Es como un amortiguador. En un caso así, si el cónyuge hace algo mal, la pareja dice: "¡Uy, es que hoy está con un humor de perros!"». El otro estado es el del sentimiento negativo anulador, en virtud del cual incluso una cosa relativamente neutra que diga la pareja se percibe como negativa. En este segundo estado, los cónyuges extraen conclusiones duraderas sobre el otro. Si el compañero hace algo positivo, se trata de algo positivo que hace una persona egoísta. Es muy difícil cambiar tales estados, y son ellos los que determinan que cuando una de las partes intenta arreglar las cosas, la otra considere esa actitud como tal intento de arreglo o como una manipulación hostil. Por ejemplo, consideremos que estoy hablando con mi mujer y me dice: "¿Quieres callarte y dejar que termine esto?". En un estado de sentimiento positivo anulador, yo contestaría: "Perdona, continúa". No me sienta muy bien, pero procuro remediarlo. En el estado de sentimiento negativo anulador, lo que contestaría es lo siguiente: "¡Vete a la mierda! Tampoco yo he podido terminar. Eres una zorra, me recuerdas a tu madre"».

A medida que hablaba, Gottman iba haciendo en un papel un dibujo muy similar a las gráficas que muestran las subidas y bajadas de los valores bursátiles a lo largo de una jornada. Según explica, se trata de marcar las subidas y bajadas del nivel de emociones positivas y negativas de una pareja, y ha averiguado que no lleva mucho tiempo saber la dirección que toma la línea en la gráfica. «Algunas van hacia arriba y otras hacia abajo», comenta. «Pero una vez que empiezan a bajar hacia la emoción negativa, en 94 por ciento de los casos seguirán la trayectoria descendente. Toman el mal camino y ya no pueden corregirlo. A esto yo no lo considero un mero corte en el tiempo, sino una indicación de cómo ven ellos la relación en conjunto».

LA IMPORTANCIA DEL DESDÉN

Profundicemos un poco en el secreto del índice de aciertos de Gottman. Según sus descubrimientos, los matrimonios tienen unas firmas características que podemos averiguar recopilando la detallada información emocional que nos ofrece la relación interpersonal de una pareja. Aunque en el sistema de Gottman también hay otra cosa muy interesante: el modo en el que se las arregla para simplificar la labor de predicción. No me había dado cuenta de lo que esto suponía hasta que yo mismo intenté aplicar a algunas parejas la teoría de la selección de datos significativos. Me hice con una de las cintas de Gottman, que incluía 10 fragmentos de tres minutos cada uno en los que aparecían parejas conversando. Me informaron que la mitad de las parejas se habían separado en algún momento en los 15 años posteriores a la grabación de la cinta. La otra mitad seguían juntos. ¿Podría adivinar yo quiénes pertenecían a qué grupo? Estaba seguro de que podía hacerlo. Pero me equivoqué. Era malísimo en mis predicciones. Acerté en cinco casos, es decir, que me hubiera dado lo mismo lanzar una moneda al aire.

La dificultad radicaba en el hecho de que la información que ofrecían las grabaciones era totalmente abrumadora. El marido decía algo con cautela. La mujer respondía con tranquilidad. Una fugaz emoción atravesaba la cara de ella. Él empezaba a decir algo, pero se callaba. La mujer fruncía el ceño. El hombre reía. Uno de ellos decía algo entre dientes. Otro ponía cara de pocos amigos. Entonces, yo rebobinaba la cinta, volvía a verla y advertía cosas nuevas, con lo que la información era aún mayor. Veía una media sonrisa o notaba un ligero cambio de tono. Era demasiado. Intentaba desesperadamente hacer un cálculo mental de la proporción entre emoción positiva y negativa. Pero, ¿qué contaba como positivo y qué como negativo? Ya sabía, por lo que me habían dicho Susan y Bill, que gran parte de lo que parecía positivo era en realidad negativo. Y sabía también que había al menos 20 estados emocionales distintos en la tabla de AFESP. ¿Alguna vez han intentado fijarse en 20 emociones diferentes al mismo tiempo? Reconozco que yo no valgo para consejero matrimonial. Ahora bien, esa misma cinta la han visto casi 200 terapeutas e investigadores matrimoniales, consejeros religiosos y licenciados en psicología clínica, así como recién casados, recién divorciados y parejas que llevan felizmente casadas mucho tiempo…, en otras palabras, casi 200 personas que saben mucho más del matrimonio que yo. Pues bien: ninguno de ellos lo hizo mejor. El grupo en conjunto acertó en su previsión 53.8 por ciento de las veces, justo por encima de la casualidad. El hecho de que hubiera un patrón no importó mucho. En esos tres minutos pasaban tantísimas cosas y tan deprisa que no pudimos encontrar el patrón.

Gottman, en cambio, no tiene este problema. Se ha convertido en un experto tal en extraer conclusiones sobre los matrimonios a partir de la selección de unos cuantos datos significativos, que supuestamente puede estar en un restaurante y, por la conversación de la pareja que está sentada en la mesa de al lado, formarse una idea acertada de si deben empezar a pensar en acudir a un abogado y repartirse la custodia de los niños. ¿Cómo lo hace? Él cree que no necesita prestar atención a todo lo que pasa. A mí me abrumaba la labor de contar los factores negativos, porque veía emociones negativas en cualquier parte. Gottman es mucho más selectivo. Ha descubierto que gran parte de la información que necesita saber se la proporcionan las actitudes que él denomina los Cuatro Jinetes: la defensiva, la obstruccionista, la crítica y la desdeñosa. Ahora bien, de los Cuatro Jinetes, la emoción que él considera la más importante de todas es el desdén. Si Gottman observa que uno o ambos miembros de la pareja muestran desdén hacia el otro, lo considera la señal más importante en sí misma de que el matrimonio está en peligro.

«Uno se imagina que la peor es la crítica», afirma Gottman, «puesto que es una condena general del carácter de una persona. En todo caso, el desdén es cualitativamente distinto de la crítica. Yo puedo criticar a mi mujer y decir: "Nunca escuchas, eres realmente egoísta e insensible". Desde luego, ella responderá a la defensiva.

Y eso no es bueno para solucionar el problema ni para la relación interpersonal. Pero si yo hablara desde un plano superior, haría mucho más daño, y el desdén es cualquier declaración que se hace desde un nivel superior. Casi siempre es un insulto: "Eres una zorra, una mierda". Se trata de colocar a la persona en cuestión en un plano inferior al tuyo. Es una actitud jerárquica».

Gottman ha descubierto, en realidad, que la presencia del desdén en una relación marital puede incluso predecir cosas como cuántos resfriados va a tener el marido o la mujer; en otras palabras, que alguien a quien amas exprese desdén hacia ti es tan estresante que llega a repercutir en el funcionamiento del sistema inmunológico. «El desdén está muy ligado a la indignación, y en ambos casos de lo que se trata es de rechazar a alguien y excluirlo por completo de la comunidad. La gran diferencia entre los géneros, por lo que respecta a las emociones negativas, es que las mujeres son más críticas y los hombres son más proclives al obstruccionismo. Lo que observamos es que las mujeres empiezan a comentar un problema, los hombres se irritan y miran para otro lado, las mujeres arremeten con su crítica, y vuelta a empezar. Ahora bien, cuando nos referimos al desdén, no hay diferencia de sexo que valga. En absoluto». El desdén es especial. Si eres capaz de medir el desdén, de pronto ya no necesitas conocer todos los pormenores de la relación de la pareja.

En mi opinión, así es como trabaja nuestro inconsciente. Cuando tomamos una decisión repentina o tenemos un presentimiento, nuestro inconsciente hace lo mismo que John Gottman: criba la situación que tenemos delante, tira todo lo que es irrelevante y nos permite concentrarnos en lo que realmente importa. Y la verdad es que nuestro inconsciente es muy bueno en esto, hasta tal punto que este tipo de deducción a partir de unos cuantos datos significativos suele ofrecer una mejor respuesta que las formas de pensamiento más deliberadas y exhaustivas.

LOS SECRETOS DE ALCOBA

Imaginen que me están entrevistando para ocupar un puesto de trabajo que ustedes ofrecen. Han leído mi currículum y creen que dispongo de las referencias necesarias. Pero desean saber si soy la persona adecuada para su organización. ¿Soy trabajador? ¿Soy honrado? ¿Estoy abierto a nuevas ideas? Para contestar a estas preguntas sobre mi personalidad, su jefe les ha dado dos opciones: la primera es reunirse conmigo dos veces por semana durante un año —comer o cenar, o bien ir al cine conmigo— hasta que se conviertan en uno de mis amigos íntimos (su jefe pide mucho). La segunda opción es entrar en mi casa mientras yo estoy ausente y pasar allí una media hora inspeccionando. ¿Cuál de las dos escogería?

Aparentemente, la respuesta obvia sería optar por la primera: la abundancia de datos. Cuanto más tiempo pasen conmigo y más información reúnan, mejor para ustedes, ¿verdad? Aunque espero que a estas alturas se sientan al menos un poco escépticos con respecto al planteamiento. En efecto, como ha demostrado el psicólogo Samuel Gosling, juzgar la personalidad de la gente es un excelente ejemplo de la sorprendente eficacia de la selección de unos cuantos datos significativos.

Gosling empezó su experimento con 80 estudiantes universitarios a los que realizó un estudio completo de personalidad. Para ello utilizó lo que se llama el «Inventario de los cinco grandes factores», un prestigioso cuestionario de respuesta múltiple que mide a las personas teniendo en cuenta cinco dimensiones:

1. Extraversión. ¿Es sociable o retraído? ¿Amante de la diversión o reservado?
2. Amabilidad. ¿Es confiado o desconfiado? ¿Servicial o poco dispuesto a colaborar?
3. Meticulosidad. ¿Es organizado o desorganizado? ¿Autodisciplinado o con escasa fuerza de voluntad?
4. Estabilidad emocional. ¿Es tranquilo o tiende a preocuparse por todo? ¿Seguro o inseguro?
5. Apertura a nuevas experiencias. ¿Es imaginativo o realista? ¿Independiente o conformista?

A continuación, Gosling hizo que los amigos íntimos de esos 80 estudiantes cumplimentaran también un cuestionario.

Lo que deseaba saber era si nuestros amigos se acercan mucho o poco a la verdad cuando nos clasifican según estos «cinco grandes». Como es lógico, la respuesta es que nuestros amigos pueden describirnos con bastante exactitud. La experiencia que comparten con nosotros les proporciona una gran abundancia de datos, y eso se traduce en una idea real de quiénes somos.

Gosling repitió después la operación, pero esta vez no acudió a los amigos íntimos. Lo hizo con absolutos desconocidos, personas que ni siquiera habían visto a los estudiantes a quienes estaban evaluando. Lo único que observaron fue los dormitorios de los jóvenes. Gosling les proporcionó unos portapapeles y les dijo que tenían 15 minutos para echar un vistazo a un cuarto y responder a una serie de preguntas muy sencillas sobre su ocupante: en una escala de uno a cinco, ¿le parece que se trata de una persona habladora? ¿Tiende a sacar defectos a los demás? ¿Es esmerado en su trabajo? ¿Es original? ¿Es reservado? ¿Es servicial y no es egoísta?, etcétera. «Lo que yo intentaba era estudiar impresiones de la vida diaria», dice Gosling. «De modo que me cuidé mucho de no decir a los evaluadores lo que tenían que hacer. Me limité a comentarles: "Aquí tienen el cuestionario. Entren en la habitación y empápense de lo que hay en ella". Sólo quería observar los métodos del razonamiento instintivo».

¿Qué tal lo hicieron? Los evaluadores no eran, desde luego, tan buenos como los amigos para medir la extraversión. Si uno quiere saber si alguien es animado, hablador y sociable, es evidente que se necesita conocerlo en persona. Los resultados que obtuvieron los amigos fueron también ligeramente mejores que los de los desconocidos en la correcta estimación de la amabilidad, es decir, de lo servicial y confiada que es una persona. En mi opinión, eso también es lógico. Pero en los tres rasgos restantes de los «cinco grandes», los evaluadores se colocaron por delante. Sus mediciones fueron más exactas en lo que respecta a la meticulosidad, y mucho más en la predicción tanto de la estabilidad emocional de los estudiantes como de su apertura a nuevas experiencias. En conjunto, el trabajo que hicieron los desconocidos resultó ser mucho mejor. De lo que se desprende que es bastante posible que unas personas que no nos han visto nunca y que han dedicado sólo 20 minutos a pensar en nosotros puedan llegar a saber quiénes somos mejor que otras que nos conocen desde hace años. Por consiguiente, olvidemos los innumerables encuentros y comidas «para conocerse». Si desean ustedes tener una idea clara de si voy a ser un buen empleado, pásense por mi casa algún día y echen un vistazo.

Si son ustedes como la mayoría de las personas, supongo que las conclusiones de Gosling les resultarán de lo más increíbles. Pero, la verdad, no deberían serlo; al menos tras las enseñanzas de John Gottman. Lo que acabo de referir no es más que otro ejemplo de deducción a partir de una mínima selección de datos significativos. Los evaluadores estuvieron mirando las pertenencias más personales de los estudiantes, ya que nuestras pertenencias personales contienen información en abundancia y muy reveladora. Gosling sostiene, por ejemplo, que el dormitorio de una persona ofrece tres tipos de claves acerca de su personalidad. En primer lugar están las afirmaciones de la identidad, que son expresiones deliberadas de cómo nos gustaría que nos viera el mundo: el título enmarcado de licenciado *magna cum laude* por Harvard, por ejemplo. Después están los residuos conductuales, que se definen como las pistas que dejamos involuntariamente en lo que hacemos: puede tratarse de ropa sucia en el suelo o de una colección de discos ordenados alfabéticamente. Por último, están los reguladores de los pensamientos y sentimientos, que son los cambios que hacemos a nuestros espacios más personales para influir en cómo nos sentimos cuando los habitamos: una vela perfumada en un rincón, por ejemplo, o unos cuantos cojines colocados sobre la cama con mucho gusto.

Si uno se encuentra con discos alfabetizados, un diploma de Harvard en la pared, incienso en una mesita y la ropa primorosamente apilada en un cesto, puede conocer de inmediato ciertos aspectos sobre la personalidad de un individuo, de los que podría no llegar ni a enterarse si lo único que hace es verlo personalmente. Cualquiera que haya examinado las estanterías de libros de un novio o novia nuevos, o hurgado en su botiquín, comprende lo siguiente de manera implícita: mirar el espacio privado de una persona nos puede revelar tanto o más que las horas que se pasan en público con ella.

En todo caso, la información de la que no se dispone al mirar las pertenencias de alguien es igual de importante. Lo que se ahorra uno cuando el encuentro no es cara a cara son todos los datos confusos, complicados y, en última instancia, irrelevantes que pueden servir para desvirtuar la opinión que nos formemos. A la mayoría de nosotros nos resulta difícil creer que un defensa de futbol americano que pese más de 120 kilos pueda tener un intelecto despierto y con buen criterio. No podemos, sencillamente, deshacernos del estereotipo del deportista bobo. Pero si todo lo que viéramos de esa persona fuera su estantería o los cuadros que tiene en las paredes, no tendríamos ese problema.

Lo que la gente dice de sí misma también puede resultar muy confuso, por la sencilla razón de que en general no somos muy objetivos sobre nosotros mismos. Por eso, cuando medimos la personalidad, no nos limitamos a preguntar a bocajarro a las personas cómo creen que son. Les damos un cuestionario, como el Inventario de los cinco grandes, diseñado con cuidado para suscitar respuestas reveladoras. Por eso tampoco Gottman pierde tiempo haciendo preguntas directas a maridos y mujeres sobre la situación en que se encuentra su matrimonio. Podrían mentir, sentirse incómodos o, lo que es más importante, no saber la verdad. Quizá están tan enfangados, o tan felizmente acomodados, en su relación, que no tienen objetividad para saber si ésta funciona. «Sencillamente, las parejas no son conscientes de la impresión que dan», dice Sybil Carrère. «Mantienen una conversación, que nosotros grabamos en video, y luego se la mostramos. En uno de los últimos estudios que hemos realizado, preguntamos a las parejas qué habían aprendido del estudio, y muchas de ellas (me atrevería a afirmar que la mayoría) dijeron que les había sorprendido verse como se vieron durante la discusión o lo que transmitieron durante la misma. Una de las mujeres, que nos había parecido sumamente afectiva, dijo, sin embargo, que ella no tenía ni idea de que era así. Comentó que creía que era estoica y muy reservada. A muchos les pasa lo mismo. Piensan que son más comunicativos de lo que en realidad son, o más negativos. Sólo al ver la cinta se dieron cuenta de que estaban equivocados acerca de lo que comunicaban».

Si las parejas no son conscientes de la imagen que dan, ¿qué valor puede tener hacerles preguntas directas?

No mucho, y por eso Gottman hace que las parejas hablen acerca de algún asunto en el que esté implicada su relación marital (como sus animales domésticos), no acerca de su matrimonio. Él se fija con atención en detalles que son medidas indirectas de cómo funciona la pareja: unos reveladores esbozos de emoción que atraviesan fugazmente la cara de alguno de ellos; el toque de estrés detectado en las glándulas sudoríparas de la palma de la mano; una subida súbita en la frecuencia cardiaca; un tono sutil que acaba en un intercambio... Así pues, Gottman aborda el asunto por el flanco, ya que, según ha averiguado, puede ser un camino mucho más rápido y eficaz para llegar a la verdad que hacerlo de frente.

Lo que hicieron las personas que visitaron los dormitorios de los estudiantes no fue más que otra versión del análisis de John Gottman realizada por profanos en la materia. Buscaban en los estudiantes el «puño» del Morse. Se dieron 15 minutos para empaparse bien de todo y formarse una idea del morador de la habitación. Abordaron el asunto por el flanco sirviéndose de las pruebas indirectas que había en los dormitorios de los estudiantes, y el proceso por el que fueron tomando decisiones se simplificó: no los distrajo en absoluto esa clase de información confusa e irrelevante que se extrae de una reunión cara a cara. Lo que hicieron fue extraer conclusiones a partir de la selección de unos cuantos datos significativos. ¿Y qué fue lo que pasó? Lo mismo que pasó con Gottman: esas personas con sus portapapeles fueron realmente buenas en sus predicciones.

Llegados a este punto, demos un paso adelante en el concepto de la deducción a partir de una mínima selección de datos reveladores. Imagínense que trabajan para una compañía de seguros que vende a los médicos pólizas de responsabilidad civil profesional. Su jefe les comunica que, por motivos contables, quiere que le digan qué doctor, de todos los que cubre la compañía, creen que tiene mayores probabilidades de ser demandado. De nuevo se les conceden dos opciones. La primera es examinar la formación y los documentos que acreditan los médicos y después analizar sus expedientes para ver cuántos errores han cometido en los últimos años. La otra opción es escuchar breves fragmentos de conversaciones entre los facultativos y sus pacientes.

Seguro que, a estas alturas, esperan que diga que la segunda opción es la mejor. Tienen razón, y he aquí por qué. Aunque parezca mentira, el riesgo de que demanden a un médico por negligencia tiene muy poco que ver con cuántos errores haya cometido. Al analizar este tipo de pleitos se comprueba que hay médicos muy capacitados a quienes interponen muchas demandas, y médicos que cometen muchos errores sin haber estado jamás ante un tribunal. Por otro lado, es abrumador el número de personas que sufre daños por negligencias médicas y nunca presenta una demanda. En otras palabras, los pacientes no entablan pleitos por los daños que les haya causado una inepta atención médica. Aparte de los daños causados, hay algo más.

¿Qué es ese algo más? Es la forma en que fueron tratados, en el ámbito personal, por su médico. Lo que se advierte una y otra vez en los casos de negligencia es que los pacientes se quejan de que se les despachó enseguida, no se les escuchó o recibieron una atención deficiente. «La gente no demanda a los médicos que le gustan», opina Alice Burkin, una destacada abogada experta en casos de negligencia médica. «En todos los años que llevo dedicada a esto, nunca he tenido un cliente que entrara y dijera: "De verdad me gusta este doctor, y hacer esto me hace sentir realmente mal, pero quiero demandarlo". Cuando ha venido alguien diciendo que quería demandar a determinado especialista, lo que nosotros le decimos es: "No creemos que ese doctor haya sido negligente. Pensamos que es su doctora de atención primaria quien se ha equivocado". A lo que el cliente responderá: "No me importa lo que haya hecho ella. Me encanta y no la llevaré a juicio"».

Burkin tuvo una vez una cliente a la que le descubrieron un tumor de mama cuando ya había hecho metástasis. La mujer quería demandar a su internista por el retraso en el diagnóstico. En realidad, el posible culpable era el radiólogo, pero la paciente se mantuvo inflexible. Quería llevar a juicio a la doctora de medicina interna. «En nuestro primer encuentro, me dijo que aborrecía a esa doctora porque nunca se había tomado la molestia de conversar con ella y jamás le había preguntado si tenía otros síntomas», afirmó Burkin. «La paciente nos dijo: "La doctora nunca me vio como una persona en su totalidad". Cuando a un paciente le informan de que tiene algo malo, el médico debe dedicar un tiempo a explicarle lo que pasa y responder a las preguntas que le formulen, es decir, debe tratarle como un ser humano.

Los médicos que no lo hacen son los que van a los tribunales». No es necesario, por tanto, saber cómo opera un cirujano para predecir las posibilidades que tiene de que lo lleven a juicio. Lo que se necesita saber es qué relación mantiene el médico con sus pacientes.

La investigadora médica Wendy Levinson ha grabado recientemente centenares de conversaciones entre un grupo de médicos y sus pacientes. A la mitad de los doctores, más o menos, nunca la habían demandado. A la otra mitad la habían demandado al menos dos veces, y Levinson descubrió que le bastaron esas conversaciones para poder establecer diferencias claras entre ambos grupos. El tiempo que dedicaban a cada paciente los cirujanos a quienes nunca habían puesto un pleito superaba en tres minutos el que dedicaban los otros (18.3 y 15 minutos, respectivamente).

Entre los médicos del primer grupo había una mayor probabilidad de que hicieran comentarios «orientadores», como: «Primero le examinaré, y luego hablaremos del asunto», o bien: «Dejaré algún tiempo para las preguntas que desee plantearme», lo cual ayuda a los pacientes a hacerse una idea de qué se pretende lograr con la visita y de cuándo deben hacer preguntas. También era mayor la probabilidad entre estos médicos de que escucharan atentamente e hicieran comentarios como: «Continúe, cuéntemelo con más detalle», y, desde luego, mucha mayor probabilidad de que se rieran y bromearan durante la consulta. No deja de ser interesante que no hubiera diferencia en la cantidad o la calidad de la información que ofrecían a sus pacientes; no aportaron más detalles acerca de la medicación o de la enfermedad. La diferencia radicaba exclusivamente en cómo hablaban con ellos.

En cualquier caso, es posible ahondar en este análisis. La psicóloga Nalini Ambady escuchó las cintas de Levinson y se concentró en las conversaciones grabadas sólo entre cirujanos y pacientes. Seleccionó dos conversaciones por cirujano. Después, de cada una de ellas extrajo dos segmentos de 10 segundos en los que estuviera hablando el médico, de forma que su selección constaba de 40 segundos en total. Por último, «filtró» el contenido, es decir, eliminó los sonidos de alta frecuencia del habla que nos permiten reconocer palabras sueltas. Lo que queda tras hacer un filtrado de contenido es una especie de embrollo en el que permanecen la entonación, el tono y el ritmo, aunque desaparece el contenido. Utilizando esos datos, y sólo ésos, Ambady efectuó un análisis parecido al de Gottman. Formó un tribunal con varias personas para que puntuaran esos fragmentos de sonido «embrollado» según ciertas cualidades como el afecto, la hostilidad, la dominación y la ansiedad, y descubrió que, sólo con el uso de esas categorías, podía adivinar a qué cirujanos demandaron y a cuáles no.

Ambady sostiene que tanto ella como sus colegas se quedaron «totalmente atónitos con los resultados», y no es de extrañar. Los miembros del tribunal no sabían nada del grado de destreza de los cirujanos. No sabían si eran muy expertos, qué tipo de formación habían recibido o la clase de procedimientos que solían aplicar. Ni siquiera sabían qué les estaban diciendo los doctores a sus pacientes. De lo único que se valieron para hacer sus predicciones fue del tono de voz de los cirujanos. De hecho, era incluso algo más básico: si la voz del médico sonaba dominante, éste solía pertenecer al grupo de los demandados. Si la voz no era tan dominante y reflejaba más preocupación por el paciente, solía estar incluido en el otro grupo. ¿Es posible extraer conclusiones con menos datos? La negligencia parece ser uno de esos problemas infinitamente complicados y con múltiples dimensiones. Al final todo se reduce a una cuestión de respeto, y la manera más sencilla de mostrar respeto es con el tono de voz: el más corrosivo que puede adoptar un médico es el dominante. ¿Necesitaba Ambady someter a prueba toda la historia de un paciente con un doctor para descubrir ese tono? No, puesto que una consulta médica se parece bastante a una de las discusiones de pareja de Gottman o al dormitorio de un estudiante. Es una de esas situaciones en las que la firma se aprecia con toda claridad.

La próxima vez que esté sentado en consulta ante el médico, si tiene la sensación de que éste no lo escucha, de que se dirige a usted en un tono condescendiente y no lo trata con respeto, preste oídos a esa sensación. Lo que ha hecho es, a partir de una pequeña selección de datos extraídos de la actitud del médico, sacar sus propias conclusiones, y se ha dado cuenta de que ese doctor deja mucho que desear.

El golpe de vista

La capacidad para extraer conclusiones a partir de una pequeña selección de datos significativos no es un don exótico. Es una parte central de lo que significa ser humano. Lo hacemos siempre que conocemos a una persona o tenemos que entender algo con rapidez o nos encontramos ante una situación nueva. Lo hacemos porque debemos hacerlo, y llegamos a depender de esa capacidad porque hay muchos «puños» de Morse por ahí escondidos, muchas situaciones en las que prestar una atención minuciosa a unos pocos datos reveladores, aunque no sea más que durante uno o dos segundos, puede darnos muchísima información.

Resulta asombrosa, por ejemplo, la cantidad de profesiones y disciplinas que tienen un término para referirse al don de leer en lo más hondo de las esquirlas diminutas de experiencia. En baloncesto, cuando un jugador puede percibir y comprender todo lo que pasa a su alrededor, se dice que tiene «sentido de la pista». En el ejército, de los generales más brillantes se dice que tienen *coup d'oeil* —lo que, traducido del francés, significa «golpe de vista», es decir, capacidad para ver e interpretar de inmediato el campo de batalla—. Napoleón tenía esa facultad. Y Patton, también. El ornitólogo David Sibley afirma que en una ocasión, en Cape May, Nueva Jersey, divisó un pájaro que volaba a casi 200 metros y reconoció al instante que era un combatiente, *philomachus pugnax*. En su vida había visto un combatiente en vuelo, ni en ese momento había tenido el tiempo suficiente para poder identificarlo con precisión. Pero fue capaz de captar lo que las personas que observan a los pájaros denominan «la esencia» del pájaro, y eso le bastó.

«La identificación de aves se basa, en la mayoría de los casos, en una especie de impresión subjetiva causada por la forma en que el pájaro se mueve, así como por la sucesión de apariciones instantáneas desde distintos ángulos; y conforme el ave va moviendo la cabeza, volando y girando, te permite ver secuencias de formas y ángulos distintos», afirma Sibley. «Todo eso se combina y crea una impresión única de un pájaro que en realidad no se puede separar del conjunto y explicar con palabras. Cuando estás en el campo observando un pájaro, no te detienes a analizarlo diciendo: "tiene esto, eso y aquello, así que debe ser un ejemplar de tal especie". Es algo más natural e instintivo. Tras mucha práctica, uno mira al pájaro y siente como si en el cerebro se activaran pequeños interruptores. Es lo que parece. Sabes lo que es a primera vista».

Brian Grazer, productor de muchas de las películas más famosas de Hollywood de los últimos 20 años, usa casi exactamente las mismas palabras para describir su primer encuentro con el actor Tom Hanks. Fue en 1983. Hanks era por entonces casi un desconocido. Lo único que había hecho era la serie de televisión ahora olvidada, y con toda justicia, *Bosom Buddies* [Amigos del alma]. «Entró e hizo una prueba para la película *Un, dos, tres... Splash*, y allí mismo, en ese momento, puedo decirle lo que vi», dice Grazer. En ese primer instante supo que Hanks era especial. «Cientos de personas hicieron la prueba para esa parte, algunas más graciosas que él. Pero no resultaban tan simpáticas como Hanks. Sentí como si pudiera vivir en su interior. Sentí que podía identificarme con los problemas que tuviera. Mire, para hacer reír a alguien, hay que ser interesante, y para ser interesante hay que tener un poco de malicia. Lo cómico proviene del enfado y lo interesante proviene del enfado;

si no, no hay conflicto. Pero Hanks era capaz de ser malo y tú le perdonabas, y tienes que ser capaz de perdonar a alguien, porque al fin y al cabo, todavía tienes que estar con él, aunque haya plantado a la chica o tomado algunas decisiones con las que no estás de acuerdo. En aquel momento, todo esto no llegó a ser un pensamiento que pudiera verbalizar. Fue una conclusión intuitiva que no pude descifrar hasta más tarde».

Supongo que a muchos de ustedes Tom Hanks les causa la misma impresión. Si les preguntara qué les parece, dirían que es decente, digno de confianza, realista y divertido. Aunque no lo conocen. No son amigos suyos. Sólo lo han visto en el cine, interpretando una amplia variedad de personajes. En cualquier caso, se las han arreglado para extraer algo muy significativo de él a partir de unos pocos datos de su experiencia, y tal impresión ejerce un poderoso efecto en el modo en que viven las películas de Tom Hanks. «Todo el mundo dijo que no veía a Tom Hanks de astronauta», comenta Grazer en referencia a su decisión de incluir a Hanks en el reparto de la película *Apolo XIII*, que tanto éxito tuvo. «Pues bien, yo no sabía si Tom Hanks era astronauta o no, pero tenía la idea de hacer una película acerca de una nave espacial en peligro. ¿Y quién quiere todo el mundo que regrese por encima de todo? ¿A quién quiere salvar Estados Unidos? A Tom Hanks. No queremos verlo morir. Nos gusta demasiado».

Si no pudiéramos extraer conclusiones a partir de unos cuantos datos clave, si fuera de verdad necesario pasar con alguien meses y meses para llegar a conocer su auténtica personalidad, *Apolo XIII* carecería de dramatismo y *Uno, dos, tres... Splash* no sería divertida. Y si no pudiéramos entender situaciones complicadas en fracciones de segundo, el baloncesto sería algo caótico y los observadores de aves serían inútiles. No hace mucho, un grupo de psicólogos adaptó la prueba de predicción del divorcio cuyos resultados me parecieron tan abrumadores. Tomaron algunos de los videos de parejas de Gottman y se los enseñaron a personas no expertas, aunque en esta ocasión ofrecieron una ayudita a los evaluadores: les dieron una lista de emociones para que intentaran detectarlas. Dividieron las cintas en segmentos de 30 segundos y dejaron que todos los participantes vieran dos veces cada segmento, una para concentrarse en el hombre, y otra, en la mujer. ¿Y qué pasó? Esta vez, las clasificaciones de los evaluadores fueron predicciones con más de 80 por ciento de exactitud acerca de qué matrimonios iban a conseguir salvarse. Aunque el resultado es peor que el de Gottman, no deja de ser bastante impresionante. Y no es de extrañar: somos veteranos en el arte de extraer conclusiones a partir de unos cuantos datos significativos.

2

La puerta cerrada:
vida secreta de las decisiones instantáneas

No hace mucho, Vic Braden, uno de los mejores entrenadores de tenis del mundo, empezó a darse cuenta de que algo raro le pasaba cada vez que veía un partido de tenis. Los jugadores tienen dos oportunidades de sacar, y si fallan el segundo servicio se dice que han cometido doble falta. Braden se dio cuenta de que siempre sabía cuándo un jugador iba a cometer doble falta. El jugador lanza la pelota al aire, echa la raqueta hacia atrás y, justo cuando está a punto de golpear, Braden piensa «¡No! ¡Doble falta!», y la pelota sale infaliblemente abierta o larga o da contra la red. Da igual quién sea el jugador, que sea hombre o mujer, que Braden esté viendo el partido en la pista o por televisión, o que conozca o no a quien tiene el saque. «Me sorprendí anticipando dobles faltas a chicas rusas a las que no había visto jamás», afirma Braden. Pero no se trataba de suerte. Se habla de suerte cuando se lanza una moneda y se acierta. La doble falta es rara. En un torneo, un jugador profesional puede hacer cientos de saques y sólo tres o cuatro dobles faltas. Cierto año, Braden decidió anotar las dobles faltas en el importante torneo profesional Indian Wells, que se jugaba cerca de su casa, en el sur de California, y acertó 16 de 17 en los partidos que vio.

«Al principio me asustó», comenta Braden. «Literalmente me asustó. Estaba acertando 20 casos de 20, y hablo de tipos que casi nunca hacen doble falta».

Ahora, Braden es septuagenario. De joven fue un tenista de categoría internacional, y durante los últimos 50 años ha entrenado, asesorado y conocido a muchos de los mejores jugadores en la historia de este deporte. Es un hombre pequeño e irrefrenable, con la energía de quien tiene la mitad de sus años, y cualquiera que se mueva en el mundillo del tenis les diría que Vic Braden sabe de las sutilezas y matices del juego tanto como el que más. Así que no es sorprendente que sea muy capaz de interpretar un saque en un abrir y cerrar de ojos. Se trata de algo no muy distinto de la habilidad con que un experto en arte puede afirmar que el kurós del Museo Getty es falso casi nada más verlo. Algo en la postura del jugador, en la forma de lanzar la pelota o en la fluidez de su movimiento dispara el inconsciente del entrenador que, instintivamente, capta la huella de la doble falta. Selecciona datos reveladores de alguna parte del movimiento de saque y... ¡zas!: lo sabe. Aunque, con gran frustración, Braden es incapaz de imaginar cómo lo sabe.

«¿Qué es lo que he visto?», se pregunta. «Estoy en la cama y pienso: ¿cómo lo he hecho? No lo sé. Me vuelve loco. Me tortura. Repaso el saque mentalmente y trato de averiguarlo. ¿Se ha tambaleado, ha dado otro paso, ha añadido un bote a la pelota, ha cambiado algo en su programa de movimientos?». Los datos en los que se basan sus conclusiones parecen enterrados en algún lugar de su inconsciente del que es incapaz de sacarlos.

Éste es el segundo aspecto crucial de los pensamientos y las decisiones que afloran desde nuestro inconsciente. Los juicios instantáneos son, ante todo, extraordinariamente rápidos: se basan en una cantidad mínima de información que nos proporciona la experiencia. Pero son también inconscientes. En el experimento del juego de Iowa, los jugadores empezaban a evitar las peligrosas cartas rojas mucho antes de que fuesen conscientes de que las estaban evitando. Necesitaron sacar 70 cartas más para que el cerebro consciente se diese cuenta de lo que estaba pasando. Cuando Harrison, Hoving y los demás expertos en arte griego se enfrentaron por primera vez al kurós, sintieron una oleada de repulsa y a su mente acudieron determinadas palabras, y Harrison llegó a decir: «Pues lo lamento». Pero en ese momento de duda inicial, distaban mucho de ser capaces de decir con exactitud por qué sintieron lo que sintieron. Hoving llama «rompefalsificaciones» a muchos expertos en arte con los que habla, y todos describen el acto de captar la autenticidad de una obra de arte como un proceso extraordinariamente impreciso. Hoving afirma que se siente «una especie de exaltación mental, una oleada de hechos visuales que inundan la mente cuando se mira una obra de arte. Un rompefalsificaciones describió la experiencia como si los ojos y los sentidos fuesen una bandada de colibríes que explorasen docenas de estaciones de paso. En unos minutos, quizá en unos segundos, este experto registraba montones de detalles que parecían gritarle «¡Atención!».

Así habla Hoving del historiador del arte Bernard Berenson: «A veces irrita a sus colegas por su incapacidad para exponer de forma articulada cómo ha sabido ver con tanta claridad defectos e incoherencias diminutos de una obra que revelan una restauración poco inteligente o una falsificación. En un caso que se vio en los tribunales, todo lo que Berenson pudo decir es que sintió malestar de estómago. Los oídos le zumbaron de una forma peculiar. Le sobrevino una depresión momentánea. O se sintió mareado y desequilibrado. Descripciones nada científicas de la forma en que supo que estaba en presencia de algo manipulado o falsificado. No obstante, era todo lo que podía decir».

Los juicios instantáneos y la cognición rápida ocurren detrás de una puerta cerrada. Vic Braden intentó mirar en el interior de la habitación. Pasaba la noche en vela tratando de imaginar qué detalle del saque predisponía su juicio. Pero no pudo.

Creo que no se nos da demasiado bien afrontar el hecho de esa puerta cerrada. Una cosa es reconocer el enorme poder de los juicios instantáneos y la selección de datos relevantes, y otra confiar en algo tan aparentemente misterioso. «Mi padre se sentará y le dará toda clase de teorías para explicar por qué hace esto o aquello», afirma el hijo del inversor multimillonario George Soros. «Pero me acuerdo de que cuando se lo oía de pequeño pensaba: "La mitad son tonterías". Quiero decir que yo sabía que lo que le impulsa a cambiar su posición en el mercado o a hacer otras cosas es el dolor de espalda, que lo empieza a torturar. Literalmente, sufre un espasmo, y ése es el primer signo de advertencia».

Sin duda, esto explica en parte por qué George Soros es tan bueno en lo suyo: es consciente del valor del producto de su razonamiento inconsciente. Ahora bien, si ustedes o yo invirtiésemos nuestro dinero según los consejos de Soros, nos pondría nerviosos saber que sus decisiones se basan únicamente en el dolor de espalda. Jack Welch, un directivo de gran éxito, ha titulado sus memorias *Jack: Straight from the Gut [Hablando claro*, Suma de Letras, 2003], pero en el interior nos aclara que lo que hace que hable claro no es su instinto, sino también una serie de teorías laboriosamente elaboradas sobre gestión, sistemas y principios. Nuestro mundo exige respaldar las decisiones con citas y notas al pie, y si decimos cómo nos sentimos, hemos de estar también dispuestos a explicar por qué nos sentimos así. Por eso al Museo Getty le costó tanto, al menos en principio, aceptar la opinión de personas como Hoving, Harrison o Zeri; resulta mucho más fácil escuchar a los científicos y abogados, que saben apoyar sus conclusiones con páginas y páginas de documentación. Creo que este planteamiento es un error, y que si queremos mejorar la calidad de nuestras decisiones hemos de aceptar la naturaleza misteriosa de nuestros juicios instantáneos. Necesitamos aceptar que es posible saber sin saber por qué y que, a veces, éste es el mejor camino.

PREDISPUESTOS PARA ACTUAR

Imaginen que soy profesor y que les pido que vengan a mi despacho. Recorren un largo pasillo, abren la puerta y se sientan ante una mesa. Delante de ustedes hay un papel con una lista de grupos de cinco palabras.

Tienen que formar una frase de cuatro palabras gramaticalmente correcta a partir de cada grupo. Se llama «el test de las palabras revueltas». ¿Listos?

1. le estaba preocupada ella siempre
2. de son Florida naranjas temperatura
3. pelota la arroja lanza silenciosamente
4. zapatos da cambia viejos los
5. la observa ocasionalmente gente mira
6. sentirán sudor se solos ellos
7. cielo el continuo gris está
8. deberíamos ahora olvidadizos retirarnos
9. nos bingo cantar jugar deja
10. sol produce temperatura arrugas el

Parece sencillo, ¿no? Pues no lo es. Lo crean o no, cuando terminen la prueba saldrán de mi despacho al pasillo andando más despacio que cuando entraron. Con esta prueba he influido en su comportamiento. ¿Cómo? Miren de nuevo la lista. Verán las palabras «preocupada», «Florida», «viejos», «solos», «gris», «bingo» y «arrugas». Ustedes creen que se trataba sólo de un ejercicio de lenguaje aunque, en realidad, también estaba haciendo que la computadora de su cerebro —su inconsciente adaptativo— pensase en la vejez. No informó al resto del cerebro sobre esta obsesión repentina, pero se tomó tan en serio todos estos términos sobre la vejez que, cuando terminaron el ejercicio, avanzaron por el pasillo comportándose como ancianos: andando despacio.

Este test lo ideó un psicólogo muy inteligente llamado John Bargh. Es un ejemplo de lo que se llama «experimento de predisposición», y Bargh y otros colegas han elaborado numerosas variaciones aún más sugestivas sobre el mismo que demuestran en todos los casos lo mucho de nuestro inconsciente que se oculta tras esa puerta cerrada. En cierta ocasión, Bargh y dos colegas de la Universidad de Nueva York, Mark Chen y Lara Burrows, prepararon un experimento a la entrada del despacho del primero. Utilizaron a varios alumnos que aún no se habían graduado y a cada uno de ellos le presentaron uno de los dos tests de palabras revueltas que habían preparado. El primero estaba salpicado de términos como «agresivamente», «descaro», «grosero», «fastidiar», «molestar», «intromisión», «infracción». En el segundo, los términos eran «respeto», «considerado», «apreciar», «pacientemente», «ceder», «educado» y «cortés». El número de palabras de este tipo utilizadas no era en ninguno de los casos suficiente para que los estudiantes se percatasen de lo que estaba en juego (por supuesto, en cuanto un sujeto se da cuenta de que se le está predisponiendo, deja de funcionar). Después de hacer el ejercicio, que dura unos cinco minutos, se pidió a los alumnos que cruzasen el recibidor y hablasen con el responsable del experimento para que les indicase qué debían hacer a continuación.

Pero cuando un estudiante llegaba al despacho, Bargh se aseguraba de que el responsable estuviese ocupado, enfrascado en una conversación con alguien, una colaboradora que se colocaba de pie en el pasillo y que obstruía la puerta de entrada al despacho. Bargh quería saber si aquellos a quienes se había predispuesto con palabras corteses tardaban más en interrumpir la conversación entre el responsable del experimento y su colaboradora que quienes lo habían sido con palabras groseras. Sabía lo suficiente sobre el extraño poder de influencia del inconsciente para anticipar que habría alguna diferencia, pero también pensaba que el efecto sería pequeño. Antes de llevar a cabo la prueba, cuando Bargh se presentó ante el comité de la Universidad de Nueva York que autoriza los experimentos con personas, había tenido que comprometerse a cortar la conversación de la puerta en 10 minutos. «Los miramos y pensamos que estaban locos», recuerda Bargh. «Nosotros teníamos intención de medir diferencias de milésimas de segundo. Se trataba de chicos de Nueva York; no iban a quedarse allí esperando; quizá unos segundos, un minuto como máximo».

Ahora bien, Bargh y sus colegas estaban equivocados. Quienes habían sido predispuestos con los términos más bruscos terminaban por interrumpir la conversación, por lo general al cabo de unos cinco minutos. Pero quienes habían leído los términos corteses, que era la mayoría (82 por ciento), no la interrumpieron en ningún caso. Quién sabe cuánto tiempo habrían esperado sonriendo educadamente si el experimento no hubiese terminado a los 10 minutos.

«El experimento se realizó justo delante de mi despacho», recuerda Bargh. «Tuve que escuchar la misma conversación una y otra vez. Cada hora, cada vez que aparecía un sujeto nuevo. Era aburrido, muy aburrido. Llegaban a la entrada y veían a la colaboradora con quien hablaba el responsable desde el otro lado de la puerta. La colaboradora explicaba una y otra vez que no entendía lo que se suponía que debía hacer. Preguntaba y volvía a preguntar, durante 10 minutos. "¿Dónde marco esto? No lo entiendo"». Bargh se estremece ante el recuerdo y ante lo insólito de la situación. «Las cosas continuaron así durante un semestre completo. Quienes habían hecho el test con los términos corteses se limitaban a esperar».

Hay que decir que la predisposición no es como el lavado de cerebro. No puedo hacerlos revelar detalles personales de la infancia con palabras como «sueñecito», «biberón» o «peluche». Tampoco puedo programarlos para que roben un banco. Pero los efectos de la predisposición no son insignificantes. Dos investigadores holandeses realizaron un estudio en el que diversos grupos de estudiantes debían responder a 42 preguntas bastante difíciles tomadas del juego *Trivial Pursuit*. A la mitad se les dijo que dedicasen antes cinco minutos a pensar en lo que significaba ser profesor y a escribir lo que les pasase por la cabeza. Estos estudiantes respondieron correctamente 55.6 por ciento de las preguntas. A la otra mitad se les pidió que se sentasen a pensar en los hinchas de futbol. Respondieron correctamente 42.6 por ciento de las preguntas. Los estudiantes del grupo de «profesores» no sabían más que los del grupo de «hinchas»; tampoco eran más inteligentes, ni estaban más concentrados ni eran más serios. Estaban, sencillamente, en un marco mental «inteligente», y asociarse con la idea de alguien inteligente, como un profesor, los ayudó mucho a dar con la respuesta correcta en ese instante lleno de tensión que sigue al planteamiento de la pregunta. Hay que subrayar que la diferencia entre 55.6 y 42.6 por ciento es enorme, y puede ser la diferencia entre aprobar y suspender.

Los psicólogos Claude Steele y Joshua Aronson idearon una versión aún más exagerada de esta prueba; en ella intervinieron estudiantes negros, a los que se les plantearon 20 preguntas tomadas del examen de aptitud académica, una prueba normalizada que se utiliza en Estados Unidos para acceder a la enseñanza superior. Antes del examen se les sometió a un cuestionario en el que se preguntaba por su raza: este simple acto bastó para predisponerles a que adoptaran todos los estereotipos negativos asociados con los negros estadounidenses y los resultados académicos, lo que a su vez redujo el número de respuestas correctas a la mitad. La sociedad confía mucho en estos tests, que considera indicadores fiables de las aptitudes y los conocimientos del alumno. ¿Pero lo son? Si una alumna blanca de un colegio privado de prestigio obtiene en el examen de aptitud una puntuación más alta que una estudiante negra de una escuela de barrio, ¿es en realidad mejor estudiante, o es que ser blanca y asistir a un colegio de prestigio se asocia constantemente con la idea de «inteligente»?

En todo caso, aún impresiona más el carácter misterioso de estos efectos de la predisposición. Al hacer la prueba de completar frases, los sujetos no sabían que se les estaba predisponiendo para pensar en la vejez. ¿Cómo iban a saberlo? Las claves son bastante escurridizas. Aunque lo chocante es que, incluso después de salir lentamente de la habitación y continuar por el pasillo, seguían sin ser conscientes de que se había influido en su comportamiento. En otra ocasión, Bargh hizo participar a una serie de personas en unos juegos de mesa en los que la única forma de ganar es aprender a cooperar con los otros jugadores. Así que los predispuso con ideas de cooperación y, como era de esperar, se mostraron más colaboradores y el juego marchó mucho mejor. «A continuación», comenta Bargh, «les hicimos preguntas sobre si habían puesto mucho empeño en cooperar o cuánto querían cooperar. Cuando establecimos una correlación con su comportamiento real, el resultado fue cero. El juego duraba 15 minutos y, al final, los participantes no sabían lo que habían hecho. No tenían ni idea. Respondían al tuntún, daban explicaciones sin sentido. Esto me sorprendió; al menos podían haber recurrido a la memoria, pero no lo hicieron».

Aronson y Steele observaron lo mismo entre los estudiantes negros que respondieron tan mal después de que se les recordara su raza. «Hablé con ellos una vez finalizado el test y me informé de si algo había disminuido su rendimiento», dijo Aronson. «Les pregunté: "¿Te molestó que te preguntase tu raza?". Porque era evidente que había ejercido un efecto enorme sobre su rendimiento. Pero siempre decían que no, y añadían algo como: "Bueno, creo que no tengo inteligencia suficiente para estar aquí"».

Es obvio que los resultados de estos experimentos son muy inquietantes. Sugieren que lo que consideramos libre albedrío es en buena medida una ilusión; casi siempre funcionamos con el piloto automático, y la forma en que pensamos y actuamos —y lo bien que pensamos y actuamos sin detenernos a razonar— es mucho más sensible a las influencias externas de lo que creemos. En todo caso, creo que el secreto con que actúa el inconsciente tiene también una ventaja considerable. En el ejemplo de la tarea de completar frases que incluían términos sobre la edad avanzada, ¿cuánto tardaron en formar esas frases? Supongo que sólo unos pocos segundos por frase. Eso es rapidez, y pudieron realizar el test deprisa porque se concentraron en la tarea y bloquearon cualquier elemento de distracción. Si se hubiesen puesto a buscar patrones en las listas, no habrían podido hacer el test en tan poco tiempo. Se habrían distraído. Es cierto que las referencias a la ancianidad cambiaron el paso con que salieron de la sala, ¿pero eso tiene algo de malo? Lo único que sucedió es que el inconsciente le dijo al cuerpo: he captado algunas señales de que estamos en un medio realmente preocupado por la edad avanzada; vamos a comportarnos en consecuencia. En este sentido, el inconsciente actúa como una especie de mayordomo mental. Se ocupa de los pequeños detalles de la vida. Se fija en todo lo que ocurre alrededor y se asegura de que ustedes actúen correctamente mientras les deja libertad para concentrarse en lo que realmente les importa en cada momento.

El equipo de Iowa que elaboró los experimentos con juegos lo dirigía el neurólogo Antonio Damasio, cuyo grupo ha realizado un fascinante trabajo de investigación sobre lo que ocurre cuando una proporción excesiva de nuestro pensamiento tiene lugar fuera de la puerta cerrada. Damasio estudió a pacientes que presentaban una lesión en una parte pequeña pero esencial del cerebro llamada corteza prefrontal ventromedial, situada detrás de la nariz. La región ventromedial desempeña una función crucial en la toma de decisiones. Establece contingencias y relaciones, y organiza la montaña de información que recibimos del mundo exterior para priorizar y señalar las cosas que exigen atención inmediata. Quienes sufren alguna lesión en esta zona están plenamente capacitados para el pensamiento racional y pueden ser muy inteligentes y funcionales, pero carecen de capacidad de juicio. Para ser más exactos, no tienen en el inconsciente el mayordomo mental que les deja concentrarse en lo que realmente importa. En su libro *El error de Descartes*, Damasio describe el intento de concertar una cita con un paciente que presenta una lesión cerebral de este tipo:

> Le propuse dos fechas, ambas durante el mes siguiente y con pocos días de diferencia. El paciente sacó una agenda y empezó a consultar el calendario. El comportamiento que adoptó a continuación, observado por varios investigadores, fue sorprendente. Durante casi toda la primera media hora, el paciente enumeró las razones a favor y en contra de cada una de las fechas: citas anteriores, proximidad de otras, posibles condiciones climáticas y prácticamente cualquier cosa que se pueda pensar en relación con una simple cita. Hizo un laborioso análisis de pros y contras, una interminable e inútil comparación de opciones y consecuencias posibles. Todos tuvimos que hacer un esfuerzo enorme para no dar muestras de impaciencia y decirle que parase.

Damasio y su equipo sometieron también al test del juego a sus pacientes con lesión ventromedial. Casi todos acabaron por averiguar, como todo el mundo, que algo fallaba en las cartas rojas. Pero en ningún momento les brotó ni una gota de sudor en la palma de las manos, en ningún momento cayeron en la cuenta de que las barajas azules eran preferibles a las rojas y en ningún momento, ni siquiera después de haber descubierto el secreto del juego, ajustaron su estrategia para prescindir de los naipes peligrosos. Sabían qué era lo correcto, si bien ese conocimiento no bastó para hacerles cambiar la forma de jugar. «Es como la adicción a las drogas», comentó Antoine Bechara, uno de los investigadores del equipo de Iowa. «Los adictos pueden expresar correctamente los efectos de su comportamiento, pero no actúan en consecuencia porque sufren un trastorno cerebral. Por eso lo estamos examinando. Las lesiones en el área ventromedial provocan una desconexión entre lo que se sabe y lo que se hace». Lo que a estos pacientes les falta es ese mayordomo discreto que empuja en la dirección correcta y que añade ese ligero toque emocional —el sudor en la palma de las manos— como prueba de que se ha hecho lo debido. En situaciones que cambian muy deprisa y en las que hay mucho en juego, no conviene ser tan desapasionado y estrictamente racional como los pacientes con lesión ventromedial. No conviene pasarse las horas muertas ponderando las distintas opciones. En ocasiones es preferible que la parte de la mente situada tras la puerta cerrada tome decisiones por nosotros.

EL PROBLEMA DE BUSCAR RESPUESTA A TODO

No hace mucho tiempo, en una fresca noche de primavera, dos docenas de hombres y mujeres se reunieron en el privado de un bar de Manhattan para participar en un rito peculiar llamado «cita rápida». Todos eran profesionales veinteañeros, una mezcla de gente de Wall Street, estudiantes de medicina y profesores, además de cuatro mujeres que venían de la sede central de la joyería Anne Klein, que no estaba lejos de allí. Todas las mujeres llevaban jersey rojo o negro y pantalones vaqueros o de color oscuro. En cuanto a los hombres, con una o dos excepciones, vestían el uniforme de trabajo de Manhattan, con camisa azul oscuro y pantalones negros. Al principio se desenvolvieron con cierta torpeza, aferrados a sus bebidas, hasta que llegó la coordinadora, una mujer alta y llamativa llamada Kailynn, que impuso orden en el grupo.

Cada uno de los hombres, explicó, dispondría de seis minutos para hablar con cada una de las mujeres. Durante toda la velada, éstas permanecerían sentadas en los largos sofás bajos que bordeaban las paredes del local, y los hombres pasarían de una a la siguiente cuando Kailynn tocase una campana al final de cada periodo de seis minutos. Cada participante recibiría una cinta adhesiva, un número y un formulario breve; si alguien le gustaba después de los seis minutos de charla, debía marcar en este formulario una casilla situada junto a su número. Y si la persona elegida en esta casilla marcaba también la correspondiente al número de quien la había elegido, 24 horas después se comunicaría a cada uno la dirección de correo electrónico del otro. A la explicación siguió un murmullo de expectación. Varios de los asistentes hicieron una visita de última hora al cuarto de baño, y Kailynn tocó la campana.

Hombres y mujeres ocuparon sus puestos, y el sonido de las conversaciones llenó inmediatamente la sala.

Las sillas de los hombres estaban lo bastante separadas de los sofás de las mujeres como para que unos y otras tuviesen que inclinarse hacia adelante, apoyando los codos en las rodillas. Una o dos de las mujeres hasta daban brincos en sus asientos. El hombre que hablaba con la mujer de la mesa número 3 le derramó la cerveza en el regazo. En la mesa 1, una morena llamada Melissa se esforzaba desesperadamente por hacer hablar a su interlocutor, al que hacía preguntas en sucesión rápida: «¿Cuáles son tus tres mayores deseos? ¿Tienes hermanos? ¿Vives solo?». En otra mesa, David, un hombre rubio muy joven, preguntaba a la mujer que tenía enfrente por qué había acudido allí. «Tengo 26 años», le respondió ella. «Muchas de mis amigas tienen novios a los que conocen desde el instituto y están ya comprometidas o casadas, mientras yo sigo soltera y...».

Kailynn estaba de pie, junto a la barra que recorría una de las paredes del local. «Si disfrutas del encuentro, el tiempo pasa volando. Pero si no, son los seis minutos más largos de tu vida», comentó mientras observaba la charla nerviosa de las parejas. «A veces pasan cosas curiosas. Nunca olvidaré a un joven de Queens que se presentó en el mes de noviembre pasado con una docena de rosas rojas, una para cada chica con la que habló. Llevaba traje». Y añadió con media sonrisa: «Estaba lanzado».

En los últimos años, la cita rápida ha alcanzado una popularidad enorme en todo el mundo, y no es de extrañar: es un destilado que reduce la cita a un juicio instantáneo. Todos los que acuden intentan responder una pregunta muy sencilla: «¿Quiero volver a ver a esta persona?». Aunque para responder a eso no hace falta una noche entera, sino que bastan unos minutos. Velma, por ejemplo, una de las cuatro mujeres de Anne Klein, dijo que no escogió a ninguno de los hombres, y que se hizo una idea de cada uno de ellos al instante. «Los descarté en cuanto me dijeron "hola"», comentó haciendo un gesto de desdén. Ron, analista financiero en un banco de inversiones, eligió a dos de las mujeres, a una de ellas después de cerca de minuto y medio de conversación, y a la otra —Lillian, en la mesa dos—, en cuanto se sentó. «Llevaba un *piercing* en la lengua», dijo con admiración. «En un sitio de éstos, uno espera encontrarse con un montón de abogadas, pero ella era totalmente distinta». A Lillian también le gustó Ron. «¿Sabe por qué?», preguntó, «porque es de Louisiana, y el acento me encantó. Dejé caer un lápiz, para ver cómo reaccionaba, y lo recogió de inmediato». Al final de la sesión se observó que a muchas de las mujeres les había gustado Ron en cuanto lo vieron, y lo mismo les había pasado con Lillian a muchos de los hombres. Los dos tenían una especie de chispa contagiosa. «Las chicas son muy listas», comentó al final de la velada Jon, un estudiante de medicina con traje azul. «Saben lo que quieren al primer instante. ¿Me gusta este tipo? ¿Puedo presentárselo a mis padres? ¿O es un tonto de sólo una noche?». Jon tiene toda la razón, salvo que las chicas no son las únicas listas. Cuando se trata de tomar decisiones sobre posibles candidatos a partir de unos cuantos datos significativos, todos son listos.

Ahora bien, supongamos que varío, sólo un poco, las reglas de la cita rápida. ¿Qué tal si intento mirar detrás de la puerta cerrada y hacer que todos expliquen sus decisiones? Naturalmente, sabemos que eso no puede hacerse, pues la maquinaria de nuestro pensamiento inconsciente está oculta siempre. ¿Pero qué ocurriría si arrojase por la borda todas las precauciones y obligase a la gente a explicar sus primeras impresiones y juicios instantáneos a pesar de todo? Eso es lo que hicieron dos profesores de la Universidad de Columbia, Sheena Iyengar y Raymond Fisman, y descubrieron que cuando se obliga a la gente a explicarse, ocurren cosas muy extrañas y perturbadoras. Lo que en principio parecía el ejercicio más transparente y puro de deducción a partir de unos cuantos datos significativos se convierte en algo muy confuso.

Iyengar y Fisman forman una pareja un tanto singular: Iyengar es de origen indio, y Fisman judío; Iyengar es psicóloga, y Fisman economista. El único motivo que les condujo a estudiar las citas rápidas es la conversación que mantuvieron en una fiesta acerca de las ventajas de los matrimonios pactados y los matrimonios por amor. «Se supone que nosotros hemos alimentado un romance a largo plazo», me dijo Fisman. Es un hombre delgado, que parece un adolescente y tiene un sentido del humor irónico. «Me siento orgulloso. Según parece, para entrar en el paraíso judío basta con tres, así que llevo un buen trecho avanzado». Los dos profesores organizan sus veladas de citas rápidas en la parte trasera del bar West End de Broadway, situado frente al campus de Columbia. Son idénticas a las demás veladas de este tipo que se celebran en otros sitios de Nueva York, con una excepción: los participantes no se limitan a hablar y marcar una casilla con un sí o un no. Tienen que responder a un cuestionario en cuatro ocasiones: antes de la sesión de citas, después de la sesión, un mes más tarde y a los seis meses. Se les pide que califiquen en una escala de 1 a 10 lo que buscan en una pareja. Las categorías que deben evaluar son: atractivo, intereses comunes, simpatía/sentido del humor, sinceridad, inteligencia y ambición. Además, al final de cada cita, califican a la persona con quien acaban de hablar en función de las mismas categorías. Cuando la velada concluye, Iyengar y Fisman tienen un cuadro increíblemente detallado de lo que cada uno dice que ha sentido durante la cita. Lo raro empieza cuando se examina ese cuadro.

Veamos un ejemplo: en la sesión de Columbia, me fijé en una joven de piel clara y cabello rubio y rizado, y en un hombre alto, de ademanes enérgicos, ojos verdes y pelo largo castaño. Desconozco sus nombres, así que los llamaremos Mary y John. Los observé durante su conversación, y enseguida me pareció evidente que a Mary le gustaba John y a John le gustaba Mary. John se sentó a la mesa de Mary y sus miradas se cruzaron. Ella bajó la vista con timidez y parecía un poco nerviosa. Se inclinó hacia delante y, visto desde fuera, parecía un caso perfectamente claro de atracción instantánea. Pero vamos a escarbar un poco y a hacer algunas preguntas sencillas. Ante todo, ¿cuadraba la evaluación que Mary había hecho de la personalidad de John con el perfil que, según había dicho antes de la cita, buscaba en un hombre? En otras palabras: ¿es capaz Mary de predecir lo que le va a gustar en un hombre? Iyengar y Fisman pueden responder a esta pregunta muy fácilmente, y lo que descubren al comparar lo que los participantes en la velada de citas dicen que buscan con lo que realmente les atrae es que no casa. Que Mary dijese al principio de la noche que buscaba a alguien inteligente y sincero no significaba que se sintiese atraída sólo por hombres inteligentes y sinceros, ni mucho menos. Y por la misma razón, John, que es quien más gustó a Mary, podía resultar atractivo y simpático, aunque no particularmente sincero o inteligente. Y en segundo lugar: si todos los hombres que acaban gustando a Mary en las citas rápidas son más atractivos y simpáticos que inteligentes y sinceros, al día siguiente, cuando se le pida que describa al hombre perfecto, dirá que ha de ser atractivo y simpático. Pero sólo al día siguiente. Porque si se le pregunta lo mismo un mes más tarde, volverá a decir que busca inteligencia y sinceridad.

Es comprensible que el párrafo anterior les resulte confuso, porque es confuso: Mary dice que busca cierta clase de persona. A continuación se le ofrece una sala llena de opciones y coincide con alguien que de verdad le gusta, y en ese momento cambia por completo su idea del tipo de persona que busca. Pero pasa un mes y vuelve a lo que inicialmente decía que buscaba. ¿Qué es lo que realmente busca Mary en un hombre?

«No lo sé», me respondió Iyengar cuando se lo pregunté. «¿Es el verdadero yo el que describí antes de la cita?».

Hizo una pausa, y Fisman intervino: «No, el verdadero yo es el que revelan mis actos. Eso diría un economista».

Iyengar lo miró desconcertada. «No sé si eso es lo que diría un psicólogo».

No lograron ponerse de acuerdo, aunque se debe a que no hay una respuesta correcta. Mary tiene una idea de lo que busca en un hombre, y la idea no es falsa. Sólo incompleta. La descripción inicial es su ideal consciente, lo que ella cree que quiere cuando se sienta y lo piensa. Pero de lo que no puede estar tan segura es de los criterios que aplica para conformar sus preferencias en ese primer instante de verse con alguien cara a cara. Esa información está detrás de la puerta cerrada.

Braden ha tenido una experiencia similar en su trabajo con atletas profesionales. A lo largo de los años, se ha esforzado por hablar con el mayor número posible de los mejores tenistas del mundo, les ha preguntado por qué juegan como juegan y siempre se ha sentido decepcionado. «Después de todas las investigaciones que hemos realizado con los mejores jugadores, no hemos encontrado a uno solo que sepa y explique exactamente lo que hace», comenta Braden. «Dan respuestas distintas en momentos diferentes o dan respuestas que, sencillamente, no tienen sentido». Una de sus técnicas consiste en grabar en video a los tenistas, digitalizar los movimientos que hacen y descomponerlos cuadro por cuadro en una computadora para ver con toda precisión, por ejemplo, cuántos grados gira el hombro Pete Sampras al responder con un revés.

Una de las grabaciones digitalizadas corresponde al gran tenista Andre Agassi lanzando un *drive*. Se ha eliminado el exterior de la imagen y Agassi ha quedado reducido al esqueleto; de este modo pueden seguirse claramente y medirse los movimientos de todas las articulaciones mientras el jugador se coloca para golpear la pelota. La cinta de Agassi es una ilustración perfecta de nuestra incapacidad para describir cómo nos comportamos en momentos concretos: «Casi todos los profesionales del mundo afirman que utilizan la muñeca para desplazar la raqueta sobre la pelota en el momento de lanzar un *drive*», afirma Braden. «¿Por qué? ¿Qué están mirando? Fíjese» —continúa Braden señalando la pantalla—. «¿Ve el momento en que golpea la pelota? Con la imagen digitalizada, podemos determinar si la muñeca se mueve con una precisión de un octavo de grado. Aunque los jugadores casi nunca mueven la muñeca. Observe lo rígida que está. No mueve la muñeca hasta un buen rato después de haber golpeado la pelota. Cree que la mueve en el momento del impacto, pero en realidad la mueve bastante después. ¿Por qué son tantos los que se confunden? Contratan entrenadores y pagan cientos de dólares para que les enseñen a girar la muñeca sobre la pelota, y el único resultado es la multiplicación del número de lesiones de brazo».

Braden observó el mismo problema en el jugador de beisbol Ted Williams. Tal vez el mejor bateador de su tiempo, Williams era un hombre reverenciado por la profundidad de su saber sobre el arte de batear. Decía que era capaz de ver la pelota en el bate, que podía seguirla hasta el momento en que hacía contacto. Pero Braden sabía, por el trabajo que había realizado en el tenis, que eso era imposible. Durante los seis últimos metros de su trayectoria hacia el jugador, la pelota está demasiado cerca y se mueve demasiado rápido como para ser visible. En ese momento, el jugador está ciego. Y lo mismo puede afirmarse en el caso del beisbol. Nadie puede ver la pelota chocando contra el bate. «Me reuní con Ted Williams una vez», recuerda Braden. «Los dos trabajábamos para Sears y coincidimos en un acto público. Así que le dije: "Ted, acabamos de hacer un estudio que demuestra que el ser humano no puede seguir la pelota hasta el bate. Ese momento dura tres milésimas de segundo". Me respondió con honradez: "Bueno, supongo que lo que ocurre es que me da la impresión de que puedo verla"».

Ted Williams era capaz de lanzar una pelota de beisbol mejor que nadie y también de explicar con la mayor confianza cómo lo hacía. Ahora bien, su explicación no coincide con sus movimientos, del mismo modo que la explicación de Mary sobre lo que buscaba en un hombre no coincide necesariamente con lo que le atraía en el momento de la verdad. Los seres humanos tenemos el problema de querer dar respuesta a todo. Tenemos una tendencia excesiva a dar explicaciones de cosas para las que en realidad no hay ninguna explicación.

Hace muchos años, el psicólogo Norman R. F. Maier colgó dos largas cuerdas del techo de una sala llena de toda clase de herramientas, objetos y muebles. La separación entre las cuerdas era tal que, si se sujetaba el extremo de una, era imposible alcanzar la otra. A todos los que entraban en la sala se les hacía la misma pregunta: ¿Cuántas formas de atar los extremos de las dos cuerdas puede usted imaginar? Este problema tiene cuatro soluciones posibles: una, estirar una de las cuerdas lo más posible hacia la otra, atarla a una silla u otro objeto similar y, a continuación, ir por la segunda cuerda; otra es atar un cable alargador u otro objeto largo al extremo de una de las cuerdas de modo que llegue hasta la otra; una tercera estrategia consiste en agarrar una cuerda con la mano y usar un palo suficientemente largo para alcanzar la otra. Maier observó que casi todo el mundo descubría estas tres soluciones enseguida. Pero la cuarta solución —hacer que una de las cuerdas se balanceara como un péndulo y entonces agarrar la otra— sólo se le ocurrió a unos pocos. Los demás no sabían qué respuesta dar. Maier les dejó dar vueltas al asunto durante 10 minutos y luego, sin decir palabra, cruzó la sala hacia una de las ventanas y rozó como por casualidad una de las cuerdas, que empezó a oscilar. A la vista de eso, casi todos exclamaron de repente: ¡Ajá!, y propusieron la solución del péndulo. En todo caso, cuando Maier les pidió que describiesen cómo se les había ocurrido, sólo uno dio el motivo correcto. En palabras de Maier: «Decían cosas como: "Se me ocurrió sin más", "Era lo único que quedaba por probar", "Me di cuenta de que la cuerda oscilaría si se le colgaba un peso", "Quizá me lo sugirió alguna clase de física", "Me esforcé por pensar alguna forma de llevar la cuerda hasta allí, y la única era balancearla". Un profesor de psicología dijo lo siguiente: "Después de haber agotado todos los demás recursos, sólo quedaba balancearla. Pensé en la forma de cruzar un río colgado de una cuerda e imaginé unos monos lanzándose desde los árboles. Y al tiempo que esta imagen, vi la solución. La idea estaba completa"».

¿Mentían todos? ¿Les daba vergüenza admitir que no habían logrado resolver el problema hasta haber recibido un empujoncito? En absoluto. Lo que ocurrió fue que el empujoncito de Maier había sido tan leve que no pasó del nivel inconsciente. Se procesó detrás de la puerta cerrada y, cuando se les pidió una explicación, lo único que pudieron hacer los sujetos del experimento fue proponer la que les parecía más admirable.

Éste es el precio que pagamos por las muchas ventajas de la puerta cerrada. Cuando pedimos a la gente que explique su pensamiento —en particular, el que procede del inconsciente—, hemos de interpretar sus respuestas con prudencia. En el caso del amor, lo sabemos bien. Sabemos que no podemos describir racionalmente la clase de persona de la que nos enamoraremos, y por eso organizamos citas, para poner a prueba nuestras teorías sobre lo que nos atrae. Todos sabemos también que es mejor que un especialista nos enseñe —y no sólo nos explique— cómo se juega al tenis o al golf o cómo se toca un instrumento musical. Aprendemos mediante el ejemplo y a partir de la experiencia directa, porque la utilidad de las instrucciones habladas tiene un límite real. Pero en otros aspectos de nuestra vida, no estoy tan seguro de que respetemos siempre el misterio de la puerta cerrada ni de que seamos conscientes del peligro que entraña nuestro problema de dar una respuesta a todo. A veces exigimos una explicación que, en realidad, no es posible dar y, como veremos en los próximos capítulos, esto tiene consecuencias graves. El psicólogo Joshua Aronson recuerda: «Después de la sentencia de O. J. Simpson, uno de los miembros del jurado apareció en televisión y declaró, completamente convencido: "La raza no ha tenido absolutamente nada que ver con mi decisión". ¿Pero cómo iba a saberlo? Mi investigación sobre la predisposición en relación con la raza y el rendimiento en un test, al igual que la de Bargh con los alumnos que debían interrumpir la conversación o el experimento de Maier con las cuerdas, demuestran que la gente ignora las cosas que influyen en sus acciones, aunque raramente se siente ignorante. Necesitamos aceptar nuestra ignorancia y decir "No lo sé" con más frecuencia».

El experimento de Maier encierra una segunda lección igualmente valiosa. A los participantes no se les ocurría una solución. Estaban frustrados. Permanecieron sentados durante 10 minutos y, sin duda, muchos de ellos sintieron que estaban fracasando en una prueba importante y que todo el mundo vería que eran tontos. Pero no lo eran. ¿Por qué? Porque quienes entraban en esa sala no tenían una mente, sino dos, y mientras su mente consciente estaba bloqueada, la inconsciente exploraba la sala, buscaba posibilidades y escrutaba hasta las claves más insignificantes. Y en el momento en que descubrió la respuesta, los orientó —en silencio y con seguridad— hacia la solución.

3

El error de Warren Harding: por qué nos enamoran los morenos, altos y apuestos

A primeras horas de una mañana de 1899, dos hombres coincidieron en el jardín trasero del Hotel Globe de Richwood, Ohio, mientras les limpiaban los zapatos. Uno de ellos era abogado y miembro de un grupo de presión de Columbus, la capital del Estado de Ohio. Se llamaba Harry Daugherty. Fornido, rubicundo, de pelo oscuro y liso, era una persona brillante, el Maquiavelo de la política de Ohio, el típico urdidor entre bastidores, un juez astuto y perspicaz del carácter o, al menos, de la oportunidad política. El segundo hombre era un editor de un periódico de la pequeña ciudad de Marion, Ohio, a quien en ese momento le faltaba una semana para ganar las elecciones al Senado de ese Estado. Se llamaba Warren Harding. Daugherty miró a Harding y se quedó sobrecogido al instante por lo que vio. En palabras del periodista Mark Sullivan, que escribió acerca de ese momento en el jardín:

> Merecía la pena mirar a Harding. Rondaba por entonces los 35 años. Tenía la cabeza, los rasgos, los hombros y el torso de un tamaño tal que llamaban la atención; las proporciones que guardaban entre sí provocaban un efecto que justificaría sobradamente aplicar el término de

«apuesto» a cualquier varón de cualquier lugar que las tuviera: años más tarde, cuando su fama sobrepasó los límites de su localidad, algunas descripciones se refirieron a él con la palabra «romano». Cuando bajó las piernas de la caja del limpiabotas, se confirmaron las sorprendentes y gratas proporciones de su cuerpo y la ligereza de sus pies; su talle erguido y su porte aumentaron la impresión de garbo y virilidad. Su flexibilidad, en combinación con la magnitud de su estructura; sus enormes ojos radiantes, algo separados entre sí; su abundante pelo oscuro y su tez marcadamente broncínea le conferían una belleza similar a la de los hindúes. La cortesía de la que hizo gala al ceder su asiento al otro cliente daba a entender una auténtica cordialidad hacia todo el género humano. Tenía una voz notoriamente profunda, masculina, cálida. El placer que mostró en el cuidado con que el limpiabotas le pasaba el cepillo reflejaba un interés por el atuendo poco corriente en un hombre de una ciudad pequeña. Su ademán al dejar una propina denotaba la afabilidad y generosidad que había detrás, el deseo de complacer, basados en un saludable estado físico y una sincera bondad de corazón.

En ese instante, mientras examinaba a Harding, a Daugherty se le ocurrió una idea que iba a cambiar el curso de la historia de Estados Unidos: ¿no sería ese hombre un magnífico presidente?

Warren Harding no era un hombre especialmente inteligente. Le gustaba jugar al póquer y al golf, y también beber, pero, sobre todo, le gustaban las mujeres; de hecho, su apetito sexual era ya legendario. Conforme fue ascendiendo de un despacho político a otro, nunca se significó por nada. Era impreciso y ambivalente en materia de política. En una ocasión se aludió a sus discursos como «un ejército de frases pomposas que avanzan en busca de una idea». Tras ser elegido senador de Estados Unidos en 1914, se ausentó de los debates sobre el derecho al voto de las mujeres y la Ley Seca, dos de las cuestiones políticas más importantes de la época. Fue ascendiendo sin cesar desde el ámbito político local de Ohio movido sólo porque lo empujaba su mujer, Florence, por las intrigas de Harry Daugherty, y porque, según se fue haciendo viejo, su aspecto se fue haciendo más y más irresistiblemente distinguido. Una vez, en un banquete, uno de sus partidarios gritó: «¡Vaya, si el cabrón parece un senador!». Y así fue. Francis Russell, biógrafo de Harding, escribe de los primeros años de madurez: «El contraste entre sus pobladas cejas negras y su pelo gris acero producía un efecto de fuerza; sus enormes hombros y su tez morena daban la impresión de salud». Harding, según Russell, podría haberse puesto una toga y aparecer sin problemas en el escenario de una obra sobre Julio César. Daugherty se encargó de que Harding pronunciara un discurso ante la convención presidencial republicana de 1916, pues sabía que bastaba con que la gente lo viera y oyera su magnífica voz profunda para que se convencieran de que merecía un puesto en las altas esferas. En 1920, Daugherty persuadió a Harding para que se presentara como candidato a la Casa Blanca, aunque éste sabía que era un error. Y Daugherty no lo decía en broma. Iba en serio.

«Desde que se conocieron, Daugherty había alimentado la idea de que Harding sería un "magnífico presidente"», escribe Sullivan. «Para ser más exactos, lo que dijo Daugherty alguna vez, sin darse cuenta, fue: "un presidente con un aspecto magnífico"». En la convención republicana de ese verano, Harding ocupaba el sexto lugar, el último. Daugherty no mostró preocupación. Se produjo un empate entre los dos candidatos principales, de manera que, según predijo Daugherty, los delegados se verían forzados a buscar una alternativa. ¿A quién se iban a dirigir, en tal momento de desesperación, sino al hombre que irradiaba sentido común, dignidad y todos los atributos presidenciales? De madrugada, reunidos en las salas llenas de humo del Hotel Blackstone de Chicago, los jefes del Partido Republicano tiraron la toalla y preguntaron si no había algún candidato sobre el que pudieran ponerse de acuerdo. Y hubo un nombre que les vino a la mente de inmediato: ¡Harding! ¿No tenía, precisamente, aspecto de candidato a la presidencia? Así es como el senador Harding se convirtió en el candidato Harding; y en el otoño de ese mismo año, tras una campaña realizada desde el porche de su casa en Marion, Ohio, el candidato Harding se convirtió en el presidente Harding. Estuvo dos años en el puesto, hasta que murió de repente a consecuencia de un derrame cerebral. Fue, como reconocen casi todos los historiadores, uno de los peores presidentes en la historia de Estados Unidos.

El lado oscuro de la selección de datos significativos

Hasta este momento me he referido al extraordinario poder que pueden tener las conclusiones extraídas a partir de unos cuantos datos reveladores, y lo que hace esto posible es nuestra capacidad para meternos con rapidez bajo la superficie de una situación. Thomas Hoving y Evelyn Harrison, así como los expertos en arte, pudieron ver de inmediato lo que había detrás del artificio del falsificador. Susan y Bill parecían, al principio, la encarnación de una pareja feliz y enamorada. Pero cuando escuchamos con más atención sus conversaciones y medimos la proporción de emociones positivas y negativas, la historia cambió. La investigación de Nalini Ambady reveló hasta qué punto podemos conocer las probabilidades que tiene un cirujano de que le demanden si, más allá de los diplomas que exhibe en la pared y la bata blanca, nos centramos en su tono de voz. Ahora bien, ¿qué sucede si esa cadena rápida de pensamientos se interrumpe de alguna forma? ¿Qué pasa si llegamos a elaborar un juicio instantáneo sin llegar a meternos nunca bajo la superficie?

En el capítulo anterior hablaba sobre los experimentos realizados por John Bargh, en los que mostraba que tenemos asociaciones tan poderosas con ciertas palabras (por ejemplo, «Florida», «gris», «arrugas» y «bingo»), que el mero hecho de verlas puede hacernos cambiar de comportamiento. En mi opinión, hay ciertos factores relacionados con el aspecto de las personas —su tamaño, forma, color o sexo— que pueden desencadenar una serie de asociaciones con un poder parecido.

Muchas de las personas que miraron a Warren Harding, ante lo extraordinariamente apuesto y distinguido que era, llegaron de inmediato, y sin justificación alguna, a la conclusión de que se trataba de un hombre con coraje, inteligencia e integridad. No escarbaron bajo la superficie. Las connotaciones que tenía su aspecto eran tan poderosas que detenían bruscamente el ciclo normal de pensamiento.

El error cometido con Warren Harding es el lado oscuro de la cognición rápida. Está en la raíz de buena parte de los prejuicios y discriminaciones. Es la causa de la dificultad que entraña encontrar al candidato adecuado para un puesto de trabajo y, en más ocasiones de las que estamos dispuestos a admitir, de que personas totalmente mediocres acaben ocupando posiciones de enorme responsabilidad. En parte, tomar en serio la selección de datos significativos y las primeras impresiones es aceptar el hecho de que a veces podemos saber más de alguien en un abrir y cerrar de ojos que tras meses de estudio. Pero también debemos reconocer y entender las circunstancias en que la cognición rápida nos lleva por el camino equivocado.

INTELIGENCIA INTUITIVA EN BLANCO Y NEGRO

Durante los últimos años, varios psicólogos han comenzado a estudiar más detenidamente la función que esos tipos de asociaciones inconscientes —o, como a ellos les gusta llamarlas, implícitas— desempeñan en nuestras creencias y nuestro comportamiento, y gran parte de su trabajo se ha centrado en una herramienta fascinante denominada Implicit Association Test (IAT) [Test de Asociación Implícita (TAI)]. Creado por Anthony G. Greenwald, Mahzarin Banaji y Brian Nosek, el TAI se basa en una observación aparentemente obvia, aunque muy profunda. Las conexiones entre pares de ideas que ya están relacionadas en nuestra mente las hacemos con mucha mayor rapidez que entre pares de ideas que no nos son familiares. ¿Qué significa eso? Permítanme ofrecerles un ejemplo. A continuación aparece una lista de palabras. Tomen lápiz y papel y asignen cada uno de los nombres a la categoría a la que pertenece poniendo una marca a la izquierda o a la derecha de la palabra. También pueden señalar con el dedo la columna apropiada. Háganlo lo más deprisa que puedan. No se salten ninguna palabra. Y no se preocupen si se equivocan.

Masculino	Femenino

.... Juan.................
.... Roberto...............
.... Amanda...............
.... Susana...............
.... Juana.................
.... Pedro.................
...............Laura.................
...............Jaime.................
...............Isabel...............
.... Manuel...............
.... Sara.................

Muy fácil, ¿no? Y la razón de que haya sido fácil es que cuando leemos u oímos el nombre de «Juan» o «Roberto» o «Susana», no necesitamos siquiera pensar si es un nombre masculino o femenino. Todos tenemos unas potentes asociaciones previas entre un nombre de pila como Juan y el sexo masculino, o un nombre como Isabel y cosas femeninas.

Pero esto no ha sido más que un precalentamiento. Ahora, realicemos un TAI de verdad. Funciona como un ejercicio de precalentamiento, salvo que esta vez voy a mezclar categorías totalmente distintas. De nuevo, hagan una marca a la derecha o a la izquierda de cada palabra según la categoría a la que pertenezcan.

Masculino o Profesión	Femenino o Familia
.... Isabel	
.... Manuel	
.... Colada	
.... Empresario	
.... Juan	
.... Comerciante	
.... Roberto	
.... Capitalista	
.... Susana	
.... Juana	
.... Hogar	

.... Corporación ....
.... Hermanos ....
.... Laura ....
.... Jaime ....
.... Cocina ....
.... Tareas domésticas ....
.... Padres ....
.... Sara ....
.... Pedro ....

Imagino que, aunque la mayoría hayan encontrado esta prueba un poco más difícil que la anterior, habrán asignado las palabras a sus categorías con bastante rapidez. Ahora intenten el siguiente:

Masculino o Familia	Femenino o Profesión

.... Bebés ....
.... Sara ....
.... Pedro ....
.... Comerciante ....
.... Empleo ....
.... Juan ....
.... Roberto ....
.... Susana ....
.... Doméstico ....
.... Empresario ....
.... Oficina ....

```
.............. Juana ..............
.............. Peggy ..............
.............. Primos ..............
.............. Abuelos ..............
.............. Jaime ..............
.............. Hogar ..............
.............. Isabel ..............
.............. Empresa ..............
.............. Manuel ..............
```

¿Han apreciado la diferencia? Esta prueba era bastante más difícil que la anterior, ¿verdad? Como a la mayoría de las personas, les habrá llevado un poco más de tiempo colocar la palabra «Emprendedor» en la categoría de «Profesión» cuando «Profesión» formaba pareja con «Femenino» que cuando lo estaba con «Masculino». Esto se debe a que la mayoría de nosotros tiene asociaciones mentales más fuertes entre lo masculino y los conceptos profesionales que entre lo femenino y las ideas relacionadas con las profesiones. «Masculino» y «Capitalista» van juntas en nuestra mente de forma muy similar a como lo hacen «Juan» y «Masculino». Pero cuando la categoría es «Masculino o Familia» debemos pararnos a pensar —aunque sea sólo por unos centenares de milésimas de segundo— antes de decidir qué hacer con una palabra como «Comerciante».

En los TAI realizados por psicólogos no se suele usar papel y lápiz como en los que yo les he ofrecido. Casi siempre se hacen mediante computadora. Las palabras van apareciendo en una pantalla, fugazmente y una por una, y si una palabra determinada pertenece a la columna de la izquierda, hay que pulsar la letra «e», y si pertenece a la columna derecha, la letra «i». La ventaja de hacer el test en una computadora es que las respuestas pueden medirse con una precisión de milisegundos, y esas mediciones se usan para puntuar a la persona que se somete a la prueba. Por ejemplo, si ha tardado un poco más en hacer la parte dos del TAI, correspondiente a trabajo/familia, de lo que tardó en hacer la parte primera, podríamos decir que establece una asociación moderada entre los hombres y la población laboral. Si tardó mucho más en terminar la segunda parte, diríamos que cuando se trata del mundo laboral, su asociación con lo masculino es fuerte y automática.

Uno de los motivos de la popularidad que han alcanzado los TAI en los últimos años como herramienta de investigación es que los efectos que miden no son sutiles: como pueden atestiguar aquellos de ustedes que sintieron que iban más lentos al hacer la segunda parte del TAI de trabajo/familia, esta prueba es la clase de herramienta cuyas conclusiones te dejan sin armas. «Cuando hay una asociación previa fuerte, las personas tardan en contestar entre 400 y 600 milisegundos», afirma Greenwald. «Cuando no es así, pueden tardar entre 200 y 300 milisegundos más, lo cual, en el ámbito de este tipo de efectos, es una diferencia enorme. Uno de mis colegas de psicología del conocimiento lo describe como un efecto que puede medirse con un reloj de sol».

Si desean hacer un TAI en computadora, pueden visitar el sitio electrónico www.implicit.harvard.edu. Allí encontrarán diversos tests, incluidos los más famosos de todos, los TAI de la raza. Yo he realizado la prueba muchas veces, y el resultado siempre me ha hecho sentir algo inquieto. Al principio del test hay preguntas relativas a la actitud del interesado respecto a negros y blancos. Yo contesté, como supongo que lo habría hecho la mayoría de ustedes, que en mi opinión las razas son iguales. Pero entonces llega el test. Se te pide que lo hagas deprisa. En primer lugar está el calentamiento previo. En la pantalla aparece una sucesión rápida de fotografías.

Cuando ves una cara negra pulsas «e» y lo asignas a la categoría de la izquierda. Cuando ves una cara blanca pulsas «i» y lo asignas a la categoría de la derecha. Y todo en un abrir y cerrar de ojos: no tuve que pensar en absoluto. A continuación, viene la parte primera.

Americano europeo   Afroamericano

o   o

Malo   Bueno

.... Daño ....
.... Maldad ....
.... Glorioso ....

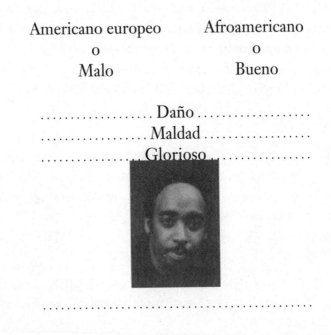

....

. . . .
. . . . .Maravilloso. . . . .

Y así sucesivamente. Acto seguido me pasó algo extraño.
La tarea de colocar las palabras y las caras en las categorías apropiadas se fue haciendo más difícil. Me di cuenta
de que estaba reduciendo la velocidad. Tenía que pensar. A veces asigné algo a una categoría cuando en realidad deseaba asignárselo a la otra. Estaba esforzándome
todo lo que podía, y un sentimiento cada vez más fuerte
de mortificación se fue apoderando de mi mente. ¿Por
qué tenía tanta dificultad en colocar una palabra como
«Glorioso» o «Maravilloso» en la categoría de «Bueno»
cuando «Bueno» estaba emparejado con «Afroamericano», o en asignar la palabra «Maldad» a la categoría de
«Malo» cuando «Malo» estaba emparejado con «Americano europeo»? Entonces vino la segunda parte. En
esta ocasión, las categorías estaban invertidas.

Americano europeo Afroamericano
o   o
Bueno   Malo

. . . . Daño. . . . .
. . . . Maldad. . . . .

Maravilloso................

Y así sucesivamente. Ahora mi mortificación era aún más intensa. Ahora no tenía dificultad alguna. ¿Maldad?: Afroamericano o Malo. ¿Daño?: Afroamericano o Malo. ¿Maravilloso?: Americano europeo o Bueno. Realicé el test por segunda vez, y por tercera y cuarta, con la esperanza de que el horrible sentimiento de parcialidad desaparecería. Pero dio lo mismo. Al parecer, más de 80 por ciento de las personas que hace el test termina por mostrar asociaciones en favor de los blancos, lo que significa que tarda sensiblemente más en contestar las respuestas cuando se le pide que asigne palabras buenas a la categoría de «Negro» que cuando se le pide que vincule cosas malas con personas negras. Y yo no lo hice tan mal. En el TAI de la raza mi clasificación fue de «preferencia automática moderada por los blancos». En todo caso, yo soy medio negro (mi madre es jamaicana).

Así pues, ¿qué significa todo esto? ¿Quiere decir que soy un racista, una persona negra que se aborrece a sí mismo? No exactamente. Lo que significa es que nuestras actitudes con respecto a cuestiones como la raza o el sexo funcionan en dos niveles. En primer lugar, tenemos nuestras actitudes concientes. Es lo que decidimos creer. Son nuestros valores establecidos, a los que solemos dirigir nuestro comportamiento de forma deliberada. Las políticas de segregación racial en Sudáfrica o las leyes del sur de Estados Unidos que dificultaban el voto a los afroamericanos son manifestaciones de discriminación consciente, y es el tipo de discriminación al que nos referimos por lo común cuando hablamos de racismo o lucha por los derechos civiles. Pero lo que mide el TAI es algo distinto. Mide nuestro segundo nivel de actitud, nuestra actitud racial en un nivel inconsciente: las asociaciones inmediatas, automáticas, que brotan incluso antes de que nos haya dado tiempo a pensar. Nosotros no elegimos deliberadamente nuestras actitudes inconscientes. Y, como escribí en el primer capítulo, puede que ni siquiera seamos conscientes de ellas. La computadora gigantesca que es nuestro inconsciente procesa en silencio todos los datos que puede a partir de las experiencias que hemos vivido, las personas que hemos conocido, las lecciones que hemos aprendido, los libros que hemos leído, las películas que hemos visto, etcétera, etcétera, y forma una opinión. Ésa es la que sale a flote en el TAI.

Lo inquietante del test es que revela que nuestras actitudes inconscientes pueden ser totalmente incompatibles con nuestros valores establecidos conscientes. El resultado es que, por ejemplo, de los 50 mil afroamericanos que han realizado hasta ahora el TAI de la raza, cerca de la mitad, como yo, tienen asociaciones más fuertes con los blancos que con los negros. ¿Y cómo podría ser de otra manera? Vivimos en Estados Unidos, rodeados a diario de mensajes culturales que relacionan lo blanco con lo bueno. «Las asociaciones positivas con el grupo dominante no las elige uno», sostiene Mahzarin Banaji, profesor de psicología de la Universidad de Harvard y uno de los principales investigadores en el campo de los TAI. «Pero se te pide que lo hagas. En todo lo que nos rodea, ese grupo está ligado a cosas buenas. Abres el periódico o enciendes el televisor y no puedes escaparte».

El TAI no es sólo una medida abstracta de las actitudes. Es también un poderoso factor de predicción de cómo actuamos en ciertas situaciones espontáneas. Si tienes un patrón claro en favor de los blancos, por ejemplo, está comprobado que eso va a influir en el modo en que te comportas en presencia de una persona negra. No influirá en lo que decidas decir, sentir o hacer. Lo más probable es que no seas consciente de que te estás comportando de forma diferente a como lo harías con un blanco. Pero lo más seguro es que no te inclines tanto hacia delante, que te alejes ligeramente de esa persona, que cierres tu cuerpo un poco, que seas algo menos expresivo, que establezcas un menor contacto visual, que te mantengas un poco alejado, que sonrías mucho menos, que dudes y se te trabe la lengua un poco más y que te rías de las bromas un poco menos. ¿Importa eso? Desde luego que sí. Supongamos que la conversación es una entrevista para un puesto de trabajo. Y que el candidato es un hombre negro. Él va a notar la incertidumbre y la distancia, y eso bien puede hacer que se sienta un poco menos confiado y seguro de sí mismo, y que se muestre algo menos amable. ¿Y qué pensarían ustedes entonces? Es posible que sientan visceralmente que el candidato no tiene en realidad lo que se necesita, o tal vez que es un poco estirado, o que quizá no quiera el empleo. Lo que esta primera impresión inconsciente provocará, en otras palabras, es que la entrevista se desvíe irremediablemente de su rumbo.

¿Y qué pasaría si la persona a la que entrevistamos es alta? Estoy seguro de que, en un plano consciente, no pensamos que tratemos a las personas altas de modo diferente a como tratamos a las bajas. Pero hay muchas pruebas que indican que la estatura —en particular en los hombres— desencadena una serie de asociaciones inconscientes muy positivas. Interrogué a cerca de la mitad de las empresas que figuran en *Fortune 500* (lista de las mayores empresas de Estados Unidos) con preguntas acerca de sus primeros ejecutivos. La inmensa mayoría de los directivos de las grandes compañías, y estoy seguro de que no es una sorpresa para nadie, son blancos, lo cual refleja sin duda algún tipo de parcialidad implícita. Pero también son casi todos altos: en mi muestra descubrí que, por término medio, los directores ejecutivos varones medían algo menos de 1.83 metros. Puesto que la estatura media de los varones estadounidenses es de 1.80 metros, los primeros ejecutivos, en conjunto, son tres centímetros más altos que el resto de los miembros de su sexo. Ahora bien, la estadística en realidad subestima la cuestión. En la población de Estados Unidos, cerca del 14.5 por ciento de todos los hombres mide 1.83 metros o más. Entre los primeros ejecutivos de las compañías de *Fortune 500*, esa cifra es de 58 por ciento. Y, lo que es aún más sorprendente, en la población estadounidense en general, 3.9 por ciento de los hombres adultos tiene una estatura de 1.89 metros o superior. En mi muestra de primeros ejecutivos, casi una tercera parte medía 1.89 o más.

La ausencia de mujeres o de representantes de minorías en los principales rangos ejecutivos tiene al menos una explicación verosímil. Durante años, por diversas razones que tienen que ver con la discriminación y los modelos culturales, no ha habido, sencillamente, muchas mujeres ni miembros de minorías en los altos cargos de gestión de las empresas estadounidenses. En consecuencia, cuando las juntas directivas de hoy día buscan personas con la experiencia necesaria para presentarse a un puesto de los niveles superiores, pueden alegar sin dificultad que no hay muchas mujeres ni miembros de minorías en esa escala. Pero esto no es cierto si nos referimos a las personas bajas. Se pueden cubrir los puestos de una gran compañía sólo con varones blancos, pero no es posible hacer lo mismo sin que entre ellos haya personas bajas. No hay suficiente número de altos. En todo caso, son pocas las personas bajas que consiguen llegar al nivel ejecutivo. De las decenas de millones de hombres estadounidenses que miden menos de 1.83 metros, en mi muestra, un total de 10 ha llegado a puestos de dirección ejecutiva, de lo que se deduce que, para lograr el éxito empresarial, tanta desventaja es ser bajo como ser mujer o afroamericano. (La gran excepción a todas estas tendencias es el primer ejecutivo de American Express, Kenneth Chenault, que pertenece al grupo de los bajos —1.80 metros— y es negro. Debe ser un hombre notable para haber superado dos «errores de Warren Harding»).

¿Se trata de un prejuicio intencionado? Desde luego que no. Nadie dice desdeñosamente, al referirse a un posible candidato a director ejecutivo, que es demasiado bajo. No cabe duda de que es el tipo de parcialidad inconsciente que el TAI detecta. La mayoría de nosotros asocia de forma automática, sin que tenga plena conciencia de ello, la capacidad de liderazgo con una estatura física imponente. Tenemos una idea del aspecto que se supone debe tener un líder, y ese estereotipo es tan poderoso que, cuando alguien se ajusta a él, sencillamente no vemos otros aspectos. Y la cuestión no se limita a los altos cargos. No hace mucho tiempo, unos investigadores que analizaron los datos de cuatro grandes estudios en los que se había hecho un seguimiento de millares de personas desde su nacimiento hasta la edad adulta, calcularon que 2.54 centímetros de estatura, una vez corregidos según variables como la edad, el sexo y el peso, equivalen a 789 dólares anuales en sueldo. Es decir, que una persona que mide 1.83, pero idéntica en lo demás a otra que mide 1.68, ganará una media de 5 mil 525 dólares más al año. Como señala Timothy Judge, uno de los autores del estudio sobre la estatura y el salario: «Aplique este criterio al curso de una carrera profesional de 30 años, y multiplique: estamos hablando de que una persona alta tiene una ventaja en sus ganancias de cientos de miles de dólares, literalmente». ¿Se han preguntado alguna vez por qué tantas personas mediocres ascienden a puestos de autoridad en compañías y organizaciones? Se debe a que, cuando se trata incluso de los puestos más importantes, nuestros criterios de selección son bastante menos racionales de lo que pensamos. Vemos a una persona alta y nos derretimos.

CUIDAR AL CLIENTE

El director de ventas del concesionario de Nissan en la ciudad de Flemington, en el centro de Nueva Jersey, se llama Bob Golomb. Es un hombre de unos cincuenta y tantos años, de pelo corto, oscuro y ralo, que lleva anteojos de montura metálica. Viste el clásico traje oscuro, que le da aspecto de director de banco o agente de bolsa. Desde que empezó en el sector de los automóviles, hace ya más de una década, Golomb ha vendido una media de 20 coches al mes, es decir, más del doble que un vendedor normal. Golomb tiene sobre su escritorio una fila de cinco estrellas doradas que le dio su concesionario como reconocimiento a su labor. En el mundo de los vendedores de automóviles, Golomb es un maestro.

Ser un próspero vendedor como Golomb es una tarea que requiere una extraordinaria habilidad para seleccionar los datos clave. Supongamos que en su concesionaria entra alguien a quien no han visto nunca, tal vez a realizar una de las compras más caras que haya hecho en su vida. Algunas personas se muestran inseguras. Otras, nerviosas. Algunos saben exactamente lo que quieren. Otros no tienen ni idea. Algunos saben mucho de coches y se ofenderán si el vendedor adopta un tono condescendiente. Y otros están deseando que alguien los lleve de la mano y los oriente en un recorrido que al vendedor le parece abrumador. Pero, si desea tener éxito, debe recopilar toda esa información acerca del cliente —fijándose, por ejemplo, en la dinámica que existe entre el marido y la mujer, o entre el padre y la hija—, procesarla y adaptar su comportamiento en consecuencia. Y todo eso debe hacerlo en unos pocos minutos tras el encuentro con el cliente.

No cabe duda de que Bob Golomb es de las personas a las que parece no costarles esfuerzo alguno ese tipo de selección de los datos significativos. Es como Evelyn Harrison, pero en el ámbito de la venta de automóviles. Tiene una inteligencia serena y despierta, y un encanto muy refinado. Es considerado y atento. Es una persona que sabe escuchar muy bien. Según dice, tiene tres reglas sencillas por las que se rige en cualquier acción: «Cuidar al cliente, cuidar al cliente y cuidar al cliente». Si le compraran un coche a Bob Golomb, él se ocuparía de llamarles por teléfono al día siguiente para asegurarse de que todo va a la perfección. Si vinieran al concesionario y al final no compraran nada, les llamaría igualmente al día siguiente para agradecerles su visita. «Has de mostrar siempre la mejor cara, aunque tengas un mal día. Eso no tiene que notarse», afirma Golomb. «Aunque la situación en casa sea horripilante, al cliente le ofreces lo mejor de ti».

Cuando conocí a Golomb, me enseñó una gruesa carpeta de tres anillas con una montaña de cartas que había recibido en el transcurso de los años de clientes satisfechos. «Cada una de ellas tiene su historia», dijo. Al parecer, se acordaba de todas. Conforme iba pasando las hojas, señaló al azar una carta breve escrita a máquina. «Eso fue un sábado por la tarde, a finales de noviembre de 1992. Una pareja. Entraron aquí con cara de aturdimiento. Yo les dije: "Señores, ¿a que llevan todo el día intentando comprar un coche?". Me dijeron que así era. Nadie les había tomado en serio. Al final, yo les vendí un coche que, todo hay que decirlo, hubo que traer desde Rhode Island. Enviamos a un conductor a casi 650 kilómetros para que lo recogiera. ¡Se pusieron tan contentos!». Señaló otra carta. «A este caballero le hemos mandado ya seis coches desde 1993, y cada ocasión que le entregamos uno nuevo, nos escribe una carta. Hay muchos así. Éste es un tipo que vive en Keyport, Nueva Jersey, a 65 kilómetros de aquí. Me trajo una fuente de vieiras».

En cualquier caso, el éxito de Golomb tiene otra causa aún más importante. Él afirma que sigue otra regla sencilla. Puede formular un millón de juicios rápidos acerca de las necesidades y el estado de ánimo del cliente, pero nunca intenta juzgar a nadie por su aspecto. Golomb da por sentado que todo el que entra por la puerta tiene exactamente las mismas posibilidades de comprar un coche.

«En este negocio no se puede prejuzgar a las personas», dijo una y otra vez cuando nos conocimos, y en todas las ocasiones su cara reflejaba pura convicción. «El prejuicio es el beso de la muerte. Uno ha de hacerlo lo mejor que puede con todos los clientes. Un vendedor inexperto mira a un cliente y dice: "Esta persona no tiene aspecto de poder pagar un coche", y eso es lo peor que se puede hacer, ya que hay ocasiones en que la persona que menos parece cumplir los requisitos es la que tiene dinero», afirma Golomb. «Tengo un cliente agricultor, a quien he vendido todo tipo de vehículos a lo largo de los años. Nuestros tratos los sellamos con un apretón de manos: él me pasa un billete de 100 dólares y dice: "Llévamelo a la granja". No necesitamos ni hacer el pedido por escrito. Ahora bien, si vieran ustedes a este hombre, con su mono de trabajo y lleno de estiércol de vaca, pensarían que no es un cliente respetable. Pero, en realidad, como decimos en el oficio, "está forrado". Hay otras veces en que los comerciantes ven a un adolescente y le dejan escapar. Bien, pues esa misma tarde, el adolescente vuelve con papá y mamá, y son ellos quienes recogen el coche, y otro el vendedor que se apunta la venta».

A lo que se refiere Golomb es a que la mayoría de los vendedores es propensa a cometer un típico «error de Warren Harding». Al ver a alguien, dejan que, de alguna manera, la primera impresión que les causa el aspecto de esa persona ahogue cualquier otra información que logren recopilar en ese primer instante. Golomb, por el contrario, intenta ser más selectivo. Saca sus antenas para captar si alguien está seguro o inseguro, si sabe mucho o poco, si es confiado o desconfiado. Ahora bien, de ese aluvión de datos significativos, él intenta suprimir las impresiones basadas exclusivamente en el aspecto físico. El secreto del éxito de Golomb es que ha decidido luchar contra el «error de Warren Harding».

¿Por qué funciona tan bien la estrategia de Bob Golomb? Porque resulta que los «errores de Warren Harding» desempeñan una función enorme y en buena parte no reconocida en el sector de la venta de automóviles. Consideremos, por ejemplo, un notable experimento social llevado a cabo en la década de 1990 por Ian Ayres, profesor de derecho en Chicago. Ayres reunió a un equipo de 38 personas compuesto por 18 hombres blancos, siete mujeres blancas, ocho mujeres negras y cinco hombres negros. El profesor puso mucho esmero en que el aspecto de todos ellos fuera lo más parecido posible. Todos tenían veintitantos años. Todos eran medianamente atractivos. A todos se les indicó que fueran vestidos con ropa clásica deportiva: blusa, falda recta y zapato plano para las mujeres; camisa polo o abotonada en el cuello, pantalones de deporte y mocasines para los hombres. A todos se les dijo que contaran la misma historia. Se les pidió que fueran a un total de 242 concesionarios de automóviles de la zona de Chicago y se presentaran como jóvenes profesionales con formación universitaria (la profesión que se dio como referencia fue la de analista de sistemas en un banco) y residentes en Streeterville, un elegante barrio de la ciudad. Las instrucciones que recibieron en relación con lo que debían hacer fueron mucho más específicas. Debían entrar en la concesionaria. Debían esperar a que algún dependiente les atendiera. Debían decir, señalando el coche más barato en exposición: «Estoy interesado en comprar ese coche». A continuación, después de escuchar la oferta inicial del vendedor, debían regatear y regatear hasta que el dependiente aceptara la oferta o bien se negara a continuar con el regateo, una operación que en casi todos los casos llevó unos 40 minutos. Lo que Ayres intentaba hacer era centrarse en una cuestión muy concreta: en igualdad de condiciones, ¿cómo influye el color de la piel o el sexo en el precio que ofrece el vendedor de la concesionaria de automóviles?

Los resultados fueron apabullantes. Los hombres blancos recibieron ofertas iniciales del dependiente que superaban en 725 dólares el precio de costo (es decir, lo que el concesionario había pagado por el coche al fabricante). Las mujeres blancas recibieron ofertas iniciales que superaban en 935 dólares el precio de costo. A las mujeres negras se les dio un precio que, por término medio, superaba en mil 195 dólares el costo. ¿Y los hombres negros? Su oferta inicial superaba en mil 687 dólares el costo. Incluso después de los 40 minutos de regateo, la rebaja en el precio que consiguieron en promedio los hombres negros aún superaba en mil 551 dólares el costo. Tras largas negociaciones, los hombres negros acabaron con un precio superior en casi 800 dólares al que les ofrecieron a los hombres blancos sin tener que decir ni una palabra.

¿Qué conclusiones se pueden extraer? ¿Los vendedores de Chicago son increíblemente sexistas y racistas? Sin duda, ésa es la explicación más radical de lo que pasó. En el sector de la venta de automóviles, si se puede convencer a alguien de que pague lo que marca la etiqueta (el precio que figura en el parabrisas del coche en exposición), y si además se le persuade para que se lleve todo lo que incluye el lote (los cinturones de cuero, el sistema de sonido y las ruedas de aluminio), la comisión que se puede ganar con un cliente tan fácil de embaucar puede ser igual a la que se podría obtener con media docena de clientes que sean buenos negociadores. En otras palabras, para un vendedor, la tentación de «cazar al primo» es enorme. Los vendedores de automóviles tienen incluso un término específico para referirse a los clientes que pagan el precio de la etiqueta. Los llaman «mangoneados».

Una interpretación del estudio de Ayres es que los vendedores de coches lo único que hicieron es adoptar la decisión global de que las mujeres y los negros eran de los mangoneados que mordían el anzuelo. Cuando vieron a alguien que no era un hombre blanco, pensaron: «¡Ajá! Esta persona es tan estúpida e ingenua que le puedo sacar un montón de dinero».

Tal explicación, sin embargo, no tiene mucho sentido. Después de todo, los compradores de coches de Ayres pertenecientes al grupo «negro/femenino» no hicieron más que dejar patente una y otra vez que no eran estúpidos ni ingenuos. Eran profesionales con formación universitaria. Tenían trabajos prominentes. Vivían en barrios adinerados. Su manera de vestir reflejaba éxito. Eran lo suficientemente avispados para pasar 40 minutos regateando. ¿Alguna de estas características sugiere que se tratara de «primos»? Si el estudio de Ayres da prueba de la discriminación consciente, los vendedores de automóviles de Chicago serían los más atroces racistas (lo que parece improbable) o tan torpes que no advirtieron ninguna de esas características (igual de improbable). Lo que yo creo es que se trata de algo mucho más sutil. ¿Y si ellos, por el motivo que sea —experiencia, tradición en la venta de automóviles, lo escuchado a otros vendedores— establecieran una asociación automática entre candidez, mujeres y minorías? ¿Y si relacionaran esos dos conceptos en su mente de modo inconsciente, al igual que millones de estadounidenses relacionan las palabras «maldad» y «criminal» con «afroamericano» en el TAI de la raza, de forma que cuando ven entrar a una mujer o a un negro piensan de modo instintivo en «un primo»?

Estos vendedores bien pueden tener un fuerte compromiso consciente con la igualdad racial y de sexo, y seguro que mantendrían insistentemente que los precios que ofrecieron se basaban en la más sofisticada lectura del carácter de los clientes. Pero las decisiones que tomaron sin pensarlo dos veces al ver entrar a los clientes fueron otras. Fue una reacción inconsciente. Se fijaron en silencio en uno de los hechos más inmediatos y obvios de los compradores de Ayres —el sexo y el color— y se aferraron a ese juicio, aunque tuvieran delante todo tipo de pruebas nuevas y contradictorias. Se estaban comportando como lo hicieron los votantes de las elecciones presidenciales de 1920 cuando, con una sola mirada a Warren Harding, llegaron a una conclusión y dejaron de pensar. En el caso de los votantes, el error les hizo padecer a uno de los peores presidentes de Estados Unidos. En el caso de los vendedores de automóviles, la decisión de dar precios escandalosamente altos a las mujeres y a los negros sirvió para enemistar a unas personas que, de no suceder así, podrían haber comprado el automóvil.

Golomb intenta dar idéntico trato a todos los clientes porque sabe el peligro que entrañan los juicios instantáneos cuando se trata de cuestiones de raza, sexo y aspecto exterior. Sucede a veces que el granjero de pinta desagradable que viste un mono mugriento es en realidad un hombre inmensamente rico, dueño de una finca de casi 2 mil hectáreas, y otras veces el adolescente vuelve al rato con papá y mamá. A veces resulta que el joven negro ha realizado un MBA [Master of Business Administration], y otras que es la mujer rubia la que toma las decisiones en la familia acerca de qué coche comprar. Y hay veces en que el hombre de pelo plateado, espalda ancha y mandíbula poderosa es alguien de poco peso. Así pues, Golomb no intenta cazar al primo. A todos les da el mismo precio, sacrificando los altos márgenes de beneficio de un único coche en favor de las ganancias por volumen, y su imparcialidad ha ido circulando de boca en boca hasta el punto de que un tercio de sus ventas procede de las referencias de otros clientes satisfechos. «¿Es que se puede afirmar, con sólo mirar a alguien: "Esta persona va a comprar un coche?"», pregunta Golomb. «Hay que ser muy, pero muy bueno para eso; yo no podría hacerlo de ningún modo. Hay casos en que me dejan totalmente sorprendido. Hay veces en que entra un tipo talonario en mano y dice: "He venido a comprarme un coche. Si me ofrece un buen precio, lo compro hoy mismo". ¿Y sabe una cosa? Nueve de cada 10 nunca compran».

¿Qué deberíamos hacer respecto a los «errores de Warren Harding»? Los tipos de parcialidad a los que aquí nos referimos no son tan evidentes como para identificar una solución con facilidad. Si está escrito en la legislación que los negros no pueden beber agua en las mismas fuentes que los blancos, la solución obvia es cambiar la ley. Pero la discriminación inconsciente es algo más truculenta. Ni los votantes en 1920 pensaron que Warren Harding los estaba embaucando con su belleza, ni los vendedores de automóviles de Chicago advirtieron que estaban engañando flagrantemente a las mujeres y a los representantes de minorías, ni las juntas directivas se dan cuenta de su absurda parcialidad por lo que se refiere a la estatura. Si pasa algo ajeno a lo consciente, ¿cómo diablos se puede arreglar?

La respuesta es que no estamos indefensos ante nuestras primeras impresiones. Aunque éstas pueden salir a flote desde el inconsciente, tras la puerta cerrada que hay en el interior de nuestro cerebro, el mero hecho de que algo esté fuera de lo consciente no significa que no pueda controlarse. Es cierto, por ejemplo, que ya puede uno someterse al test TAI de la raza o de las profesiones las veces que deseé e intentar por todos los medios responder con mayor rapidez a las categorías más problemáticas, quedará igual. Ahora bien, aunque no lo crean, si antes de realizar el TAI yo les pidiera que miraran una serie de fotografías o artículos acerca de personas como Martin Luther King, Nelson Mandela o Colin Powell, el tiempo de reacción sería distinto. De repente no resultaría tan difícil asociar las cosas positivas con las personas negras. «Tuve un alumno que solía hacer el TAI todos los días», dice Banaji. «Era lo primero que hacía, y su propósito era ir recopilando datos, pero sin analizarlos. Hasta que un día estableció una asociación positiva con los negros. Y lo que dijo fue: "Qué extraño, no lo había visto antes", ya que todos nosotros habíamos intentado cambiar nuestra puntuación en el TAI, aunque sin éxito. Él es un tipo al que le gusta el atletismo, y se dio cuenta de que había pasado la mañana viendo los juegos olímpicos».

Las primeras impresiones las originan nuestras experiencias y nuestro entorno, lo que significa que podemos cambiarlas —es decir, podemos alterar el modo en que seleccionamos los datos significativos— al modificar las experiencias que componen esas impresiones. Si es usted un blanco a quien le gustaría tratar a las personas negras como iguales en todos los aspectos, a quien le gustaría tener una serie de asociaciones con los negros tan positivas como las que le inspiran los blancos, no basta con un simple compromiso con la igualdad. Es necesario que cambie su vida de modo que se relacione con las minorías a menudo, que se sienta cómodo al estar con ellos, que conozca lo mejor de su cultura; así, cuando desee conocer, contratar, acordar o hablar con un miembro de una minoría, no le traicionarán sus titubeos ni su incomodidad. Tomar en serio la cognición rápida, es decir, reconocer el increíble poder que tienen en nuestras vidas, para bien o para mal, las primeras impresiones, exige que tomemos las medidas oportunas para gestionarlas y controlarlas. En el siguiente capítulo del libro voy a contarles tres historias acerca de algunas personas que afrontaron las consecuencias de las primeras impresiones y los juicios instantáneos. Algunas tuvieron éxito. Otras, no. Pero todas ellas, en mi opinión, nos ofrecen lecciones cruciales sobre cómo podemos comprender mejor y aceptar el extraordinario poder de extraer conclusiones a partir de la selección de unos cuantos datos significativos.

4

La gran victoria de Paul van Riper: organizar la espontaneidad

Paul van Riper es un hombre alto y delgado, con una calva reluciente y lentes con montura de alambre. Camina con los hombros erguidos y tiene una voz áspera e imperiosa. Sus amigos lo llaman Rip. Un día en que él y su hermano gemelo —tenían 12 años entonces— estaban sentados en el coche mientras su padre leía en un artículo de periódico sobre la guerra de Corea, les dijo: «Bien niños, la guerra está a punto de acabar. Truman ha enviado a los marines». En aquel momento, Van Riper decidió que, de mayor, se uniría al cuerpo de marines. En su primera expedición a Vietnam, las balas casi lo cortan por la mitad durante la toma de un nido de ametralladoras norvietnamita en un arrozal a las afueras de Saigón. En 1968 volvió a Vietnam, esta vez al mando de la compañía Mike (tercer batallón, séptimo de marines, primera división de marines) en una región de arrozales y colinas de Vietnam del Sur situada entre dos peligrosas zonas que los marines llamaban Dodge City y Territorio de Arizona. Su misión era impedir que los norvietnamitas disparasen misiles contra Danang. Antes de su llegada, se producían uno o dos ataques semanales con misiles en su zona de patrulla. En los tres meses que estuvo de servicio, sólo hubo uno.

«Recuerdo como si fuese ayer la primera vez que lo vi», afirma Richard Gregory, sargento armero de Van Riper en la compañía Mike. «Fue entre las colinas 55 y 10, al sureste de Danang. Nos estrechamos la mano. Tenía la voz clara, de un tono entre bajo y medio. Muy directo. Conciso. Seguro de sí, poco inclinado a adornar las cosas. Así era, y así fue durante todos los días de la guerra. En nuestra zona de combate tenía una oficina, una choza, pero nunca lo vi allí. Siempre estaba en el campo de batalla o cerca de su búnker, pensando en lo que debía hacer a continuación. Si tenía una idea y llevaba algún papel en el bolsillo, la apuntaba, y cuando había una reunión sacaba siete u ocho papelitos. En cierta ocasión estábamos los dos en la jungla, a pocos metros de un río, y quería reconocer algunos puntos, pero no lograba la vista que le interesaba, porque siempre se interponía la maleza. Bueno, pues se quitó los zapatos, se metió en el río, nadó hasta el centro y allí se mantuvo a flote para poder ver lo que había aguas abajo».

Durante la primera semana de noviembre de 1968, la compañía de Mike entabló un violento combate con un regimiento norvietnamita mucho más numeroso. «En cierto momento, solicitamos la evacuación de algunos heridos. El helicóptero estaba aterrizando mientras los norvietnamitas lanzaban cohetes y mataban a todos los que se encontraban en el puesto de mando», recuerda John Mason, uno de los comandantes de pelotón de la compañía. «De repente nos vimos con 12 marines muertos. La situación era fea. Salimos de allí tres o cuatro días más tarde y sufrimos bastantes bajas, quizá cuarenta y cinco en total. Ahora bien, alcanzamos el objetivo. Volvimos a la colina 55, y al día siguiente estábamos trabajando en tácticas de escuadrón e inspección y, lo crea o no, también hacíamos entrenamiento físico. Al joven teniente que yo era entonces nunca se le hubiera ocurrido que haríamos prácticas de patrulla en la selva, sin embargo las hicimos. Tampoco pensé que ensayaríamos tácticas de pelotón y escuadrón o que haríamos prácticas de bayoneta en la jungla, pero las hicimos. Y las hicimos siempre. Después de una batalla había un descanso breve y enseguida volvíamos al entrenamiento. Así dirigía Rip su compañía».

Van Riper era estricto. Era ecuánime. Había estudiado la guerra y tenía ideas claras sobre el modo en que sus hombres debían conducirse en combate. «Era un guerrero», recuerda otro de los soldados de la compañía Mike: «Uno de ésos que no se sientan atrás de un escritorio, sino que llevan a sus hombres al frente. Era siempre muy agresivo, pero actuaba de forma que nunca te importaba hacer lo que te pedía. Me acuerdo de una vez en que yo preparaba una emboscada nocturna con un escuadrón. Recibí una llamada por radio del capitán (como llaman los marines al comandante de la compañía). Me dijo que 121 "enanos", refiriéndose a los vietnamitas, se dirigían hacia mi posición, y que mi misión era resistir su avance. "Capitán", le respondí, "tengo nueve hombres". Me contestó que me enviaría refuerzos si los necesitaba. Así era. El enemigo estaba al acecho, y aunque nosotros fuésemos nueve y ellos 121, él no dudaba de que debíamos hacerles frente. Allí donde actuaba, el capitán derrotaba al enemigo con su táctica. No era de los de "vive y deja vivir"».

En la primavera de 2000, un grupo de antiguos oficiales del Pentágono se puso en contacto con Van Riper, que ya se había jubilado tras una larga y distinguida carrera. El Pentágono estaba en las primeras etapas de planificación de un juego de guerra al que llamaban Millennium Challenge '02. Se trataba del juego de guerra más complejo y más caro que jamás habían hecho. Cuando dos años y medio después, entre julio y principios de agosto de 2002 el ejercicio estuvo terminado por fin, el costo ascendía a 250 millones de dólares, una cantidad superior a la totalidad del presupuesto de defensa de algunos países. El supuesto de Millennium Challenge era el siguiente: un general se había rebelado contra su gobierno en algún lugar del golfo Pérsico y amenazaba con extender la guerra a toda la región. Contaba con una fuerza considerable derivada de sólidos vínculos de lealtad con dirigentes religiosos y étnicos, además de dar refugio y financiar a cuatro grupos terroristas. Era profundamente antiestadounidenses. En una selección de personajes que había de demostrarse acertada (o, según la perspectiva, catastrófica), se pidió a Paul van Riper que actuase de general rebelde en el juego Millennium Challenge.

UNA MAÑANA EN EL GOLFO

El grupo responsable de los juegos de guerra del ejército de Estados Unidos se llama Comando Conjunto, aunque es más conocido por las siglas JFCOM (Joint Forces Command). Su sede ocupa dos edificios bajos y anodinos situados al final de una calle curva en Suffolk, Virginia, a pocas horas en coche hacia el sureste de Washington, D.C. Justo antes de la entrada al estacionamiento, invisible desde la calle, hay una pequeña caseta de guardia. El perímetro está delimitado por una alambrada. Al otro lado de la calle hay un establecimiento de Wal-Mart. Por dentro, el JFCOM parece un edificio de oficinas de lo más común, con salas de conferencias, hileras de cubículos y largos pasillos sin alfombra intensamente iluminados. Pero lo que hacen en JFCOM no es común en absoluto. Aquí es donde ensaya el Pentágono las ideas nuevas sobre organización militar y donde experimenta estrategias novedosas.

La planificación del juego de guerra empezó en los primeros días del verano de 2000. El JFCOM reunió a cientos de analistas y especialistas militares y de expertos en *software*. En la jerga de los juegos de guerra, Estados Unidos y sus aliados reciben siempre el nombre de equipo Azul, y el de los enemigos es siempre el equipo Rojo. JFCOM elaboró gruesos informes para cada equipo en los que se explicaba todo lo que éstos debían saber sobre sus fuerzas y sobre las fuerzas del enemigo. Durante las semanas previas al juego, las fuerzas Roja y Azul tomaron parte en una serie de ejercicios «en espiral» que definieron el marco de la confrontación. El general rebelde se estaba volviendo cada vez más beligerante, y en Estados Unidos estaban cada vez más preocupados.

A finales de julio, los dos bandos acudieron a Suffolk y se instalaron en las enormes salas sin ventanas de la primera planta del edificio principal del JFCOM conocidas como fosos de prueba. Unidades del cuerpo de marines, la fuerza aérea, el ejército y la marina procedentes de distintas bases militares de todo el país permanecían de pie para sancionar las órdenes de los oficiales de los equipos Rojo y Azul. A veces, cuando el equipo Azul disparaba un misil o lanzaba un avión, realmente se lanzaba un misil o despegaba un avión, y cuando no ocurría así, uno de los 42 modelos informáticos distintos simulaba esas acciones con tal exactitud que los congregados en la sala de guerra raramente pensaban que no era real. El juego duró dos semanas y media. Con el fin de realizar análisis en el futuro, un equipo de especialistas del JFCOM registró todas las conversaciones, y una computadora llevó la cuenta de todas las balas y los misiles lanzados y de todos los tanques desplegados. Fue algo más que un experimento. Como quedó claro menos de un año después —cuando Estados Unidos invadió un país de Oriente Próximo en el que había un general rebelde que contaba con un sólido apoyo de origen étnico y que, según se creía, protegía a grupos terroristas—, se trataba de un ensayo solemne de la guerra.

El propósito de Millennium Challenge era, según el Pentágono, probar una serie de ideas nuevas y muy radicales sobre el modo de conducir una batalla. En la operación Tormenta del Desierto de 1991, Estados Unidos derrotó a las fuerzas de Sadam Husein en Kuwait. Pero fue una guerra completamente convencional: dos fuerzas poderosamente armadas y organizadas se encuentran y combaten en campo abierto. Después de la Tormenta del Desierto, el Pentágono se convenció de que esa clase de guerra sería pronto un anacronismo: nadie estaría tan loco como para desafiar a Estados Unidos en un combate exclusivamente militar cara a cara. En el futuro, los conflictos armados serían imprecisos. Tendrían lugar tanto en ciudades como en campo abierto, estarían alimentados por ideas tanto como por armas y en ellos combatirían culturas y economías al igual que ejércitos. Como explicó un analista del JFCOM: «La próxima guerra no será sólo de ejércitos contra ejércitos. El factor decisivo no será saber cuántos tanques se destruyen, cuántos barcos se hunden y cuántos aviones se derriban. El factor decisivo será cómo se destruye el sistema del enemigo. En lugar de averiguar la capacidad de combate, hemos de averiguar la capacidad de organizar la guerra. El ejército está conectado con el sistema económico, que a su vez lo está con el sistema cultural y con las relaciones personales. Debemos conocer los vínculos entre todos estos sistemas».

En Millennium Challenge, el equipo Azul recibió probablemente más recursos intelectuales que ningún otro ejército en toda la historia. El JFCOM diseñó la llamada Evaluación de Red Operativa, instrumento formal de toma de decisiones que descompone al enemigo en una serie de sistemas —militar, económico, social, político— y crea una matriz que muestra las interrelaciones entre esos sistemas y los vínculos más vulnerables entre ellos. Los generales del equipo Azul disponían también de un instrumento llamado Operaciones Basadas en Efectos que les ayudaba a pensar más allá del método militar tradicional de identificar y destruir los recursos militares del adversario. Recibieron asimismo un mapa completo de la situación del combate en tiempo real llamado Marco Operativo Relevante Común (CROP, por sus siglas en inglés). Disponían de otro instrumento para la planificación interactiva conjunta. Y recibieron también una cantidad sin precedentes de datos e información secreta de todos los rincones de la Administración de Estados Unidos, además de una metodología lógica y sistemática, racional y rigurosa. En resumen, contaban con todos los juguetes del arsenal del Pentágono.

«Examinábamos todo lo que podíamos hacer para influir en el entorno de nuestro adversario, tanto político como militar, económico, social, cultural e institucional. Lo examinábamos todo a fondo», declaró el comandante del JFCOM, general William F. Kernan, a los periodistas en una rueda de prensa celebrada en el Pentágono poco después de la terminación del juego. «Las agencias disponen ahora de instrumentos que pueden incapacitar a la gente. Se pueden hacer cosas para interrumpir los sistemas de comunicaciones, la capacidad de dar suministro eléctrico a la gente o de influir en la voluntad nacional..., incluso retirarles la red eléctrica». Hace dos siglos, Napoleón escribió: «Un general nunca sabe nada con certeza, nunca ve al enemigo con claridad y nunca sabe con seguridad dónde está». La guerra estaba envuelta en niebla. La finalidad de Millennium Challenge era demostrar que explotando a fondo los satélites y sensores de alta potencia y las supercomputadoras, la niebla podía disiparse.

Por eso estuvo tan inspirada en muchos aspectos la elección de Paul van Riper para capitanear el equipo Rojo, porque, en efecto, él era la antítesis de esa postura. Van Riper no creía que se pudiera disipar la niebla de la guerra. La biblioteca que tiene en el segundo piso de su casa de Virginia está llena de obras sobre la complejidad de la teoría y la estrategia militar. Su experiencia en Vietnam y la lectura del teórico alemán Carl von Clausewitz lo habían convencido de que la guerra era esencialmente imprevisible, confusa y no lineal. En la década de 1980 tomó parte en numerosos ejercicios de entrenamiento y, según la doctrina militar, tuvo que aplicar distintas versiones del tipo de toma de decisiones analítica y sistemática que el JFCOM estaba probando en Millennium Challenge. Era algo que detestaba. Llevaba demasiado tiempo. «Recuerdo una ocasión en que estábamos haciendo uno de esos ejercicios», dice, «y el comandante de la división ordenó: "Alto. Vamos a ver dónde está el enemigo". Dedicamos ocho o nueve horas a averiguarlo, y al final estaba a nuestra espalda. Estábamos haciendo planes para algo que ya había cambiado». No es que Van Riper estuviera en contra de cualquier análisis racional, sino de hacerlo en plena batalla, cuando la incertidumbre de la guerra y la presión del tiempo impiden comparar opciones con detenimiento y tranquilidad.

A principios de la década de 1990, cuando Van Riper presidía la Universidad del Cuerpo de Marines en Quantico, Virginia, trabó amistad con un hombre llamado Gary Klein. Klein llevaba una consultoría en Ohio y había escrito un libro llamado *Sources of Power* [Las fuentes del poder], una obra clásica sobre la toma de decisiones. Klein había estudiado a enfermeras, personal de unidades de cuidados intensivos, bomberos y, en general, a personas que tomaban decisiones en situaciones en las que estaban sometidas a gran tensión. Una de las conclusiones a las que llegó fue que cuando los expertos toman decisiones, no comparan de forma lógica y sistemática todas las opciones posibles. Así es como se enseña a decidir, pero en la vida real es un método muy lento. Las enfermeras y los bomberos de Klein se hacían cargo de una situación casi inmediatamente y *actuaban* basándose en la experiencia, la intuición y en una especie de simulación mental esquemática. Para Van Riper, esto parecía reflejar con mucha más exactitud las decisiones que se adoptaban en el campo de batalla.

En cierta ocasión, movidos por la curiosidad, Van Riper, Klein y alrededor de una docena de generales del Cuerpo de Marines volaron a Nueva York para visitar el patio de operaciones de la Bolsa de Materias Primas. Van Riper pensó para sí que sólo había visto un caos parecido en la guerra, en un puesto de mando militar, y que algo podría enseñarles. Cuando la campana puso fin a la jornada, los generales subieron a la tarima y participaron en algunos juegos de mercado. A continuación llevaron a varios agentes de bolsa de Wall Street al puerto de Nueva York y los trasladaron a la base militar de Governor's Island, donde participaron en varios juegos de guerra informatizados. Los financieros se comportaron con brillantez. En los juegos de guerra hay que tomar decisiones rápidas en condiciones de mucha presión y poca información, que es precisamente lo que ellos hacían en su trabajo. Después, Van Riper llevó a los agentes de bolsa a Quantico, los metió en tanques y realizó un ejercicio con fuego real. Para Van Riper estaba cada vez más claro que estos tipos «gordos, descuidados y con el pelo largo» se dedicaban básicamente a lo mismo que los mandos del Cuerpo de Marines. Sólo se diferenciaban en que unos apostaban con dinero y los otros con vidas.

«Recuerdo la primera vez que los financieros se reunieron con los generales», comenta Gary Klein. «Fue en un coctel, y vi algo que me sorprendió de verdad. Por un lado estaban todos esos marines, esos generales de dos y tres estrellas, y ya sabe cómo es un general del Cuerpo de Marines: algunos jamás habían estado en Nueva York. Por otro lado estaban los agentes de bolsa, veinteañeros y treintañeros de Nueva York con un gran desparpajo. Pero cuando me fijé en el ambiente del salón, vi que había grupos de dos y tres personas y que en todos ellos había gente de los dos bandos. Y no hablaban sólo con cortesía: lo hacían animadamente, cambiaban impresiones y parecían llevarse bien. Y me dije que eran almas gemelas, que se trataban con absoluto respeto».

Millennium Challenge, en otras palabras, no era sólo una batalla entre dos ejércitos. Era entre dos filosofías militares minuciosamente opuestas. El equipo Azul tenía sus bases de datos, matrices y metodologías para conocer sistemáticamente las intenciones y la capacidad del enemigo. El equipo Rojo estaba mandado por un hombre que veía un alma gemela en un agente de bolsa de pelo largo, descuidado y dado a improvisar, que negociaba con materias primas gritando, empujando y tomando miles de decisiones instantáneas por hora.

El primer día del juego de la guerra, el equipo Azul desembarcó a decenas de miles de soldados en el Golfo Pérsico. Colocaron un grupo de batalla con un portaviones justo frente a las costas del país del equipo Rojo. A continuación, con todo el peso de su poderío militar bien a la vista, el equipo Azul lanzó a Van Riper un ultimátum de ocho puntos, el último de los cuales era la exigencia de rendición. Actuaron con la mayor arrogancia, pues sus matrices de Evaluación de la Red Operativa les habían dicho cuáles eran los puntos vulnerables del equipo Rojo, cuál sería su respuesta más probable y qué opciones tenía. Ahora bien, Paul van Riper no se comportó como habían previsto las computadoras.

El equipo Azul atacó las torres con enlaces de microondas y cortó las líneas de fibra óptica, dando por supuesto que el equipo Rojo tendría que utilizar la comunicación por satélite y los teléfonos celulares y que, por tanto, podrían intervenir sus conversaciones.

«Dijeron que eso sorprendería al equipo Rojo», recuerda Van Riper. «¿Que lo sorprendería? Cualquier persona moderadamente informada sabe lo suficiente para no confiar en esas tecnologías. Ése es el modo de pensar del equipo Azul. ¿Quién va a usar teléfonos celulares y satélites después de lo que le pasó a Osama bin Laden en Afganistán? Nos comunicamos mediante mensajeros con moto y mensajes ocultos en oraciones. Me preguntaron: "¿Cómo conseguiste que tus aviones despegaran sin la habitual charla entre los pilotos y la torre?". Y yo les respondí: "¿Se acuerda alguien de la Segunda Guerra Mundial? Usamos sistemas de luces"».

Súbitamente, el enemigo al que el equipo Azul creyó un libro abierto se hizo un poco más misterioso. ¿Qué hacía el equipo Rojo? Se suponía que Van Riper estaba acobardado y abrumado ante un enemigo más numeroso. Pero era demasiado pendenciero para eso. El segundo día de guerra hizo que una flotilla de pequeñas embarcaciones siguiese por el Golfo Pérsico a los barcos de la marina del equipo Azul invasor. A continuación, y sin previo aviso, los bombardearon durante una hora con misiles de crucero. Cuando terminó el ataque por sorpresa del equipo Rojo, 16 barcos estadounidenses yacían en el fondo del Golfo Pérsico. Si Millennium Challenge hubiese sido una batalla real en lugar de un juego, 20 mil soldados habrían muerto antes de que su ejército hiciese un sólo disparo.

«Como jefe de las fuerzas Rojas, me di cuenta de que el equipo Azul había declarado que adoptaría una estrategia preventiva», señala Van Riper. «Por tanto, golpeé primero. Calculamos cuántos misiles de crucero podían neutralizar sus barcos, y nos limitamos a lanzar más desde muchos puntos distintos, desde la costa y desde el interior, desde el aire y desde el mar. Probablemente liquidamos la mitad de sus barcos. Escogimos los que queríamos: el portaviones, los cruceros más grandes... Tenían seis buques anfibios y destruimos cinco».

En las semanas y los meses que siguieron, los analistas del JFCOM dieron numerosas explicaciones sobre lo que había ocurrido ese día de julio. Algunos afirmaron que se trataba de un resultado característico de la forma especial en que se hacen los juegos de guerra. Otros, que en la realidad los buques no serían tan vulnerables como lo habían sido en el juego. Ahora bien, ninguna de las explicaciones cambió el hecho de que el equipo Azul sufrió una derrota catastrófica. El general rebelde hizo lo que hacen los generales rebeldes: contraatacar. Ahora bien, por alguna razón esto tomó por sorpresa al equipo Azul. En cierto modo, se parece mucho al fracaso del Museo Getty cuando examinó el kurós: hicieron un análisis racional y riguroso que abarcaba todas las contingencias imaginables, pero ese análisis pasó por alto una certeza que debería haberse captado por instinto. En el momento de la batalla del Golfo, la capacidad de cognición rápida del equipo Rojo estaba intacta, aunque no así la del equipo Azul. ¿Cómo había ocurrido?

ESTRUCTURAR LA ESPONTANEIDAD

No hace mucho, un sábado por la tarde, un grupo de teatro de improvisación llamado Mother, subió al escenario de una pequeña sala construida en el sótano de un supermercado del West Side de Manhattan. Era justo después del día de Acción de Gracias y estaba nevando, pero la sala estaba llena. El grupo Mother tenía ocho componentes, tres mujeres y cinco hombres que estaban en la veintena o la treintena. En el escenario no había nada, salvo media docena de sillas plegables. Mother iba a interpretar lo que en el mundillo del teatro de improvisación se llama un «Harold». Consiste en salir a escena sin tener la menor idea del personaje o la obra que se va a representar, aceptar una sugerencia al azar del público y, tras conferenciar brevísimamente, hacer una representación de media hora a partir de cero.

Uno de los miembros del grupo pidió una sugerencia a los presentes. «¡Robots!», gritó alguien desde atrás. En el teatro de improvisación, las sugerencias raramente se toman al pie de la letra y, en este caso, Jessica, la actriz que empezó la acción, comentó más tarde que lo que le había sugerido la palabra «robots» era el distanciamiento emocional y la forma en que la tecnología afecta a las relaciones. Así que, sin pensarlo dos veces, avanzó hacia el escenario haciendo como que leía la factura de una empresa de televisión por cable. En el escenario había otra persona, un hombre sentado en una silla, que le daba la espalda. Empezaron a hablar. ¿Sabía él qué personaje estaba representando en ese momento? En absoluto; y tampoco lo sabían ella ni ninguno de los espectadores. Aunque de algún modo se daba a entender que ella era la mujer y él el marido, y que ella estaba consternada porque había descubierto que en la factura había cargos por películas pornográficas. Él respondió culpando a su hijo adolescente y, tras un enérgico intercambio de acusaciones, entraron en escena otros dos actores que representaban a dos nuevos personajes. Uno era un psiquiatra que ayudaba a la familia a superar la crisis. En otra escena, un actor se dejó caer en una silla encolerizado. «Estoy cumpliendo condena por un delito que no he cometido», dijo. Se trataba del hijo de la pareja. Ninguno de los actores se atrancó, se quedó sin palabras o pareció perdido en ningún momento de la representación. La acción fue avanzando tan suavemente como si los actores hubiesen ensayado durante días. A veces, alguien decía algo que no casaba bien con lo que se hacía. Pero con frecuencia los diálogos eran extraordinariamente divertidos, y el público aplaudía encantado. El espectáculo era fascinante: un grupo de ocho personas estaba creando una obra ante nuestros ojos, en el escenario y sin red.

El teatro de improvisación es un ejemplo magnífico del tipo de pensamiento del que trata este libro. En él intervienen personas que toman decisiones muy elaboradas sobre la marcha, sin contar con ninguna clase de guión o trama. Esto es lo que lo hace tan atractivo y, para ser sincero, tan aterrador. Si les pidiese que actuasen en una obra escrita por mí, ante un público real, y les dejase ensayar durante un mes, creo que casi todos me dirían que no. ¿Y si les entrara pánico escénico? ¿Y si se olvidaran del diálogo? ¿Y si los espectadores les abuchearan? Pero al menos una obra convencional está estructurada. Todas las palabras y todos los movimientos están en el guión. Todos los actores ensayan. Hay un director que le dice a cada uno de ellos lo que tiene que hacer. Imaginen ahora que les pido de nuevo que hagan una representación ante un público real, aunque esta vez sin guión, sin ninguna clave de lo que se va a representar ni de lo que han de decir, y con la agravante de que se espera que sea divertido. Estoy seguro de que preferirían caminar sobre tizones ardientes. Lo que más aterroriza de la improvisación es que parece algo totalmente aleatorio y caótico. Da la impresión de que hay que salir a escena y solucionarlo todo allí mismo.

Pero lo cierto es que la improvisación no tiene nada de aleatorio ni de caótico. Si tuviesen la oportunidad de sentarse con los miembros del grupo Mother y hablar con ellos largo y tendido, se darían cuenta enseguida de que no son los comediantes impulsivos, ajenos a los convencionalismos y un tanto payasos que probablemente habían imaginado. Algunos de ellos son muy serios y hasta algo pazguatos. Todas las semanas se juntan para un largo ensayo. Después de cada representación también se reúnen, y cada uno critica brevemente la actuación de los otros. ¿Por qué practican tanto?

Porque la improvisación es un arte regido por reglas y quieren estar seguros de que, cuando salen a escena, todos se atienen a esas reglas. «Creemos que lo nuestro se parece mucho al baloncesto», declara uno de los actores, y la analogía es acertada. El baloncesto es un juego complicado y rápido, lleno de decisiones espontáneas que se toman en una fracción de segundo. Aunque esta espontaneidad sólo es posible si todos los jugadores han pasado antes muchas horas de entrenamiento repetitivo y estructurado —perfeccionando lanzamientos, regates y pases; repitiendo jugadas una y otra vez—, y aceptan desempeñar en la cancha una función meticulosamente definida. He aquí el aspecto esencial de la improvisación y la clave que sirve para entender el misterio de Millennium Challenge: la espontaneidad no es el azar. El equipo Rojo de Paul van Riper no resultó vencedor en el juego del Golfo porque en ese momento fuesen más listos o más afortunados que los del equipo Azul. Lo acertado de las decisiones tomadas en las condiciones de cambio veloz y estrés elevado propias de la cognición rápida depende de la formación, de las reglas y del entrenamiento.

Una de las principales reglas que posibilitan la improvisación es, por ejemplo, la idea de acuerdo, que se basa en que una forma muy sencilla de elaborar una historia o una creación humorística es hacer que los personajes acepten lo que les ocurre. En palabras de Keith Johnstone, uno de los fundadores del teatro de improvisación: «Si dejas de leer por un momento y piensas en algo que no quisieras que te ocurriese ni que le ocurriese a quienes quieres, ya tienes algo que merece la pena representar en un escenario o ante una cámara de cine.

A nadie le gusta entrar en un restaurante y recibir una tarta en la cara o ver a la abuela rodar a toda velocidad en su silla de ruedas hacia el borde de un acantilado, pero estamos dispuestos a pagar por ver la representación de estas cosas. Todos somos muy hábiles para inhibir acciones. Todo lo que tiene que hacer un profesor de improvisación para convertir a sus alumnos en improvisadores con talento es invertir esa habilidad. Los malos improvisadores bloquean la acción, a menudo con mucha habilidad. Los buenos improvisadores desarrollan la acción».

Veamos un diálogo improvisado entre dos actores en una clase de Johnstone:

A: Tengo molestias en la pierna.

B: Me temo que hay que amputar.

A: No puede hacer eso, doctor.

B: ¿Por qué?

A: Porque estoy muy unido a ella.

B: *(Abatido)*. Anímese, hombre.

A: También me ha crecido esa cosa en el brazo, doctor.

La situación se convirtió enseguida en frustrante para los dos actores, incapaces de sacar adelante la escena. El actor A había hecho un chiste bastante bueno («Porque estoy muy unido a ella»), pero la escena no resultaba divertida. Johnstone detuvo la representación e identificó la causa: el actor A había violado la regla del acuerdo. Su oponente había hecho una sugerencia y él no la había aceptado («No puede hacer eso, doctor»).

Por tanto, empezaron de nuevo, aunque esta vez con un compromiso de acuerdo reforzado:

A: ¡Ay!
B: ¿Dónde le duele?
A: En la pierna, doctor.
B: Tiene mala pinta; voy a tener que amputar.
A: Pero es la que me amputó la última vez, doctor.
B: ¿Nota el dolor en la pata de palo?
A: Sí, doctor.
B: ¿Y sabe ya cuál es la causa?
A: ¡No me diga que tengo carcoma!
B: Pues sí, y tendremos que acabar con ella antes de que se le extienda por todas partes.
(La silla de A se rompe).
B: ¡Dios mío! ¡Se ha extendido al mobiliario!

Aquí tenemos a los mismos actores con el mismo talento que antes, representando los mismos papeles y empezando casi exactamente de la misma forma. Pero en el primer caso la escena acabó prematuramente, mientras que en el segundo está cargada de posibilidades. Siendo fieles a una regla sencilla, A y B hicieron algo divertido. «Los buenos improvisadores parece que tienen telepatía, dan la impresión de que siguen un guión», escribe Johnstone. El secreto está en que aceptan todo lo que se les propone, algo que no haría una persona "normal"».

Veamos otro ejemplo tomado de un taller dirigido por Del Close, otro de los padres de la improvisación. Uno de los actores representa a un policía y persigue al otro, que hace de ladrón.

Poli *(sin aliento)*: Mira, tengo 50 años y peso algo más de la cuenta. ¿No podríamos descansar un ratito?

Ladrón *(sin aliento)*: ¿No me atraparás si descansamos?

Poli: No, prometido. Sólo durante unos segundos, mientras cuento hasta tres. Una, dos, tres.

¿Hace falta un ingenio muy rápido o mucha agudeza o ser muy ligero de pies para representar esta escena? Nada de eso. Es una conversación muy corriente. El humor surge de la adherencia estricta de los participantes a la regla de no rechazar ninguna sugerencia. Una vez construido el marco adecuado, enhebrar el diálogo improvisado, fluido y sin esfuerzo propio del buen teatro de improvisación se convierte, súbitamente, en algo mucho más fácil. Esto es lo que Paul van Riper comprendió en el caso del Millennium Challenge: no se limitó a sacar a su equipo a escena y a rezar para que se les ocurriese un buen diálogo, sino que creó las condiciones necesarias para la espontaneidad.

LOS PELIGROS DE LA INTROSPECCIÓN

En su primer viaje al sudeste asiático, Paul van Riper estaba en la selva actuando como asesor para los sudvietnamitas y empezó a escuchar disparos a lo lejos. Era un teniente joven sin experiencia de combate, y su primera idea fue llamar por radio y preguntar a los soldados qué estaba pasando. Pero después de varias semanas de hacer lo mismo, se dio cuenta de que quienes le respondían por radio no sabían más que él del origen de los disparos. Eran sólo eso, disparos. Eran el principio de algo, pero ese algo todavía no estaba claro. Así que Van Riper dejó de preguntar. En su segundo viaje a Vietnam, cuando escuchaba disparos, esperaba. «Miraba el reloj», recuerda Van Riper, «porque mi intención era no hacer nada durante cinco minutos. Si necesitaban ayuda, gritarían. Y pasados los cinco minutos, si las cosas se habían calmado, seguía sin hacer nada. Hay que dejar a la gente que se adapte a la situación y averigüe lo que está pasando. El inconveniente de llamar es que te dirán lo primero que se les ocurra para que los dejes en paz, y si tomas eso al pie de la letra, puedes cometer un error. Además los distraes. Haces que miren hacia arriba en lugar de hacia abajo. Estás impidiendo que resuelvan la situación».

Van Riper aprovechó esta lección cuando tomó el mando del equipo Rojo. «Lo primero que dije a nuestro personal es que estaríamos al mando y fuera de control», afirma Van Riper, repitiendo las palabras del experto en gestión Kevin Kelly. «Con eso quería decir que la orientación general y el propósito los daríamos los jefes superiores y yo, pero las fuerzas que estaban en el campo de batalla no dependerían de órdenes complicadas enviadas desde arriba. Tendrían que usar su iniciativa y ser innovadores. Al jefe de la fuerza aérea del equipo Rojo se le ocurrían casi a diario ideas nuevas sobre cómo iba a organizar todo el asunto, mediante la utilización de todas esas técnicas generales para hostigar al equipo Azul desde distintas direcciones. Pero yo nunca le di instrucciones concretas sobre cómo tenía que hacerlo. Sólo el propósito».

Una vez iniciada la lucha, Van Riper no quiso saber nada de introspección, ni largas reuniones ni explicaciones. «Dije a mi personal que no usaríamos la terminología que estaba usando el equipo Azul. No quería escuchar la palabra "efectos", excepto en conversaciones normales. No quería ni oír hablar de "Evaluación de la Red Operativa". No íbamos a dejarnos atrapar en ninguno de esos métodos mecánicos. Utilizaríamos la sabiduría, la experiencia y el sentido común de nuestra gente».

Esta forma de dirección tiene sus riesgos, por supuesto. Van Riper no tuvo en ningún momento una idea clara de la situación en la que se encontraban sus tropas y tenía que depositar en sus subordinados una confianza enorme. Se trata, según él mismo admite, de una forma «turbia» de tomar decisiones. Pero tiene una ventaja enorme: dejar que la gente actúe sin necesidad de dar explicaciones continuamente ha resultado ser algo parecido a la regla del acuerdo en el teatro de improvisación. Permite la cognición rápida.

Permítanme que les muestre un ejemplo sencillo. Traten de imaginar la cara del camarero que les atendió la última vez que estuvieron en un restaurante o de quien se ha sentado hoy a su lado en el autobús. O la de cualquier otro desconocido a quien hayan visto recientemente. ¿Serían capaces de localizarlo en una rueda de identificación policial? Creo que sí. Reconocer la cara de alguien es un ejemplo clásico de cognición inconsciente. No hace falta pensar nada. La cara, sencillamente, aparece en nuestro pensamiento. Pero supongamos que ahora les pido que tomen lápiz y papel y escriban con el mayor detalle posible el aspecto de ese desconocido.

Describan su rostro. ¿De qué color tenía el pelo? ¿Qué llevaba puesto? ¿Llevaba anillos o algún arete? Lo crean o no, después de este ejercicio les resultaría mucho más difícil diferenciar a su desconocido de otros, pues el acto de describir un rostro tiene como consecuencia la merma de la capacidad de identificarlo sin esfuerzo.

El psicólogo Jonathan W. Schooler, el primero en investigar este efecto, lo llama «dominio verbal». El cerebro tiene una parte (el hemisferio izquierdo) que piensa con palabras y otra (el derecho) que piensa con imágenes, y cuando se describe un rostro con palabras, la memoria visual es desplazada. El pensamiento se ve empujado del hemisferio derecho al izquierdo. La segunda vez que acudieran a la rueda de reconocimiento, lo que tendrían en la memoria no es lo que vieron, sino su descripción escrita del aspecto del camarero. Y eso es un problema, porque cuando se trata de identificar rostros, nuestra capacidad de reconocimiento visual es mucho mejor que la de descripción verbal. Si les muestro una fotografía de Marilyn Monroe y otra de Albert Einstein, identificarán a ambos en una fracción de segundo. Estoy seguro de que en este momento están «viendo» a los dos en una representación mental casi perfecta. ¿Pero podrían describirlos con exactitud? Si escriben un párrafo sobre la cara de Marilyn Monroe y no me dicen nada sobre el personaje descrito, ¿creen que yo podría identificarlo? Todos tenemos una memoria instintiva para las caras, pero si les obligo a poner en palabras el contenido de esa memoria, si les obligo a explicarse, les aparto del instinto.

La identificación de rostros parece un proceso muy específico, pero Schooler ha demostrado que las consecuencias del domino verbal afectan la forma en que resolvemos problemas de carácter mucho más general. Piensen en el siguiente acertijo:

> Un hombre y su hijo sufren un grave accidente de coche. El padre muere, y el hijo es trasladado urgentemente a un hospital. Cuando entra en el quirófano, alguien de los que forman el cuadro de cirujanos lo mira y exclama «¡Es mi hijo!» ¿Quién es esta persona?

Es un acertijo que exige perspicacia. No es un problema de lógica o matemático que pueda resolverse de forma sistemática, con lápiz y papel. La respuesta sólo puede presentarse súbitamente, en un abrir y cerrar de ojos. Hay que prescindir de la suposición automática según la cual todos los cirujanos son hombres. Se trata de una suposición falsa: el cirujano que lanza la exclamación es la madre del niño. Veamos otro ejemplo:

> Una enorme pirámide de acero está invertida en equilibrio exacto sobre el vértice. Bastará el más leve movimiento para que se caiga. Bajo la pirámide hay un billete de 100 euros. ¿Cómo se apoderarían de él sin tocar la pirámide?

Piensen un poco en el problema. Después de uno o dos minutos, escriban con el mayor detalle posible cómo se las arreglarían para resolverlo: la estrategia, la forma de enfocarlo o las soluciones en las que hayan pensado. Cuando Schooler hizo este experimento con una página llena de rompecabezas similares, descubrió que, si pedía a los sujetos que explicasen su planteamiento, éstos resolvían 30 por ciento menos problemas que si no se los pedía. En resumen: cuando escriben sus pensamientos, las probabilidades de recibir el destello de perspicacia necesario para dar con la solución son claramente inferiores; igual que describir por escrito un rostro dificulta su identificación posterior en una rueda de reconocimiento. Por cierto, la solución al problema de la pirámide es destruir en parte el billete, rasgándolo o quemándolo.

En el caso de un problema de lógica, solicitar una explicación no merma la capacidad para dar con la respuesta sino que, por el contrario, en algunos casos resulta útil. Pero los problemas que exigen un destello de perspicacia se rigen por otras reglas. «Es similar a la paralización que el análisis provoca en el ámbito deportivo», afirma Schooler. «Cuando se empieza a reflexionar sobre el proceso, se socava la propia capacidad. Se pierde fluidez. Hay ciertos tipos de experiencia fluida, intuitiva, no verbal, que son vulnerables a este proceso». Como humanos, somos capaces de realizar hazañas extraordinarias de perspicacia e instinto. Podemos retener un rostro en la memoria y resolver un problema en un instante. Lo que Schooler afirma es que todas estas capacidades son increíblemente frágiles. La perspicacia no es como una bombilla que se apaga en el interior de la cabeza: es como una vela vacilante que cualquier cosa puede apagar.

Gary Klein, experto en toma de decisiones, entrevistó en cierta ocasión al jefe de un departamento de bomberos de Cleveland como parte de un proyecto que reunía exposiciones hechas por profesionales de momentos en los que se ven obligados a adoptar decisiones en una fracción de segundo. El caso que contó el bombero se refería a una llamada en apariencia rutinaria a la que había acudido años antes, cuando era teniente. El fuego se había iniciado en la cocina de una casa de una planta de zona residencial. El teniente y sus hombres tiraron abajo la puerta de entrada, colocaron la manguera y ahogaron con agua las llamas de la cocina. Algo debió ocurrir en ese momento, porque el fuego tendría que haberse extinguido, pero seguía activo. Así que volvieron a echar agua, pero sin obtener cabal resultado. Los bomberos se retiraron hacia el salón y el teniente pensó que algo iba mal. Se volvió hacia sus hombres: «¡Fuera de aquí!». Un instante después de que saliesen, el suelo que habían estado pisando se hundió. Luego se descubrió que, en realidad, el fuego se había iniciado en el sótano.

«Él no sabía por qué había ordenado salir a todo el mundo», recuerda Klein. «Creía que tenía percepción extrasensorial. Hablaba en serio. Pensaba que tenía percepción extrasensorial y que ese poder lo había protegido durante toda su carrera».

Klein investiga el proceso de toma de decisiones y tiene el título de doctor; es un hombre muy inteligente y reflexivo, y no aceptó semejante respuesta. Durante las dos horas siguientes obligó al bombero a volver una y otra vez sobre los acontecimientos de aquel día, con el fin de documentar con la mayor exactitud lo que sabía y lo que no. «La primera observación fue que el fuego no se estaba comportando según lo previsto», afirma Klein.

Los incendios que se inician en una cocina responden al agua, pero éste no. «Luego retrocedieron hacia el salón», continúa Klein. «Me explicó que siempre llevaba las orejeras levantadas para notar el calor provocado por el incendio, y que le sorprendió la elevada temperatura que éste había causado. Un incendio en una cocina no debería generar tanto calor. "¿Y qué más?", le pregunté. Con frecuencia, la experiencia se manifiesta en la identificación de algo que falta, y la otra cuestión que sorprendió al teniente fue que el incendio no era ruidoso. Era silencioso, y eso no cuadraba con la elevada temperatura».

Más tarde, todas esas anomalías pudieron explicarse perfectamente. El fuego no respondió al agua lanzada en la cocina porque no estaba en la cocina. Era silencioso porque el suelo atenuaba el ruido. El salón estaba muy caliente porque el fuego estaba debajo, y el calor tiende a subir. Pero durante el incendio, el teniente no estableció estas asociaciones de forma consciente. Todo su pensamiento se elaboró detrás de la puerta cerrada del inconsciente. Es un excelente ejemplo de selección de datos significativos. El ordenador interno del bombero descubrió sin esfuerzo y en un instante un patrón en el caos. Aunque lo más llamativo de aquella jornada fue, sin duda, lo cerca que estuvo de convertirse en catástrofe. Si el teniente se hubiese parado a discutir la situación con sus hombres; si les hubiese dicho: «Vamos a hablar de esto y a tratar de averiguar lo que está pasando»; si, en otras palabras, hubiese hecho lo que solemos pensar que hacen los líderes para resolver problemas difíciles, quizá habría destruido su perspicacia, que fue lo que les salvó la vida.

En el caso de Millennium Challenge, ése fue precisamente el error que cometió el equipo Azul. Tenían un sistema que obliga a los mandos a detenerse, hablar y conjeturar sobre lo que estaba ocurriendo. Nada que objetar si el problema que afrontaban exigía lógica. Mas Van Riper siguió otro camino. El equipo Azul pensó que podría escuchar las comunicaciones de Van Riper, pero éste empezó a enviar mensajeros en moto. Pensaron que sus aviones no podrían despegar. Pero él resucitó una técnica olvidada de la Segunda Guerra Mundial y usó códigos de luces. Pensaron que no podría seguir a sus barcos. Pero llenó el Golfo de pequeñas lanchas torpederas. Y a continuación, sobre la marcha, cuando vieron un momento favorable, los mandos de Van Riper atacaron y, súbitamente, lo que el equipo Azul consideró un «incendio en la cocina» se convirtió en algo que no había forma de incorporar a sus ecuaciones. El problema exigía perspicacia, pero sus aptitudes para ella se habían agotado.

«Me dijeron que los del equipo Azul sostenían largas discusiones», afirma Van Riper. «Estaban tratando de determinar cuál era la situación política. Tenían gráficas con flechas hacia arriba y hacia abajo. Recuerdo que pensé: "Un momento, ¿pero es que hacían eso mientras luchaban?". Manejaban innumerables siglas, por ejemplo, los elementos del poder nacional eran diplomáticos, informativos, militares y económicos: es decir, DIME, por la letra inicial de cada palabra. Siempre hablaban del DIME Azul. También había instrumentos políticos, militares, económicos, sociales, de infraestructura y de información: PMESI. Así que mantenían unas conversaciones horrorosas en las que se preguntaban dónde estaría nuestro DIME en relación con su PMESI. Me daban ganas de vomitar. ¿De qué están hablando? Se han dejado atrapar por formas, matrices, programas de computadora, y ahora todo eso los absorbe. Estaban tan concentrados en la mecánica y en los procesos, que eran incapaces de ver el problema desde una perspectiva holística. Cuando se descompone una cosa, se pierde su significado».

«La Evaluación de Red Operativa era un instrumento que, en teoría, iba a permitirnos verlo todo y saberlo todo», admitiría más tarde el general Dean Cash, uno de los oficiales de mayor categoría del JKCOM y participante activo en el juego de guerra. «Es evidente que ha fallado».

CRISIS EN URGENCIAS

En la calle West Harrison de Chicago, a unos tres kilómetros hacia el oeste del centro de la ciudad, se alza un edificio muy ornamentado que ocupa una manzana completa y que se construyó en los primeros años del siglo XX. Durante casi 100 años fue el hospital del condado de Cook. Aquí se abrió el primer banco de sangre, aquí se hicieron los primeros tratamientos con radiación de cobalto, aquí se reimplantaron cuatro dedos amputados y aquí funcionó una sección de traumatología tan famosa —y tan ocupada con las heridas y lesiones que causaban los gángsters de la zona— que inspiró la serie de televisión *Urgencias*. Pero a finales de la década de 1990, el hospital del condado de Cook inició un programa que podría dar a la institución tanto prestigio como todos sus éxitos anteriores. El hospital modificó la forma en que los médicos diagnosticaban a los pacientes que llegaban a urgencias quejándose de dolor torácico; la forma en que lo hicieron y los motivos que les movieron a hacerlo proporcionan otra forma de entender la inesperada victoria de Paul van Riper en Millennium Challenge.

El gran experimento del hospital de Cook empezó en 1996, un año después de que un hombre notable, llamado Brendan Reilly, llegase a Chicago para ocupar la presidencia del departamento médico del centro. La institución que heredó Reilly era un caos. Como principal hospital público de la ciudad, el Cook era el último recurso de cientos de miles de ciudadanos sin seguro médico. Los medios se estiraban hasta el límite. Las enormes salas del hospital se habían construido para otro siglo. No había habitaciones privadas y los pacientes estaban separados por delgados paneles de madera contrachapeada. No había cafetería ni teléfono privado, sólo uno público en un extremo del vestíbulo. Según se decía, los médicos enseñaron en cierta ocasión a un mendigo a hacer análisis de laboratorio porque no tenían a nadie más.

«En los viejos tiempos», recuerda un médico del hospital, «si tenías que examinar a un paciente en plena noche, debías encender la única luz que había, la cual iluminaba toda la habitación. Hasta mediados de la década de 1970 no hubo luces individuales en las camas. Como no había aire acondicionado, se instalaron unos ventiladores enormes, y es fácil imaginar el ruido que hacían. Había policías en todas partes, porque al hospital del condado de Cook es adonde trasladaban a los enfermos de las cárceles, y había presos encadenados a la cama. Los pacientes llevaban televisores y radios, y el estruendo era tremendo; la gente se sentaba en los pasillos, como si estuviese en el porche de su casa en una noche de verano. Sólo había un baño para todos esos pasillos llenos de enfermos, y la gente iba de un lado a otro con sus perchas para los sueros intravenosos. Teníamos también timbres para llamar a las enfermeras pero, por supuesto, no había enfermeras suficientes, de modo que los timbres no paraban de sonar. Intente escuchar los ruidos del corazón o de los pulmones en un sitio así. Era una locura».

Reilly había empezado su carrera en el centro médico de Dartmouth College, un hermoso y próspero hospital de vanguardia, resguardado del viento por las redondeadas colinas de New Hampshire. La calle West Harrison era otro mundo. «Mi primer verano aquí fue el de 1995, que trajo a Chicago una ola de calor que mató a cientos de personas y, por supuesto, el hospital no tenía aire acondicionado», recuerda Reilly. «Dentro del hospital había casi 50 grados. Teníamos pacientes —pacientes muy enfermos— luchando por vivir en ese entorno. Una de las primeras cosas que hice fue agarrar a una de las responsables de la administración y obligarla a sentarse en una de las salas. No permaneció allí ni ocho segundos».

La lista de dificultades a las que se enfrentaba Reilly era inacabable. Pero el departamento de urgencias pedía a gritos una atención especial. Como muy pocos pacientes del Cook tenían seguro médico, casi todos ingresaban por urgencias, y los más listos acudían a primera hora

151

de la mañana provistos de comida y cena. En los pasillos había colas interminables. Las habitaciones estaban atestadas. Cada año pasaban por urgencias nada menos que 250 mil pacientes.

«Muchas veces», cuenta Reilly, «era difícil incluso abrirse paso por la sala de urgencias. Las camillas estaban unas sobre otras. La presión para atender a toda esa gente era constante. Los enfermos debían ser ingresados en el hospital, y ahí es donde empezaba lo interesante. Es un sistema con recursos limitados. ¿Cómo determinar lo que necesita cada cual? ¿Cómo dirigir los recursos a quienes más los necesitan?». Muchas de esas personas sufrían asma, porque en Chicago la concentración de asmáticos es una de las más elevadas de Estados Unidos. Por tanto, Reilly trabajó junto con su personal para desarrollar un protocolo especial de tratamiento eficaz de los pacientes asmáticos y un conjunto de programas para atender a los vagabundos.

Ahora bien, desde el principio ocupó un lugar central la forma de abordar los ataques cardiacos. Un número considerable de quienes acudían a urgencias —alrededor de 30 diarios— se quejaban de estar sufriendo un ataque al corazón. Y esos 30 acaparaban un número desproporcionado de camas, enfermeras y médicos, además de permanecer en el centro más tiempo que otros pacientes. Quienes se quejaban de dolor en el tórax acaparaban muchos recursos. El protocolo de tratamiento era largo y complicado y, para colmo, desesperadamente infructuoso.

Llega un paciente con la mano aferrada al pecho. Una enfermera le toma la presión. Un médico le coloca el estetoscopio en el tórax para tratar de detectar el crujido característico que indica presencia de líquido en los pulmones, signo infalible de que el corazón no bombea con la eficacia necesaria. Le hace algunas preguntas: ¿Desde cuándo tiene ese dolor en el pecho? ¿Dónde le duele? ¿Se agudiza el dolor cuando hace ejercicio? ¿Ha tenido antes afecciones cardiacas? ¿Cuál es su nivel de colesterol? ¿Toma medicamentos? ¿Es diabético? (hay una estrecha asociación entre la diabetes y las patologías cardiacas). A continuación llega una técnica empujando un carrito con un pequeño aparato del tamaño de una impresora de computadora. Le coloca pequeñas cintas de plástico adherible en distintos puntos de los brazos y el tórax, conecta un electrodo a cada una de ellas para «leer» la actividad eléctrica del corazón e imprime una gráfica en papel rosa. Esto se llama electrocardiograma (ECG). En teoría, el corazón de un paciente sano produce una gráfica característica y constante parecida al perfil de una cadena montañosa. Si el paciente sufre alguna alteración cardiaca, la gráfica presentará deformaciones: líneas que suelen ir hacia arriba van hacia abajo; otras normalmente curvas aparecen planas o alargadas o puntiagudas; además, si el paciente está a punto de sufrir un ataque cardíaco, el ECG se supone que forma dos trazados muy especiales e identificables. Las palabras clave son en este caso «se supone que». El ECG dista de ser perfecto. A veces, alguien con un ECG completamente normal se encuentra en una situación grave, mientras que quien presenta una gráfica espeluznante puede estar completamente sano. Hay formas de determinar con certeza absoluta cuándo alguien sufre un ataque al corazón, pero se trata de pruebas enzimáticas que tardan horas en dar el resultado. Y el médico de urgencias que se enfrenta a un paciente agónico y que debe atender a varios cientos más que hacen cola en recepción no dispone de horas. Por tanto, cuando alguien se presenta con dolor torácico, el doctor recoge toda la información que puede y hace una estimación.

El problema de las estimaciones es que no son muy exactas. Una de las cosas que Reilly hizo poco después de llegar al Cook fue reunir 20 historias clínicas muy típicas de pacientes que habían acudido quejándose de dolor en el pecho y entregárselas a un grupo de médicos —cardiólogos, internistas, médicos de urgencias, médicos residentes— cuya característica común era su abundante experiencia en la estimación de la causa del dolor torácico. Quería ver qué grado de coincidencia había entre ellos en el diagnóstico de un ataque cardiaco. Y descubrió que no había ninguna. Las respuestas eran completamente dispares. Un mismo paciente podía ser devuelto a casa por un médico e ingresado en cuidados intensivos por otro. «Pedimos a los médicos que evaluasen en una escala de cero a 100 la probabilidad de que cada uno de los pacientes tuviese un infarto de miocardio agudo y de que sufriese una complicación con riesgo de muerte en los tres días siguientes», dice Reilly. «En todos y cada uno de los casos, las respuestas iban desde cero hasta 100. Era extraordinario».

Los médicos pensaban haber hecho un juicio razonado. Pero en realidad habían hecho algo muy parecido a una conjetura aleatoria, y las conjeturas conducen a errores, naturalmente. En los hospitales de Estados Unidos hay entre dos y ocho por ciento de pacientes con infarto que son enviados a casa porque los médicos que los examinan piensan por algún motivo que están sanos. Pero lo normal es que los médicos corrijan la incertidumbre inclinándose decididamente hacia la prudencia. Si hay alguna probabilidad de que alguien sufra un infarto, ¿por qué correr el más mínimo riesgo?

«Imagínese que llega un paciente a urgencias quejándose de dolor intenso en el pecho», dice Reilly. «Es mayor, fuma y tiene hipertensión. Son muchas cosas y hacen pensar que, en efecto, es el corazón. Pero después de evaluar al paciente descubre que el ECG es normal. ¿Qué hace? Probablemente se dirá que se trata de un hombre mayor con muchos factores de riesgo y que nota un dolor en el tórax, y no se fiará del ECG». En los últimos años la situación se ha agravado, porque los médicos han sabido enseñar tantas cosas sobre los ataques cardiacos que ahora los pacientes acuden al hospital al primer indicio de dolor en el pecho. Al mismo tiempo, el temor a ser acusados de negligencia ha hecho a los médicos más renuentes a correr riesgos, de modo que ahora sólo alrededor de 10 por ciento de los ingresados con sospecha de infarto lo tiene realmente.

Y éste era el problema de Reilly. No estaba en Dartmouth ni en uno de los prósperos hospitales privados del norte de Chicago, en los que el dinero no es ningún problema. Estaba en el hospital del condado de Cook. Dirigía el departamento médico con muy poco dinero, pero cada año el centro dedicaba más tiempo y más dinero a personas que en realidad no padecían ninguna crisis cardiaca. Una cama en la unidad coronaria del Cook, por ejemplo, cuesta unos 2 mil dólares por noche, y un paciente típico con sospecha de infarto la ocupa durante tres días; pero ese paciente típico podría estar sano en ese momento. ¿Es así como se lleva un hospital?, se preguntaron los médicos del Cook.

«Todo empezó en 1996», comenta Reilly. «Sencillamente, no teníamos el número de camas necesario para tratar a los pacientes con dolor torácico. Estábamos luchando continuamente por lo que necesitaba cada paciente». Por entonces, el Cook tenía ocho camas en la unidad de atención coronaria, y otras 12 en lo que se llamaba atención coronaria intermedia, un servicio algo menos intensivo y más económico (alrededor de mil dólares por noche en lugar de 2 mil), atendido por enfermeras en lugar de cardiólogos. Pero no era suficiente. Así que abrieron otra sección, a la que llamaron unidad de observación, en la que los pacientes permanecían alrededor de medio día con la atención básica. «Creamos una tercera opción de nivel inferior para ver si servía de ayuda. Pero lo que ocurrió fue que en muy poco tiempo nos peleábamos por ver quién ocuparía la unidad de observación», continúa Reilly. «Me llamaban por teléfono a cualquier hora de la noche. Estaba claro que no había una forma normalizada ni racional de tomar esa decisión».

Reilly es un hombre alto, con la constitución delgada propia del corredor. Se crió en Nueva York y es el resultado de una formación clásica con los jesuitas: fue al instituto Regis, donde estudió latín y griego, y a la Universidad de Fordham, donde leyó todo, desde los clásicos hasta Wittgenstein y Heidegger, y pensó en seguir una carrera académica en el campo de la filosofía antes de decidirse por la medicina. Cuando era profesor adjunto en Dartmouth, a Reilly lo frustraba la falta de un texto sistemático que recogiese los trastornos que el médico suele encontrar en la consulta ambulatoria, como mareos, dolores de cabeza o dolores abdominales. Así que aprovechó las tardes libres y los fines de semana para escribir un manual de 800 páginas, lo que le obligó a estudiar con detalle todo lo que se sabía de los trastornos comunes con los que puede encontrarse el médico general. «Siempre está estudiando las cosas más variadas, desde filosofía o poesía escocesa hasta historia de la medicina», comenta su amigo y colega Arthur Evans, que colaboró con Reilly en el programa del dolor torácico. «Suele leer cinco libros al mismo tiempo, y aprovechó un año sabático que se tomó mientras estaba en Dartmouth para escribir una novela».

Sin duda, Reilly podría haberse quedado en la Costa Este escribiendo artículos diversos en un cómodo despacho con aire acondicionado. Pero le atrajo el hospital del condado de Cook. La peculiaridad de un hospital que sólo atiende a los más pobres y necesitados es que atrae a los médicos y enfermeras que quieren atender a los más pobres y necesitados, y Reilly era uno de ellos. Otra característica del Cook es que, por su relativa pobreza, permitía intentar algo radical. ¿Qué más podría querer alguien interesado en el cambio?

La primera medida de Reilly fue acudir a la obra de un cardiólogo llamado Lee Goldman. En la década de 1970, Goldman trabajó con un grupo de matemáticos muy interesado en desarrollar normas estadísticas para diferenciar partículas subatómicas. A Goldman no le atraía mucho la física, pero comprendió que algunos de los principios matemáticos que estaba usando ese grupo podrían ser útiles para determinar si alguien sufría un infarto de miocardio. Así que introdujo cientos de casos en una computadora para ver qué elementos servían para predecir un ataque cardiaco; obtuvo así un algoritmo, una especie de ecuación, que, a su juicio, eliminaría muchas de las conjeturas del tratamiento del dolor torácico. Llegó a la conclusión de que los médicos debían combinar la prueba del ECG con lo que llamó tres factores de riesgo urgente: *1)* ¿corresponde el dolor del paciente a una angina inestable?, *2)* ¿tiene el paciente líquido en los pulmones?, y *3)* ¿tiene el paciente una presión arterial sistólica inferior a 100?

Para cada combinación de factores de riesgo, Goldman elaboró un árbol de decisión que recomendaba un tratamiento. Así, un paciente con ECG normal y respuesta positiva a los tres factores urgentes de riesgo iría a la unidad intermedia; un paciente con isquemia aguda (falta de riego sanguíneo en el músculo) según el ECG, pero con un solo factor de riesgo o sin ninguno, se consideraría de bajo riesgo e iría a la unidad de estancia corta; otro con isquemia según el ECG y dos o tres factores de riesgo entraría directamente a la unidad de cuidado cardiaco, y así sucesivamente.

Goldman dedicó años de trabajo a su árbol de decisión, lo refinó y perfeccionó sin cesar. Pero sus publicaciones científicas terminaban siempre adoleciendo de la enorme cantidad de trabajo e investigación prácticos que faltaban por hacer para que su árbol de decisión encontrara aplicación en la práctica clínica. Los años pasaron y nadie se interesó por esa clase de investigación, ni siquiera la facultad de medicina de Harvard, donde Goldman empezó su trabajo, o en la igualmente prestigiosa Universidad de California en San Francisco, donde lo completó. A pesar del rigor de sus cálculos, nadie quería creer en lo que decía: que una ecuación podía diagnosticar mejor que un médico.

Paradójicamente, buena parte del financiamiento inicial del trabajo de Goldman no vino del campo de la medicina, sino de la marina. Un hombre trataba de dar con una forma de salvar vidas, de mejorar la calidad de la atención en todos los hospitales del país y de ahorrar miles de millones de dólares en atención médica y su propuesta sólo interesó al Pentágono. ¿Por qué? Por el más insospechado de los motivos: si uno está en un submarino en el fondo del mar, vigilando silenciosamente en aguas enemigas, y un marinero empieza a quejarse de dolor en el pecho, lo que uno desea saber realmente es si hay que salir a la superficie (y descubrir así nuestra posición) para enviarlo rápidamente a un hospital, o si es posible quedarse bajo el agua y mandar al enfermo a su litera con un par de pastillas para el ardor de estómago.

Pero Reilly no poseía las reservas que tenía el mundillo de la medicina ante las observaciones de Goldman. Se encontraba en una crisis. Así que tomó el algoritmo de Goldman, lo presentó los médicos de urgencias y del departamento médico, y anunció que pensaba probarlo. Durante los primeros meses, el personal aplicaría su criterio para evaluar el dolor torácico, como había hecho hasta entonces. A continuación aplicarían el algoritmo de

Goldman y se compararían los diagnósticos y resultados obtenidos con cada uno de los métodos. Se recogieron datos durante dos años y, al final, las valoraciones obtenidas apenas se parecían. El algoritmo de Goldman ganó en dos sentidos: se mostró nada menos que 70 por ciento superior al método tradicional de diagnóstico para identificar a los pacientes que no sufrían infarto. Y, al mismo tiempo, era más seguro. El objetivo principal del diagnóstico del dolor torácico es garantizar que los pacientes que sufren complicaciones importantes son asignados inmediatamente a las unidades coronaria o intermedia. Librados a su criterio, los médicos diagnosticaban correctamente a los pacientes más graves entre 75 y 89 por ciento de las veces. El algoritmo acertaba más de 95 por ciento. Era todo lo que Reilly necesitaba, así que cambió las normas de urgencias. En 2001, el hospital del condado de Cook fue la primera institución médica de Estados Unidos en aplicar siempre el algoritmo de Goldman para diagnosticar el dolor torácico, y si entran en urgencias, verán un cartel con el árbol de decisión del infarto clavado en la pared.

CUANDO MENOS ES MÁS

¿Por qué es tan importante el experimento del hospital de Cook? Porque damos por sentado que cuanta más información tengan los responsables que han de tomar decisiones, tanto mejores resultados obtendrán. Si el especialista dice que debe hacernos más pruebas, pocos pensaremos que eso no es buena idea.

En Millennium Challenge, el equipo Azul dio por sentado que, al disponer de más información que el equipo Rojo, tenían también una ventaja considerable. Éste fue el segundo pilar en que los miembros del equipo Azul basaron su creencia de ser invencibles. Eran más lógicos y sistemáticos que Van Riper y sabían más. Pero, ¿qué nos dice el algoritmo de Goldman? Precisamente lo contrario: que toda la información extra no supone ninguna ventaja. Que, en realidad, hace falta saber muy pocas cosas para detectar la huella característica de un fenómeno complicado. Todo lo que hace falta es el ECG, la presión arterial, la presencia de líquido en los pulmones y la angina inestable.

Es una afirmación radical. Supongamos, por ejemplo, que un hombre acude a urgencias quejándose de un dolor intermitente en el lado izquierdo del tórax que nota ocasionalmente cuando sube escaleras y que dura entre cinco minutos y tres horas. La radiografía de tórax, la auscultación y el ECG son normales y la presión sistólica es de 165, lo que significa que no hay factor de urgencia. Pero es sexagenario y se trata de un ejecutivo con muchas responsabilidades y sometido a presión constante. Además fuma, no hace ejercicio y tiene la presión alta desde hace años. Pesa más de la cuenta, hace dos años se sometió a una intervención de corazón y está sudando. Da la impresión de que debería ingresar inmediatamente en la unidad coronaria. Pero el algoritmo dice lo contrario. Por supuesto, todos los factores mencionados influyen a la larga. El estado del paciente, la dieta y su estilo de vida lo exponen a un riesgo elevado de desarrollar una patología cardiaca en los próximos años. Incluso es posible que se combinen de alguna forma imprevista y compleja y aumenten las probabilidades de que le ocurra algo en las siguientes 72 horas. Pero lo que indica el algoritmo de Goldman es que la influencia de esos otros factores es tan reducida desde la perspectiva de lo que le va a ocurrir al paciente en este momento, que es posible establecer un diagnóstico exacto sin tenerlos en cuenta. De hecho, y esto es un punto clave para explicar el hundimiento del equipo Azul en la mencionada jornada en el Golfo, esa información extra es algo más que inútil. Es perjudicial. Confunde. Lo que perjudica a los médicos cuando tratan de predecir el riesgo de infarto es que tienen en cuenta demasiada información.

El problema del exceso de información se plantea también cuando se estudian los motivos que llevan a los médicos a pasar por alto un infarto, a no identificar que un paciente está a punto de sufrir una complicación cardiaca grave o que la está sufriendo. Se ha observado que los médicos tienen más probabilidades de cometer estos errores cuando diagnostican a mujeres o a pacientes de algún grupo minoritario. ¿Por qué? El sexo y la raza no son consideraciones irrelevantes cuando nos hallamos ante una patología cardiaca. Los negros presentan un perfil de riesgo distinto al de los blancos, y las mujeres tienden a sufrir infartos a una edad mucho más avanzada que los hombres. El problema surge cuando al diagnosticar a un paciente determinado se tiene en cuenta la información relativa al sexo y la raza, pues sólo sirve para abrumar aún más al médico, que se desenvolvería mejor si supiese menos sobre sus pacientes, si no tuviese la menor idea de si está diagnosticando a un blanco o a un negro, a un hombre o a una mujer.

No es de extrañar que las ideas de Goldman hayan encontrado tanta oposición. No tiene sentido pensar que sea preferible desestimar una información perfectamente válida. «Esto es lo que expone la regla de decisión a las críticas», afirma Reilly. «Es precisamente lo que hace desconfiar a los médicos. "Ha de ser más complicado que mirar un ECG y hacer unas pocas preguntas", se dicen. "¿Por qué no se tiene en cuenta la diabetes? ¿Y la edad? ¿O si el paciente ha sufrido ya algún infarto?". Son preguntas obvias que hacen pensar que se trata de algo absurdo, de un modo disparatado de tomar decisiones». Arthur Evans sostiene que los médicos tienden a pensar automáticamente que una decisión de vida o muerte ha de ser por fuerza difícil. «Los médicos consideran una frivolidad seguir directrices», comenta. «Es mucho más gratificante elaborar una decisión propia. Cualquiera puede seguir un algoritmo. Tienden a pensar que pueden hacerlo mejor, de manera más sencilla y eficaz; ¿por qué iban a pagarles tanto si no fuese así?». El algoritmo no parece un método sensato.

Hace muchos años, un investigador llamado Stuart Oskamp dirigió un célebre estudio en el que reunió a un grupo de psicólogos y les pidió que examinasen el caso de un veterano de guerra de 29 años llamado Joseph Kidd. En la primera parte del experimento les proporcionó sólo información básica sobre Kidd. A continuación les dio página y media escrita a un espacio sobre su infancia. En una tercera fase les entregó otras dos páginas sobre los años de enseñanza superior y universitaria de

Kidd. Por último, les proporcionó una exposición detallada sobre el tiempo que Kidd pasó en el ejército y sobre sus actividades posteriores. Después de cada fase pidió a los psicólogos que respondiesen a una prueba de 25 preguntas con respuestas múltiples sobre Kidd. Oskamp descubrió que a medida que les iba proporcionando más información sobre Kidd, su confianza en la exactitud del diagnóstico aumentaba de manera espectacular. ¿Pero era en realidad más exacto? En absoluto. Después de cada nueva ronda de datos, volvían sobre la prueba y cambiaban la respuesta a ocho, nueve o 10 preguntas, pero la exactitud se mantenía en torno 30 por ciento, aproximadamente.

«A medida que recibían más información», concluyó Oskamp, «la confianza en sus propias decisiones perdió toda proporción con respecto a su exactitud». Lo mismo que les pasa a los médicos en urgencias. Reúnen y tienen en cuenta mucha más información de la realmente precisa, porque así se sienten más seguros. Y cuando está en juego la vida de alguien, necesitan sentirse seguros. Pero lo paradójico es que ese deseo de confianza es justo lo que termina por socavar la exactitud de su decisión. Añaden la información extra a la ecuación sobredimensionada que están construyendo en su mente, y se confunden cada vez más.

Lo que Reilly y su equipo del hospital de Cook trataban de hacer era, en resumidas cuentas, estructurar de alguna manera la espontaneidad de la sala de urgencias. El algoritmo es una regla que protege a los médicos de enfangarse en un exceso de información, del mismo modo que la regla del acuerdo protege a los actores del teatro de improvisación cuando salen a escena. El algoritmo libera a los médicos para que puedan prestar atención a todas las demás decisiones que deben adoptar en el momento: si el paciente no está sufriendo un infarto, ¿qué le pasa?; ¿debo dedicarle más tiempo o tengo que prestar atención a alguien que se encuentra en una situación más grave?; ¿cómo debo hablarle y tratar con él?, ¿qué necesita de mí para encontrarse mejor?

«Una de las cosas que Brendan trata de comunicar al personal de la casa es la atención al hablar a los pacientes y al escucharlos, así como la necesidad de someterlos a un reconocimiento médico riguroso y completo, aspectos que se han descuidado en muchos programas de formación», afirma Evans. «Está convencido de que esas actividades tienen un valor intrínseco para conectar con el paciente. Considera que es imposible cuidar de alguien si no se conocen sus circunstancias, su casa, su barrio, su vida. Piensa que la medicina abarca muchos aspectos sociales y psicológicos a los que los médicos no prestan suficiente atención». Reilly cree que el médico ha de entender al paciente como persona, y si se cree en la importancia de la empatía y el respeto en la relación médico-paciente, es preciso crear espacio para que se desarrolle. Y para ello hay que aliviar la presión de la toma de decisiones en otros terrenos.

Esto encierra, creo, dos lecciones importantes. La primera es que una toma de decisiones realmente acertada se basa en un equilibrio entre pensamiento deliberado e instintivo. Bob Golomb es un excelente vendedor de coches porque es capaz de intuir en un momento las intenciones, las necesidades y las emociones de sus clientes. Pero también porque sabe cuándo refrenar esa facultad suya, cuándo resistirse de forma inconsciente a un tipo determinado de juicio instantáneo. Asimismo, los médicos del Cook funcionan tan bien en el caos cotidiano de urgencias porque Lee Goldman se sentó ante una computadora y dedicó muchos meses a evaluar meticulosamente toda la información de que disponía. El pensamiento deliberado es una herramienta formidable cuando disponemos de tiempo, de la ayuda de una computadora, de una tarea definida; y los frutos de este tipo de análisis pueden preparar el terreno para la cognición rápida.

La segunda lección es que, a la hora de tomar buenas decisiones, la frugalidad es importante. John Gottman abordó un problema complejo y lo redujo a sus elementos más simples; demostró que hasta las relaciones afectivas y los problemas más complicados tienen un patrón identificable. La investigación de Lee Goldman demuestra que al abordar esta clase de patrones, menos es más. Goldman probó que sobrecargar de información a quienes deben adoptar decisiones no les facilita las cosas, sino que se las complica. Para decidir bien, tenemos que suprimir elementos.

Cuando seleccionamos datos significativos, cuando identificamos patrones y hacemos juicios instantáneos, esta supresión de información es inconsciente. Cuando Thomas Hoving vio el kurós por primera vez, le llamó la atención lo nuevo que parecía. Federico Zeri se fijó instintivamente en las uñas. En los dos casos, Hoving y Zeri prescindieron de miles de otras consideraciones sobre la apariencia de la escultura, y se centraron en el rasgo concreto que les dijo todo lo que necesitaban saber. En mi opinión, cuando se altera este proceso de supresión de elementos, es decir, cuando no podemos llevarlo a cabo, no sabemos qué suprimir o nos movemos en un medio que no nos permite hacerlo, nos vemos en dificultades. ¿Recuerdan a Sheena Iyengar, quien investigó las citas rápidas? En cierta ocasión dirigió otro experimento en el cual preparaba un puesto de degustación de mermeladas exóticas en la elegante tienda de comestibles de Draeger's, en Menlo Park, California. Unas veces el puesto tenía seis mermeladas distintas, y otras Iyengar exponía hasta 24 confituras. Quería averiguar si el número de variedades influía en el número de unidades vendidas. El pensamiento convencional afirma, por supuesto, que cuantas más opciones tenga el consumidor, tanto mayor es la probabilidad de que compre, pues le será más fácil encontrar aquello que se ajuste perfectamente a sus necesidades. Pero Iyengar descubrió que ocurría lo contrario. Treinta por ciento de quienes se pararon junto al puesto con seis variedades acababa comprando algún tarro de mermelada, mientras que sólo tres por ciento de los que se paraban cuando había más oferta compraba algo. ¿Por qué? Porque comprar mermelada es una decisión instantánea. El consumidor se dice instintivamente a sí mismo que quiere una en particular. Pero si tiene demasiadas opciones, si se ve obligado a considerar muchas más cosas de las que el inconsciente puede abordar cómodamente, se queda paralizado. Los juicios instantáneos pueden hacerse porque son frugales, y si queremos proteger nuestra capacidad de juicio instantáneo, tenemos que hacer algo para proteger esa frugalidad.

Esto es precisamente lo que Van Riper comprendió con el equipo Rojo. Él y su personal hicieron un análisis, pero al principio, antes de que empezase la batalla. Una vez iniciadas las hostilidades, Van Riper tuvo buen cuidado de no sobrecargar a su equipo con información irrelevante. Las reuniones fueron breves. La comunicación entre las bases y los oficiales desplegados en el campo de batalla fue limitada. Quería crear un medio en el que fuese posible la cognición rápida. Por el contrario, el equipo Azul se estaba ahogando en información. Tenía una base de datos con 40 mil registros. Ante ellos estaba el Marco Operativo Relevante Común, una pantalla enorme que mostraba el campo de batalla en tiempo real. Tenían a su servicio expertos de todos los departamentos imaginables del gobierno de Estados Unidos. Estaban conectados sin interferencias con los responsables de las cuatro fuerzas militares por medio de una interfaz de última generación. Disponían de una serie ininterrumpida de análisis rigurosos de lo que podría hacer el adversario a continuación.

Pero una vez iniciadas las hostilidades, toda esa información se convirtió en una carga. «Entiendo cómo se incorporan todos los conceptos que manejaba el equipo Azul a la planificación previa al combate», afirma Van Riper. «¿Pero tienen alguna importancia durante la acción? No lo creo. Cuando contraponemos decisiones analíticas e intuitivas no estamos afirmando que unas sean buenas y las otras malas. Lo malo es utilizar cualquiera de las dos en circunstancias inapropiadas. Imaginen que tienen una compañía de fusileros bloqueada por el fuego de ametralladoras y que el jefe de la compañía convoca a sus hombres y les dice: "Tenemos que consultar el proceso de decisión con el personal de mando". Sería una locura. Tienen que decidir algo en el momento, ejecutarlo y continuar. Si hubiésemos seguido el proceso del equipo Azul, todo nos hubiese costado dos o quizá cuatro veces más tiempo, y el ataque se habría producido seis u ocho días después. El proceso condiciona. Se desglosan y separan todos los elementos, pero nunca se puede sintetizar el conjunto. Es como el tiempo. Un general no necesita saber la presión atmosférica, la velocidad del viento o la temperatura. Necesita conocer las previsiones. Si te dejas atrapar por la producción de información, acabas ahogado en los datos».

James, el hermano gemelo de Paul van Riper, también se unió al cuerpo de marines, ascendió a coronel antes de retirarse y, como a casi todos los que conocen bien a Paul van Riper, no le extrañó lo más mínimo el resultado de Millennium Challenge. «Algunos de estos nuevos pensadores afirman que si tuviésemos un mejor servicio de información, si pudiésemos verlo todo, no podríamos perder», dice el coronel Van Riper. «Lo que mi hermano dice siempre es: "Imagínate que estás mirando un tablero de ajedrez. ¿Hay algo que no veas? No. ¿Y eso te garantiza la victoria? Ni mucho menos, porque nunca podrás ver lo que está pensando el otro". Cada vez hay más generales que quieren saberlo todo y que se dejan atrapar por esa idea. No salen de ahí. Pero nunca se puede ver todo». ¿Tuvo alguna importancia que el equipo Azul fuera varias veces mayor que el equipo Rojo? «Es como en los *Viajes de Gulliver*», comenta el coronel Van Riper. «El enorme gigante se ve atado por innumerables normas, reglamentos y procedimientos. ¿Y el pequeño? Se mueve por todas partes y hace lo que quiere».

MILLENNIUM CHALLENGE, SEGUNDA PARTE

Durante el día y medio siguiente al ataque por sorpresa del equipo Rojo contra el equipo Azul en el Golfo Pérsico, se apoderó del centro del JFCOM un incómodo silencio. A continuación entró el personal del JFCOM e hizo retroceder el tiempo. Los 16 barcos del equipo Azul hundidos en el fondo del Golfo Pérsico volvieron a flote. En la primera oleada del ataque, Van Riper disparó 12 misiles balísticos en distintos puertos de la región del Golfo en los que el equipo Azul estaba desembarcando tropas. Ahora, dijeron los responsables del JFCOM, esos 12 misiles han sido abatidos misteriosa y milagrosamente por un nuevo tipo de defensa antimisiles. Van Riper había asesinado a los dirigentes de la región favorables a Estados Unidos. En este momento, dijeron, esos asesinatos no cuentan.

«Al día siguiente del ataque», dijo Van Riper, «entré en la sala de mando y vi a quien había sido mi número dos dando instrucciones completamente distintas a mi equipo, del tipo: "Desconecten el radar para no causar interferencias al equipo Azul o desplacen las fuerzas hacia tierra para que los marines puedan desembarcar sin complicaciones". Le pregunté si podía disparar una V-22, y me respondió que no, que no podía disparar ninguna V-22. "¿Qué está pasando aquí?". Y me respondió: "Señor, el director del programa me ha pedido que dé orientaciones totalmente distintas". El segundo intento iba a seguir un guión, y si el resultado continuaba sin gustarles, se limitarían a repetirlo de nuevo».

La segunda vuelta de Millennium Challenge la ganó el equipo Azul de forma avasalladora. No hubo sorpresas, ni enigmas que descubrir, ni oportunidades para la complejidad y la confusión del mundo real que afeasen el experimento del Pentágono. Y cuando terminó la segunda vuelta, los analistas del JFCOM y del Pentágono estaban locos de alegría. Se había disipado la niebla. La guerra había sido transformada y el Pentágono volvió la vista confiado hacia el Golfo Pérsico, el de verdad. Un dictador rebelde amenazaba la estabilidad de la región. Era rigurosamente antiestadounidense. Contaba con una fuerza considerable derivada de sólidos vínculos de lealtad con dirigentes religiosos y étnicos, y estaba formando y financiando organizaciones terroristas. Había que derribarlo y devolver la estabilidad al país. Si lo hacían bien —si tenían CROP y PMESI y DIME—, sería un juego de niños.

5

El dilema de Kenna: la forma buena y la mala de preguntar a la gente lo que quiere

El músico de rock conocido como Kenna creció en Virginia Beach, en una familia de inmigrantes etíopes. Su padre se licenció en la Universidad de Cambridge y era profesor de economía. Los programas de televisión que veía la familia eran los de Peter Jennings y la CNN, y por lo que se refiere a música, escuchaban a Kenny Rogers. «A mi padre le encanta Kenny Rogers porque su canción *The Gambler* tiene mensaje», explica Kenna. «En casa se daba una importancia especial al aprendizaje, al dinero y al funcionamiento del mundo. Mis padres querían que a mí me fuese mejor de lo que les había ido a ellos». De vez en cuando los visitaba su tío, quien enseñaba a Kenna cosas diferentes, como las discotecas, el baile o Michael Jackson. Y Kenna lo miraba y decía: «No lo entiendo». Lo que más le interesaba a él era el monopatín. Construyó una rampa en la parte de atrás de su casa, y allí jugaba con un amigo del barrio. Un día, este amigo lo llevó a su cuarto y tenía en las paredes fotos de grupos de los que Kenna jamás había oído hablar, y le dejó una cinta de U2, *The Joshua Tree*. «La destrocé de tanto ponerla», dice Kenna. «No tenía ni idea. Ni se me había ocurrido que la música fuese así. Creo que tenía 11 o 12 años, sucedió así, sin más: la música abrió la puerta».

Kenna es muy alto y llamativamente guapo, con la cabeza rapada y arete. Parece una estrella de rock, aunque no tiene la jactancia, la fanfarronería ni la artificiosidad que caracterizan a las estrellas del rock. Hay en él un fondo amable. Es cortés, reflexivo y paradójicamente modesto, y habla con el reposado fervor de un universitario. Cuando Kenna logró uno de sus primeros éxitos y actuó como telonero del muy respetado grupo No Doubt, olvidó decir a los espectadores cómo se llamaba (así lo cuenta su representante) o decidió no identificarse (así lo cuenta él). «¿Quién eres?», aullaban los fans al final. Kenna es de esas personas que hacen constantemente cosas inesperadas. Y eso es a un tiempo lo que le hace tan interesante y lo que ha complicado tanto su carrera.

Hacia los 15 años, Kenna aprendió a tocar el piano por su cuenta. Quería aprender a cantar, y empezó a escuchar a Stevie Wonder y a Marvin Gaye. Participó en un concurso de talentos. En las pruebas de audición había un piano, pero en el espectáculo no, así que salió a escena e interpretó una canción de Brian McKnight *a cappella*. Empezó a escribir música. Reunió algún dinero para alquilar un estudio y grabó una maqueta. Sus canciones eran diferentes; no exactamente raras, pero sí diferentes. Difíciles de clasificar. A veces se le incluye en el *rhythm and blues*, pero eso lo irrita, pues cree que se debe sólo a que es negro. En los servidores de música de internet aparece en ocasiones en el apartado de «alternativos», otras en el de «música electrónica» y, a veces, en el de «varios». Un crítico de rock emprendedor ha tratado de resolver el problema afirmando que su música es un cruce entre la nueva ola británica de los ochenta y el hip-hop.

Clasificar a Kenna es un asunto difícil pero, al menos al principio, él no le dio mucha importancia. Gracias a un amigo del instituto, tuvo la suerte de conocer a gente que trabajaba en el negocio de la música. «Parece que en mi vida todo encaja», dice Kenna. Sus canciones acabaron en manos de un cazatalentos de una discográfica y, por medio de ese contacto, llegaron a Craig Kallman, copresidente de Atlantic Records. Fue un golpe de suerte. Kallman se considera un maniaco de la música y tiene una colección personal de 200 mil discos. En una semana puede recibir entre 100 y 200 canciones de artistas nuevos, y los fines de semana las escucha en su casa una tras otra. La inmensa mayoría de ellas no funciona, y de eso se da cuenta en un instante: al cabo de cinco o 10 segundos saca el CD del reproductor. Pero todos los fines de semana hay unas pocas que le llaman la atención, y muy de tarde en tarde hay una canción o un cantante que le levantan del asiento. Kenna fue uno de ellos. «Me dejó anonadado», recuerda Kallman. «Pensé que tenía que ver a ese tipo. Lo traje de inmediato a Nueva York. Y cantó para mí, literalmente, cara a cara», y mientras lo dice, Kellman gesticula con la mano para delimitar un espacio de poco más de medio metro.

Más tarde, Kenna se encontró en un estudio de grabación a un amigo suyo que era productor. Se llamaba Danny Wimmer y trabajaba con Fred Durst, el cantante principal de la banda Limp Bizkit, por entonces uno de los grupos de rock más populares del país. Danny escuchó la música de Kenna. Se quedó fascinado. Llamó a Durst y le puso por el teléfono una de sus canciones, *Freetime*. Durst respondió: «¡Contrátalo!» Más adelante, Paul McGuinness, representante de U2, el grupo de rock más importante del mundo, escuchó el disco de Kenna y lo llevó a Irlanda para hablar con él. A continuación, Kenna grabó un video de una de sus canciones por casi nada y lo llevó a MTV2, el canal dedicado a los aficionados a la música más serios. Las empresas discográficas gastan cientos de miles de dólares en promoción para que sus videos aparezcan en MTV, y si consiguen que se emitan 100 o 200 veces se consideran muy afortunados. Kenna llevó el suyo a MTV en mano, y se emitió 475 veces durante los meses siguientes. A continuación, Kenna hizo un álbum completo. Se lo volvió a entregar a Kallman, que a su vez lo presentó a todos los ejecutivos de Atlantic. «Todos lo querían», recuerda Kallman. «Eso es algo rarísimo». Poco después de su aplaudida actuación como telonero de No Doubt, su representante recibió una llamada de Roxy, un club nocturno de Los Ángeles muy prestigioso en el mundillo del rock. ¿Querría Kenna actuar la noche siguiente? Le respondió que sí, y colocó un mensaje en la página web para anunciar su actuación. Eran las cuatro y media del día anterior. «La tarde siguiente recibimos una llamada de Roxy. Estaban rechazando espectadores. Pensé que asistirían como mucho un centenar de personas», afirma Kenna. «Estaba hasta los topes, y los de la primera fila se sabían todas las letras. Era alucinante».

En otras palabras: a quienes realmente sabían de música (los que dirigen casas discográficas, van a clubes y conocen bien el negocio) les encanta Kenna. Escuchan una de sus canciones y, en un abrir y cerrar de ojos, piensan: «¡Qué buena!». Más exactamente, escuchan a Kenna y su instinto les dice que es el tipo de artista que va a gustar a otras personas, a la audiencia masiva de compradores de música. Y aquí es donde se le complican las cosas a Kenna, porque siempre que se ha puesto a prueba ese instinto según el cual ha de gustar a otros, resulta que no gusta.

Los ejecutivos de la industria de la música de Nueva York que estaban estudiando el álbum de Kenna se lo entregaron en tres ocasiones distintas a una agencia externa de investigación de mercado. Es una práctica común en este sector. Para que un artista triunfe, ha de escucharse en la radio. Y las emisoras de radio sólo difunden unas pocas canciones que, según la investigación de mercado, atraerán a la audiencia de manera inmediata y abrumadora. Por tanto, antes de invertir millones de dólares en contratar a un artista, las discográficas gastan unos pocos miles en poner a prueba su música, con las mismas técnicas que las emisoras de radio.

Hay firmas que ponen las canciones nuevas en internet, y luego recogen y analizan las puntuaciones de quienes han visitado la página web y han escuchado la música. Otras, reproducen la canción por teléfono o envían CD de muestra a un grupo de puntuadores. Cientos de oyentes votan canciones determinadas y, con el tiempo, los sistemas de puntuación se han perfeccionado extraordinariamente. Pick the Hits, por ejemplo, es un servicio de puntuación con sede en Washington D.C. que tiene una base de 200 mil personas que puntúan composiciones de vez en cuando, y saben que si una canción alcanza en *Top 40* (con oyentes de 18 a 24 años) una media superior a 3.0 en una escala de uno a cuatro (uno significa que la canción no gusta), hay 85 por ciento de probabilidades de que sea un éxito.

La grabación de Kenna se entregó a un servicio de este tipo, y los resultados fueron desalentadores. Music Research, una firma de California, envió el CD de Kenna a mil 200 personas seleccionadas por edad, sexo y origen étnico. Tres días más tarde llamaron a todas las que pudieron para pedirles que puntuasen la música de Kenna en una escala de cero a cuatro. La respuesta fue «apagada», como se decía educadamente en la conclusión del «informe Kenna», de 25 páginas. Una de las canciones más prometedoras, *Freetime*, obtuvo una puntuación de 1.3 entre los oyentes de emisoras de rock, y de 0.8 entre los de emisoras de *rhythm and blues*. Pick the Hits puntuó todas las canciones del álbum: dos obtuvieron puntuaciones medias y ocho, inferiores a la media. Esta vez la conclusión fue menos amable: «Ni Kenna como cantante ni sus canciones tienen una audiencia fiel, y son escasas las posibilidades de conseguir un espacio de emisión destacado».

En cierta ocasión, durante un concierto, Kenna se encontró con Paul McGuinness, manager de U2, detrás del escenario. «Este hombre», afirmó McGuinness señalando a Kenna, «va a cambiar el mundo». Fue su sensación instintiva, y el representante de un grupo como U2 sabe de música. Pero la gente cuyo mundo había de cambiar Kenna no parecía estar de acuerdo; y cuando llegaron los resultados de la investigación de mercado, la antes prometedora carrera de Kenna quedó estancada.

Para llegar a la radio hacían falta pruebas claras de que a la gente le gustaba, y no había tales pruebas.

LA PRIMERA IMPRESIÓN VISTA POR SEGUNDA VEZ

Dick Morris recoge en *Behind the Oval Office* [Detrás del despacho oval] sus recuerdos de los años que pasó como encuestador político, y cuenta una visita que realizó a Arkansas, en 1977, para reunirse con el fiscal general del Estado, un ambicioso joven de 31 años llamado Bill Clinton:

> Le expliqué que la idea me la dio una encuesta que mi amigo Dick Dresner había hecho para la industria del cine. Antes de rodar una aventura nueva de James Bond o una nueva entrega de una película como *Tiburón*, la productora contrata a Dresner para que resuma el argumento y pregunte a la gente si quiere ver una película así. Dresner lee a los encuestados el material publicitario propuesto para la película con el fin de determinar lo que mejor funciona. A veces les lee incluso distintos finales o les describe sitios diferentes en los que podrían rodarse las mismas escenas para averiguar cuáles prefieren.
>
> «¿Y aplica estas técnicas a la política?», me preguntó Clinton.
>
> Le expliqué cómo podría hacerse. «¿Por qué no hacer lo mismo con la publicidad política? ¿O con los discursos? ¿O con los argumentos sobre asuntos conflictivos? Y después de cada declaración se les podría preguntar de nuevo por quién votarían. Así veríamos

qué argumentos mueven a más votantes y la clase de votantes a los que mueven».

Hablamos durante casi cuatro horas y comimos en su despacho. Le enseñé al fiscal general algunos ejemplos de sondeos que había hecho.

Estaba fascinado. Tenía ante sus ojos un instrumento que podía usar, un proceso que reducía el misterio de la política al ensayo y la evaluación científicas.

Morris se convirtió en un asesor imprescindible de Clinton cuando éste llegó a presidente, y mucha gente consideró que su obsesión por los sondeos era profundamente errónea, como una deformación de la obligación que tienen los políticos elegidos de dirigir y actuar basándose en principios. Un juicio demasiado severo, la verdad. Morris se había limitado a llevar al mundo de la política las mismas ideas que regían en el de los negocios. Todo el mundo desea captar la forma enigmática y poderosa en que reaccionamos ante lo que nos rodea. Quienes hacen películas, o detergentes, o coches, o música quieren saber qué pensamos de sus productos. Por eso los que están en el negocio de la música y les gusta Kenna no se conforman con lo que sienten visceralmente. El sentimiento visceral sobre lo que quiere el público es demasiado misterioso y demasiado incierto. Kenna se sometió a los investigadores de mercado porque, al parecer, la mejor forma de saber con certeza lo que los consumidores sienten es preguntárselo directamente.

¿Pero es eso cierto? Si hubiésemos preguntado a los alumnos del experimento de John Bargh por qué se quedaban esperando en el recibidor tan pacientemente después de que se les hubiera predispuesto para ser corteses, no habrían sabido responder. Si hubiésemos preguntado a los jugadores de Iowa por qué preferían las cartas azules, no habrían sabido qué decir, al menos no antes de haber sacado 80 cartas. Sam Gosling y John Gottman han descubierto que podemos aprender mucho más sobre lo que piensa la gente observando su lenguaje corporal o sus expresiones faciales, examinando su biblioteca o los cuadros de las paredes, que preguntándoles directamente. Y Vic Braden descubrió que, aunque la gente está muy dispuesta a explicar sus actos, esas explicaciones, sobre todo cuando se refieren a opiniones y decisiones espontáneas que surgen del inconsciente, no son necesariamente correctas. En realidad, a veces da la impresión de que acaban de inventárselas. Por tanto, cuando los especialistas en *marketing* piden a los consumidores que les den su opinión sobre algo, que expliquen si les ha gustado la canción que acaban de oír, la película que acaban de ver o al político que acaban de escuchar, ¿cómo saben la confianza que merecen sus respuestas? Averiguar lo que piensa la gente de una canción de rock parece fácil. Pero no lo es, y quienes dirigen grupos de muestra seleccionados y sondeos de opinión no siempre son conscientes de ello. Llegar hasta el fondo de la cuestión de la verdadera calidad de Kenna exige una exploración más detenida de las peculiaridades de nuestros juicios instantáneos.

A principios de la década de 1980, la compañía Coca-Cola estaba muy inquieta por su futuro. Una vez más, Coca-Cola había sido, con mucha diferencia, el refresco más consumido del mundo. Pero Pepsi erosionaba sin cesar su liderazgo. En 1972, 18 por ciento de los consumidores de refrescos bebían sólo Coca-Cola, frente a sólo cuatro por ciento de bebedores exclusivos de Pepsi. A principios de los ochenta, Coca-Cola había bajado hasta 12 por ciento, mientras Pepsi había subido hasta 11 por ciento, a pesar de que la distribución de Coca-Cola era mucho más amplia que la de Pepsi y de que gastaba al menos 100 millones de dólares más en publicidad al año.

En una situación tal, Pepsi empezó a pasar por televisión anuncios en los que Coca-Cola y Pepsi-Cola se enfrentaban en lo que llamaban el Reto Pepsi. Se pedía a bebedores fieles de Coca-Cola que probasen el contenido de dos envases, uno llamado Q y el otro llamado M. ¿Cuál preferían? Todos decían que les gustaba más el vaso M y, milagro, resultó que el vaso M contenía Pepsi. La reacción inicial de Coca-Cola al Reto Pepsi fue negar los resultados. Pero cuando hicieron pruebas a ciegas por su cuenta, llegaron a la misma conclusión: cuando se les pedía que eligiesen entre Coca-Cola y Pepsi, la mayoría de los degustadores, 57 por ciento, prefería esta última. La diferencia entre 57 y 43 por ciento es enorme, sobre todo en un mundo en el que millones de dólares dependen de una décima de punto; así que cuesta poco imaginar lo devastadora que debió ser esta noticia para los directivos de Coca-Cola. El halo de misterio que ha rodeado a este refresco se había basado siempre en su famosa fórmula secreta, invariable desde los primeros tiempos de la empresa. Y ahora había pruebas irrefutables de que Coca-Cola había perdido el tren.

Los ejecutivos de Coca-Cola realizaron muchos otros proyectos de investigación de mercado, pero las cosas se ponían cada vez peor. «El sabor penetrante de la Coca-Cola, tal vez su principal característica, les parece ahora a los consumidores aspereza», comentó por entonces Brian Dyson, presidente de operaciones de la empresa en Estados Unidos. «Y cuando pronuncian palabras como "redondo" o "suave", quieren decir Pepsi. Quizá haya cambiado la forma en que aplacamos la sed». En aquella época, el responsable del departamento de investigación de mercado de consumo de Coca-Cola se llamaba Roy Stout, y llegó a ser uno de los principales partidarios de tomarse en serio el Reto Pepsi. «Si tenemos el doble de máquinas expendedoras, contamos con más espacio en los supermercados, gastamos más en publicidad y tenemos un precio más competitivo, ¿por qué estamos perdiendo cuota [de mercado]?», preguntaba a los directivos de Coca-Cola. «Al ver el Reto Pepsi, hay que empezar a pensar en el sabor».

Así surgió lo que acabaría por llamarse New Coke o Nueva Coca-Cola. Los científicos de la compañía manipularon la legendaria fórmula secreta para hacerla un poco más ligera y dulce, más parecida a la Pepsi. Los investigadores del mercado de Coca-Cola observaron una mejora inmediata. En las degustaciones a ciegas de algunos de los primeros prototipos, Coca-Cola empató con Pepsi. Siguieron haciendo experimentos, y en septiembre de 1984 probaron la que se convertiría en versión definitiva de la Nueva Coca-Cola. Reunieron no a miles, sino a cientos de miles de consumidores de todos los rincones de Estados Unidos y, en degustaciones a ciegas de comparación entre dos productos, la Nueva Coca-Cola batió a la Pepsi-Cola por entre seis a ocho puntos porcentuales. Los ejecutivos de Coca-Cola estaban exultantes. El nuevo refresco recibió luz verde. En la conferencia de prensa convocada para anunciar el lanzamiento de la Nueva Coca-Cola, el consejero delegado de la empresa, Roberto C. Goizueta, se refirió al nuevo producto como «la iniciativa más segura jamás adoptada por la empresa», y había pocos motivos para dudar de lo que decía. Se había solicitado la opinión de los consumidores de la forma más sencilla y directa imaginable, y habían respondido que no les gustaba demasiado la antigua Coca-Cola, y que les gustaba mucho la nueva. ¿Cómo iba a fracasar?

Pero fracasó. Fue un desastre. Los consumidores se alzaron airados contra la Nueva Coca-Cola. Hubo protestas por todo el país. El refresco entró en crisis y, unos meses más tarde, la empresa se vio obligada a volver a la fórmula original, rebautizada como Classic Coke; la New Coke prácticamente dejó de venderse. El éxito previsto para la Nueva Coca-Cola nunca se materializó. Pero se produjo una sorpresa aún mayor: el aparentemente irresistible ascenso de Pepsi, confirmado también de forma clara por la investigación de mercado, tampoco se materializó. Durante los últimos 20 años, la Coca-Cola se ha mantenido al paso de la Pepsi-Cola con un producto que, según las degustaciones, es inferior, lo que no le impide seguir siendo el refresco más vendido del mundo. El caso de la Nueva Coca-Cola es un ejemplo estupendo de lo difícil que resulta averiguar lo que la gente piensa en realidad.

El ciego que guía a otro ciego

Las dificultades de interpretación del Reto Pepsi parten del hecho de que se basan en lo que los profesionales llaman «cata de sorbo» y también en las «pruebas centralizadas» (CLT son sus siglas en inglés). Los degustadores no beben la lata entera, sino que toman un sorbo de un vaso de cada una de las marcas probadas y luego eligen. Pero imagínense que ahora les pido que prueben un refresco de una forma un poco diferente: ustedes se llevan a su casa una caja de botellas y me dicen lo que piensan después de unas pocas semanas. ¿Cambiaría eso su opinión? Pues resulta que sí. Carol Dollard, que trabajó para Pepsi durante muchos años en el desarrollo de productos nuevos, afirma: «He visto muchas veces que la prueba CLT da un resultado, y la prueba en casa, el contrario. En uno de estos tests, los consumidores suelen probar tres o cuatro productos distintos uno tras otro, tomando uno o dos sorbos de cada uno. Y tomar un sorbo es una cosa muy distinta a sentarse y beberse el envase entero a solas. A veces un sorbo sabe bueno pero la botella entera, no. Por eso la mejor información es la que se obtiene de las pruebas en casa. El consumidor no está en un ambiente artificial. Está en su casa, sentado delante del televisor, y esa situación es la que mejor refleja el modo en que se comportará cuando el producto llegue al mercado».

Según Dollard, uno de los rasgos de parcialidad propios de la cata de sorbo es la preferencia por el dulzor. «En una cata de sorbo, los consumidores preferirán el producto más dulce. Pero cuando toman la botella o la lata completas, ese mismo dulzor resulta empalagoso». La Pepsi-Cola es más dulce que la Coca-Cola, lo que le da una enorme ventaja en una cata de sorbo. La Pepsi se ha caracterizado también por un toque de sabor más cítrico, a diferencia de la mayor presencia de la uva y la vainilla en el gusto de la Coca-Cola. Pero ese toque tiende a disiparse cuando se consume la lata entera, y eso también perjudica a la Coca-Cola en esta clase de pruebas comparativas. En resumen, la Pepsi-Cola es un refresco pensado para destacar en una cata de sorbo. ¿Significa esto que el Reto Pepsi fuera un fraude? En absoluto. Sólo significa que ante una bebida de cola tenemos dos reacciones distintas: una después de tomar un sorbo, y otra después de beber la lata entera. Para sacar partido a las valoraciones que hacen los consumidores de los refrescos de cola, antes hemos de decidir cuál de estas dos reacciones nos interesa más.

Además, hay que tener en cuenta un fenómeno llamado transferencia de sensaciones. Es un concepto acuñado por una de las grandes figuras del siglo XX, Louis Cheskin, nacido en Ucrania a principios de ese siglo e inmigrante en Estados Unidos desde la infancia. Cheskin estaba convencido de que cuando la gente valora algo que puede comprar en un supermercado o en grandes almacenes, transfiere, sin darse cuenta, sensaciones o impresiones que recibe del envase del producto al producto en sí. Dicho de otro modo: Cheskin creía que casi ninguno diferenciamos —en el nivel inconsciente— entre el envase y el producto. El producto es el envase y el producto juntos.

Uno de los proyectos en los que trabajó Cheskin fue una margarina. A finales de la década de 1940, la margarina no era un producto muy popular. Los consumidores no tenían interés en comerla ni en comprarla. Pero Cheskin era un hombre curioso. ¿Por qué la gente no gustaba de la margarina? ¿El problema de la margarina era intrínseco al producto? ¿O radicaba en las asociaciones que se hacían con ella? Decidió averiguarlo. En aquella época, la margarina era blanca. Cheskin la tiñó de amarillo para que pareciese mantequilla. A continuación preparó una serie de comidas con amas de casa. Como quería sorprenderlas, no dijo que fuesen comidas para probar margarinas, sino que se limitó a invitar a un grupo de mujeres a un acto. «Apuesto a que todas llevarán guantecitos blancos», cuenta Davis Masten, que hoy es uno de los directivos de la consultoría fundada por Cheskin. «[Cheskin] llevó a algunos oradores y sirvió una comida en la que había pequeñas nueces de mantequilla para unas y de margarina para otras. La margarina era amarilla. Nada en el acto hacía pensar que había diferencias. Más tarde se pidió a todos los participantes que puntuasen a los oradores y la comida, y el resultado fue que la "mantequilla" había sido buena. La investigación de mercado predijo que no había futuro para la margarina. Pero Louis dijo: "Vamos a abordar el asunto de una forma más indirecta"».

En ese momento la cuestión de cómo aumentar las ventas de margarina estaba mucho más clara. Cheskin dijo a su cliente que llamase al producto Margarina Imperial, para así poder envolverlo en un envase con una imponente corona. Como descubrió en la comida, el color era decisivo, y le explicó que la margarina debía ser amarilla. También le dijo que la envoliese en papel de aluminio, porque en aquella época esa clase de envoltorio se asociaba con una calidad alta. Y, por supuesto, si se presentan a alguien dos trozos de pan idénticos, uno untado con margarina blanca y el otro con Margarina Imperial amarilla envuelta en papel aluminio, el segundo ganará sin el menor esfuerzo en todas las pruebas de degustación. «No pregunte nunca a nadie: "¿La quiere envuelta en papel de plata?", porque la respuesta será siempre: "No lo sé" o "¿Para qué?"», dice Masten. «Lo único que tiene que preguntar es cuál le sabe mejor, y por ese método indirecto sabrá cuáles son las auténticas motivaciones».

La empresa de Cheskin hizo una demostración particularmente elegante de transferencia de sensaciones hace unos pocos años, cuando estudió dos marcas competidoras de *brandy* barato, Christian Brothers y E&J (para que se hagan una idea del segmento del mercado al que pertenecen las dos, la segunda es conocida por sus consumidores como «Easy Jesus»*). Su cliente, Christian Brothers, quería saber por qué, después de años de ser la marca dominante en su categoría, estaba perdiendo cuota de mercado frente a E&J. Su marca no era más cara.

* Algo así como «Jesucristo al alcance de todos». *(N. de la T.)*

No era más difícil de encontrar en las tiendas. Y tampoco resultaban batidos en el terreno de la publicidad (en este extremo del segmento de los *brandies* se hace muy poca publicidad). ¿Por qué estaban perdiendo terreno?

Cheskin preparó una cata a ciegas con 200 bebedores de *brandy*. Las dos marcas resultaron ser aproximadamente iguales. Por tanto, Cheskin decidió ir un poco más lejos. «Hicimos una nueva prueba con otras 200 personas», explica Darrel Rhea, otro directivo de la firma. «Esta vez les dijimos qué copa tenía Christian Brothers y cuál contenía E&J. En esta ocasión había transferencia de sensaciones a partir del nombre, y Christian Brothers ganó». Estaba claro que la gente tenía asociaciones más positivas con Christian Brothers que con E&J. Esto aumentaba el misterio, pues si Christian Brothers tenía una marca más sólida, ¿por qué estaba perdiendo cuota de mercado? «Así que volvimos a reunir a otras 200 personas, pero esta vez había a la vista botellas de las dos marcas. No hicimos preguntas sobre los envases, pero allí estaban. ¿Y qué ocurrió? La estadística reflejó una preferencia por E&J. Así logramos aislar el problema de Christian Brothers. El problema no estaba en el producto ni en la marca. Estaba en el envase». Rhea sacó una foto de las dos botellas de *brandy* tal como se presentaban en aquella época. La de Christian Brothers parecía una botella de vino; tenía un cuello largo y delgado, y una etiqueta blanquecina sencilla. En cambio, la de E&J era más elaborada, más chata, parecida a un decantador, de vidrio ahumado, con la boca envuelta en papel de estaño y una etiqueta oscura y con relieve. Para confirmar su hallazgo, Rhea y sus colegas hicieron otra prueba más. Sirvieron a 200 personas *brandy* Christian Brothers envasado en botellas de E&J, y *brandy* E&J envasado en botellas de Christian Brothers. ¿Cuál ganó? Christian Brothers, con la mayor diferencia obtenida hasta entonces. Ya tenían el gusto adecuado, la marca adecuada *y* la botella adecuada. La empresa diseñó una botella mucho más parecida a la de E&J y, naturalmente, su problema se resolvió.

Las oficinas de Cheskin están a las afueras de San Francisco, y después de nuestra charla, Masten y Rhea me llevaron al supermercado Nob Hill Farms, uno de esos enormes y luminosos emporios de comida tan frecuentes en las urbanizaciones de Estados Unidos. «Hemos trabajado en casi todos los pasillos», afirma Masten mientras entramos. Ante nosotros se extiende la sección de bebidas. Rhea se inclina y toma una lata de Seven-Up. «Probamos Seven-Up. Teníamos varias versiones, y descubrimos que si se añade 15 por ciento más de amarillo al verde del envase, si se toma este verde y se le añade más amarillo, la gente dice que el sabor a lima o a limón es mucho más acusado. Y se inquieta. "Me están cambiando el Seven-Up. Yo no quiero una Nueva Coca-Cola". Es exactamente el mismo producto, pero el envase transmite sensaciones distintas, y en este caso no significa que sea conveniente».

Pasamos de la sección de refrescos a la de productos enlatados. Masten tomó una lata de ravioles Chef Boyardee y señaló la foto del chef que había en la etiqueta. «Se llama Héctor. Conocemos a mucha gente así, como Orville Redenbacher o Betty Crocker o la mujer que aparece en las cajas de uvas Sun-Maid. La regla general es:

cuanto más se acerque el consumidor al producto comestible, más conservador será. En el caso de Héctor, esto significa que ha de parecer lo que dice que es. El consumidor quiere ver el rostro de un ser humano reconocible con el cual identificarse. En general, los primeros planos de la cara funcionan mejor que las fotos de cuerpo entero. Hemos hecho muchas pruebas con Héctor. ¿Es posible hacer que los ravioles sepan mejor cambiándolo? Ante todo se puede intensificar, transformándolo en un dibujo. Hicimos pruebas haciendo que la fotografía pareciera cada vez más un dibujo. Cuanto más se parece a un personaje de tebeo, más abstracto resulta Héctor, y menos influye en la percepción del gusto y la calidad de los ravioles».

Masten tomó una lata de carne Hormel. «También hicimos esto. Probamos el logotipo de Hormel». Señaló el diminuto ramito de perejil que hay entre la «r» y la «m»: «Este ramillete de perejil da frescura a la comida enlatada».

Mientras sostenía un frasco de salsa de tomate de marca Classico, Rhea habló de los significados atribuidos a los distintos envases. «Cuando Del Monte sacó los duraznos de la lata y los metió en un frasco de vidrio, la gente dijo: "¡Vaya! Como los de mi abuela". La gente afirma que los duraznos saben mejor cuando se venden en un frasco de vidrio. Y lo mismo pasa con los helados comercializados en envases cilíndricos, por oposición a los que se presentan en envases rectangulares. La gente confía en que sabrán mejor, y está dispuesta a pagar cinco o 10 céntimos más, sólo por la fuerza del envase».

Lo que hacen Masten y Rhea es decir a las empresas cómo manipular nuestras primeras impresiones, y es difícil no sentir cierto malestar ante su trabajo. Si se multiplica por dos el tamaño de las virutas de chocolate de un helado y se afirma en el envase: «¡Nuevo! Con virutas de chocolate más grandes!», parece que un aumento en el precio de cinco céntimos es justo. Pero si se mete el helado en un envase redondo en lugar de en otro rectangular y también se cobran cinco céntimos más, da la impresión de que nos están tomando el pelo. Bien pensado, no hay diferencia práctica entre las dos cosas. Estamos dispuestos a pagar más por el helado si nos sabe mejor, y envasarlo en un recipiente redondo nos convence de eso con tanta certeza como asegurar que tiene virutas de chocolate más grandes. Es cierto que somos conscientes de una cosa y no de la otra, ¿pero importa eso? ¿Por qué un fabricante de helados debería sacar beneficio sólo de aquello de lo que somos conscientes? Podemos decir que actúan a nuestras espaldas. ¿Pero quién actúa a nuestras espaldas? ¿El fabricante de helados o nuestro inconsciente?

Ni Masten ni Rhea creen que un envase ingenioso pueda permitir a una empresa vender un producto malo. El sabor del producto importa mucho. Lo único que afirman es que cuando nos metemos algo en la boca y decidimos en un instante si nos gusta o no, no sólo reaccionamos a las pruebas que nos aportan las papilas gustativas y la glándulas salivarles, sino también a lo que nos dicen los ojos, los recuerdos y la imaginación, y que es una locura para una empresa tener en cuenta una cosa y no hacer caso de la otra.

En ese contexto, el error de Coca-Cola con su nueva fórmula se hace aún más notorio. No sólo dieron demasiada importancia a las catas de sorbo, sino que además confiaron en la cata a ciegas, cuyo fundamento es insostenible. No deberían haberse preocupado tanto por perder las catas a ciegas con la antigua Coca-Cola, y no debería sorprendernos lo más mínimo que el dominio de Pepsi en esas catas jamás se transfiriese al mundo real. ¿Por qué? Porque en el mundo real nadie bebe Coca-Cola con los ojos cerrados. Transferimos a nuestra sensación del sabor de la Coca-Cola todas las asociaciones inconscientes que tenemos con la marca, la imagen, la lata y hasta el inconfundible color rojo del logotipo. «El error que cometió Coca-Cola», dice Rhea, «fue atribuir su pérdida de cuota frente a Pepsi únicamente al producto. En los refrescos de cola, la imagen de marca influye una barbaridad, y eso no lo tuvieron en cuenta. Todas sus decisiones se centraron en el cambio del producto, mientras que Pepsi se centraba en la juventud, convertía a Michael Jackson en su portavoz y hacía muchas cosas estupendas para la marca. Es cierto que la gente prefiere los productos más dulces en las catas, pero a la hora de comprar no lo hace basándose en tales pruebas. El problema de Coca-Cola fue que los tipos de bata blanca del laboratorio tomaron el poder».

¿Tomaron también el poder los tipos del laboratorio en el caso de Kenna? Los profesionales de la investigación de mercados dan por supuesto que basta con reproducir una canción o parte de ella por teléfono o por internet para obtener de los oyentes una respuesta que constituirá una orientación fiable de lo que sentirán por la canción los compradores. En su opinión, los aficionados a la música pueden seleccionar los datos clave de una nueva canción en unos segundos y, en principio, no es ningún disparate. Pero esa operación necesita un contexto. Es posible diagnosticar rápidamente la salud de un matrimonio, pero para ello no basta con mirar a una pareja jugando al ping-pong. Hay que observarla mientras discute acerca de algo relevante para su relación. Es posible determinar si un médico será denunciado por negligencia a partir de un pequeño fragmento de conversación. Pero la conversación ha de ser entre éste y un paciente. Todos los que animaron a Kenna contaban con esa clase de contexto. Los asistentes al Roxy y al concierto de No Doubt lo vieron en directo. Craig Kallman pidió a Kenna que cantase para él, en su despacho. Fred Durst escuchó a Kenna a través del prisma del entusiasmo de un colega en quien confiaba. Los espectadores de MTV que pidieron a Kenna una y otra vez habían visto su video. Juzgar a Kenna sin más información es como pedir a alguien que escoja entre Pepsi-Cola y Coca-Cola a ciegas.

«La silla de la muerte»

Hace algunos años, el fabricante de muebles Herman Miller, Inc., contrató a un diseñador industrial llamado Bill Stumpf y le encargó una nueva silla de oficina. Stumpf había trabajado antes con Herman Miller, sobre todo con otras dos sillas llamadas Ergon y Equa. Pero Stumpf no quedó satisfecho con esos trabajos anteriores.

Aunque las dos se vendieron bien, el diseñador pensaba que Ergon era una creación torpe e inmadura. Equa era mejor, pero la habían copiado tantas firmas que ya no le parecía nada especial. «Mis sillas anteriores eran todas parecidas», afirma Stumpf. «Quería algo diferente». A su nuevo proyecto lo llamó «Aeron», y la historia de Aeron ilustra un segundo problema, más profundo, que se plantea al medir las reacciones de las personas: es difícil explicar las sensaciones provocadas por cosas poco familiares.

La idea de Stumpf era hacer la silla más perfecta imaginable desde el punto de vista ergonómico. Ya lo había intentado con Equa, pero con el modelo Aeron fue aún más lejos. Dedicó, por ejemplo, un trabajo enorme a resolver el mecanismo que conecta el respaldo con lo que los diseñadores llaman el plano del asiento. En una silla normal, estos dos elementos están conectados por una simple articulación que permite reclinarse hacia atrás. El problema de esta articulación estriba en que la silla no pivota igual que las caderas, de modo que, al reclinarse en el respaldo, la camisa se sale de los pantalones y, además, la espalda se ve sometida a una tensión excesiva. En el modelo Aeron, el plano del asiento y el respaldo se movían de manera independiente gracias a un complejo mecanismo, aparte de otras muchas ventajas. El equipo de diseño de Herman Miller quería brazos totalmente ajustables, una cosa más fácil de lograr si éstos se montan en el respaldo que si se acoplan debajo del asiento, que es lo habitual. Querían maximizar el apoyo para los hombros, por lo que el respaldo era más ancho arriba que abajo, mientras casi todas las sillas están hechas justamente al revés, y se estrechan hacia la parte superior. Por último, querían que la silla resultase cómoda para quienes permanecen durante mucho tiempo sentados ante una mesa. «Me fijé en los sombreros de paja y en otras cosas, como los muebles de mimbre», recuerda Stumpf. «Nunca me han gustado las sillas de gomaespuma o foam tapizadas de tela, me parecen calientes y pegajosas. La piel es como un órgano, respira. Esta idea de lograr algo transpirable, como un sombrero de paja, me atraía». Al final se decidió por una malla elástica especialmente diseñada y tensada sobre el bastidor de plástico. Mirando a través de ella se veían las palancas, los mecanismos y los accesorios que quedaban bien expuestos a la vista en la parte baja del plano del asiento.

A lo largo de años de trabajo con compradores de sillas, Herman Miller había aprendido que, cuando se trata de elegir unas para la oficina, casi todo el mundo se inclina automáticamente por los modelos que dan más sensación de estatus, algo senatorial o semejante a un trono, con un tapizado grueso y un respaldo alto e imponente. ¿Cómo era la Aeron? Justo lo contrario: una construcción fina, transparente, de plástico negro y extrañas protuberancias, cubierta por una malla, algo así como el exoesqueleto de un enorme insecto prehistórico. «En Estados Unidos, la comodidad está muy condicionada por los sillones La-Z-Boy», afirma Stumpf. «En Alemania se ríen de nuestra afición por tapizar los asientos de los coches con rellenos bien gruesos. Tenemos una fijación con lo blando. Pienso continuamente en los guantes que Disney colocó en las manos de Mickey

Mouse. Si le viésemos las garras, no nos gustaría. Lo que hemos hecho ha sido ir en contra de esa idea de blandura».

En mayo de 1992, Herman Miller inició lo que se llama una prueba de uso. Llevó varios prototipos de la Aeron a empresas del oeste de Michigan y pidió a la gente que se sentase en ellas durante al menos medio día. Al principio la respuesta no fue positiva. Herman Miller pidió a los usuarios que calificasen la comodidad en una escala del 1 al 10, en la que 10 representa la comodidad absoluta y 7.5 el valor mínimo deseable para sacar la silla al mercado. Los primeros prototipos obtuvieron una puntuación de aproximadamente 4.75. Uno de los directivos de Herman Miller colocó, en broma, una imagen de la silla en una portada falsa de un folleto de supermercado con el titular «La silla de la muerte: todo el que se sienta en ella, muere», y utilizó este motivo como portada de uno de los primeros informes de investigación de la Aeron. La gente miraba la delgada estructura y se preguntaba si podría soportar el peso, y luego miraba la malla y se preguntaba si sería cómoda. «Es muy difícil lograr que la gente se siente en algo que parece raro», dice Rob Harvey, primer vicepresidente de investigación y diseño de Herman Miller en aquella época. «Si haces una silla con una estructura delgada, la gente piensa que no podrá sostenerla. Se mostrará reticente a sentarse en ella. Sentarse es un acto muy íntimo. El cuerpo entra inmediatamente en contacto con la silla y se ponen en juego muchas claves visuales, como la temperatura o la dureza percibidas, que determinan la percepción del usuario». Pero cuando Herman Miller retocó el diseño, construyó prototipos nuevos y mejores y logró que la gente supere-rase sus escrúpulos, las puntuaciones empezaron a subir. Cuando Herman Miller se decidió a comercializar la silla, las puntuaciones de comodidad estaban por encima de 8. Éstas eran las buenas noticias.

¿Y las malas? Todo el mundo pensaba que la silla era una monstruosidad. «Desde el principio, las puntuaciones estéticas estuvieron muy por abajo de las de comodidad», dice Bill Dowell, responsable de investigación de la Aeron. «Era algo anómalo. Hemos hecho miles y miles de pruebas de sillas con la gente, y una de las correlaciones más fuertes que hemos observado siempre es la que hay entre comodidad y estética. Pero esta vez no era así. Las puntuaciones de comodidad eran altas, lo que es estupendo. Pero las de estética estaban entre dos y tres, y jamás subieron por encima de seis en ninguno de los prototipos. Estábamos perplejos y preocupados. Teníamos la silla Equa. También había sido controvertida, pero siempre había sido considerada una belleza».

A finales de 1993, mientras se preparaba el lanzamiento de la silla, Herman Miller reunió varios grupos de muestra seleccionados en todo el país. Querían recopilar ideas sobre precios y *marketing*, y asegurarse de que el proyecto contaba con un apoyo generalizado. Empezaron con paneles de arquitectos y diseñadores, que en general se mostraron receptivos. «Entendieron el carácter radical de la silla», dijo Dowell. «Aunque no les parecía el colmo de la belleza, comprendieron que ése era el aspecto que debía tener». A continuación presentaron la silla ante grupos de gestores de instalaciones y expertos en ergonomía que, en última instancia, eran los que determinarían el éxito comercial de la creación.

Esta vez la acogida fue gélida. «No entendieron la estética en absoluto», comenta Dowell. Se aconsejó a Herman Miller cubrir la Aeron con una tapicería opaca y se le dijo que sería imposible venderla a las grandes empresas. Un gestor de instalaciones comparó la silla con los muebles de jardín o con las fundas de asientos de coche pasadas de moda. Otro dijo que parecía sacada del decorado de *RoboCop*; y otro, que daba la impresión de estar hecha con materiales reciclados. «Un profesor de Stanford captó la idea y su función, pero dijo que le gustaría que lo invitáramos de nuevo cuando tuviésemos un "prototipo estéticamente refinado"», recuerda Dowell. «Y nosotros, al otro lado del cristal, decíamos: "No va a haber ningún prototipo estéticamente refinado"».

Pónganse por un momento en el lugar de Herman Miller. Se han comprometido con un producto totalmente nuevo. Han gastado una fortuna en adquirir maquinaria nueva para la fábrica de muebles, y mucho más todavía para estar seguros de que la malla de la Aeron no va a pellizcar el trasero de quien se siente. Y ahora resulta que a la gente no le gusta la malla. Es más: piensan que la silla es horrible y, si algo han aprendido en los muchos años que llevan en este negocio, es que la gente no compra sillas que le parecen horribles. ¿Qué pueden hacer? Pueden olvidarse por completo de la silla. Pueden tapizarla con una bonita y tradicional capa de tela. O pueden confiar en su instinto y lanzarse a la piscina.

Herman Miller optó por la tercera vía. Siguió adelante. ¿Y qué ocurrió? Al principio, no gran cosa. La Aeron, al fin y al cabo, era fea. Pero la silla no tardó mucho en empezar a llamar la atención de algunos miembros vanguardistas en el mundillo del diseño. Ganó el premio al diseño de la década de la Sociedad de Diseñadores Industriales de Estados Unidos. En California y Nueva York, en el mundo de la publicidad y en Silicon Valley se convirtió en un objeto de culto acorde con la estética descarnada de la nueva economía. Empezó a aparecer en películas y anuncios de televisión, y su perfil fue creciendo y floreciendo. A finales de la década de 1990, las ventas crecían a un ritmo de 50 a 70 por ciento al año, y en Herman Miller se dieron cuenta de que tenían la silla que mejor se había vendido en toda la historia de la empresa. La Aeron se convirtió en poco tiempo en la silla de oficina más imitada. Todo el mundo quería una silla que se pareciese al exoesqueleto de un insecto prehistórico gigante. ¿Y cuál es ahora su puntuación estética? La Aeron tiene ahora un 8. La que antes era fea, se ha transformado en bella.

En el caso de la cata a ciegas, la primera impresión no funcionó porque los refrescos no se consumen a ciegas. La cata a ciegas no es un contexto apropiado para extraer los datos más significativos de la Coca-Cola y sacar conclusiones. En el caso de la Aeron, el esfuerzo por captar las primeras impresiones de los consumidores falló por un motivo ligeramente distinto: quienes manifestaron sus primeras impresiones malinterpretaron sus propias sensaciones. Afirmaron que la detestaban. Pero lo que en realidad querían decir es que la silla era tan nueva y tan insólita que no estaban acostumbrados a ella. Esto no es aplicable a todo lo que llamamos feo. El Edsel, el célebre fracaso de Ford Motor Company en el decenio de 1950, falló porque la gente pensó que parecía cómico. Pero dos o tres años más tarde, todos los demás fabricantes empezaron a crear y lanzar automóviles que se parecían al Edsel, del mismo modo que todo el mundo empezó a copiar la Aeron. El Edsel empezó siendo feo, y lo sigue siendo. Asimismo, hay películas que la gente aborrece al verlas por primera vez y sigue aborreciendo dos o tres años más tarde. Una mala película es siempre una mala película. El problema es que, enterrados bajo las cosas que detestamos, hay una clase de productos que han caído en esa categoría porque son raros. Nos ponen nerviosos. Son tan distintos que tardamos en comprender que, en realidad, nos gustan.

«Cuando trabajas en el mundo del desarrollo de productos estás siempre sumergido en este ambiente, y te cuesta tener en cuenta que los clientes a los que visitas pasan muy poco tiempo con tu producto», dice Dowell. «Tienen una experiencia concreta con el producto, pero carecen de antecedentes sobre su uso y les cuesta imaginar un futuro con él, en particular si se trata de algo muy diferente. Eso es lo que ocurrió con la silla Aeron. Las sillas de oficina que la gente conoce tienen cierta estética. Están tapizadas y acolchadas. Pero la silla Aeron no era así. La silla Aeron era muy distinta. No había en ella nada familiar. Quizá la palabra "fea" significaba "distinta"».

El problema de los estudios de mercado estriba en que con frecuencia son un instrumento demasiado romo para captar esta diferencia entre lo malo y lo que sólo es diferente. A finales de la década de 1960, el guionista

Norman Lear produjo el episodio piloto de una comedia de situación para la televisión llamada *All in the Family* [Todo queda en familia]. Suponía un cambio radical con respecto a lo que solía emitirse por televisión; era agudo y abordaba asuntos de carácter político y social que se evitaban en la televisión de la época. Lear lo llevó a la cadena ABC. Hicieron un estudio de mercado en un cine de Hollywood con 400 espectadores seleccionados. Éstos debían rellenar un cuestionario y girar un botón con las posiciones «muy aburrido», «aburrido», «aceptable», «bueno» y «muy bueno» mientras veían la proyección. Estas respuestas se convertían en puntos del 1 al 100. Para un drama, se consideraba buena una puntuación de más de 60. Una comedia debía pasar de 70. *All in the Family* obtuvo poco más de 40. Lear llevó su obra a la CBS. Aquí la sometieron al escrutinio de un instrumento de investigación llamado «Analizador de programas», basado en el registro de las impresiones de los espectadores mediante la pulsación de botones rojos y verdes. Los resultados fueron mediocres. El departamento de investigación recomendó escribir de nuevo el personaje llamado Archie Bunker para convertirlo en un padre atento y afable. La CBS ni siquiera se molestó en promocionar *All in the Family* antes de su primera temporada. ¿Para qué? Si se emitió fue sólo porque al presidente Robert Wood y al jefe de programación de la cadena Fred Silverman les había gustado, y la supremacía de la emisora era tal que consideraron que podían correr el riesgo.

Ese mismo año, la CBS estaba estudiando la emisión de una nueva comedia protagonizada por Mary Tyler

Moore. También era una ruptura para la televisión. El personaje principal, Mary Richards, era una joven soltera de no tenía ningún interés en formar una familia, al contrario que casi todas las heroínas televisivas que la habían precedido, sino en ascender en su profesión. La CBS sometió el primer capítulo al Analizador de programas, y el resultado fue catastrófico. Mary era una «perdedora». Su vecina Rhoda Morgenstern era «demasiado corrosiva», y Phyllis Lindstrom, otro de los personajes importantes de la serie, «no era creíble». *El Show de Mary Tyler Moore* salió adelante sólo porque cuando la CBS lo investigó, su emisión ya estaba programada. «Si hubiesen tenido sólo un capítulo piloto, un resultado tan abrumadoramente negativo habría bastado para enterrar la serie», escribió Sally Bedell [Smith] en su biografía de Silverman titulada *Up the Tube* [En pantalla].

All in the Family y *El Show de Mary Tyler Moore* son los equivalentes televisivos de la silla Aeron. Los espectadores dijeron que detestaban esos programas, pero, como se observó enseguida, cuando las dos comedias se convirtieron en dos de los mayores éxitos en la historia de la televisión, no los detestaban. Simplemente, estaban desconcertados. Y ninguna de las muy alabadas técnicas utilizadas por los ejércitos de investigadores de mercado de la CBS lograron diferenciar entre estas dos emociones tan distintas.

Por supuesto, la investigación de mercados no siempre falla. Si *All in the Family* hubiese sido más tradicional, o si la silla Aeron hubiese sido sólo una variación menor del modelo que la precedió, no habría resultado tan difícil medir las reacciones del consumidor. Pero ensayar productos o ideas que son realmente revolucionarios es otra cosa, y las empresas de más éxito son las que comprenden que, en esos casos, las primeras impresiones del consumidor deben interpretarse. Nos gustan los estudios de mercado porque dan certidumbre: una puntuación, una previsión. Si alguien nos pregunta por qué decidimos lo que decidimos, podemos responder con un número. Pero lo cierto es que para las decisiones más importantes no hay certeza. Kenna respondió mal en la investigación del mercado. ¿Pero eso qué importa? Su música era nueva y diferente, y lo nuevo y lo diferente es siempre lo más vulnerable en la investigación de mercados.

EL DON DE LA EXPERIENCIA

Un luminoso día de verano quedé para almorzar con dos mujeres que dirigían una empresa de Nueva Jersey llamada Sensory Spectrum. Se llamaban Gail Vance Civille y Judy Heylmun, y se ganaban la vida probando comida. Si la empresa Frito-Lay, por ejemplo, tiene un nuevo tipo de tortillas mexicanas para aperitivo, querrá saber si el prototipo encaja en su línea de tortillas. ¿Es muy distinta de otras variedades de Doritos? ¿Cómo es en comparación con los aperitivos de Cape Cod? ¿Habría que añadirles un poco de sal? Para resolver estas dudas, envían los aperitivos a Civille y Heylmun.

Desde luego, almorzar con unas profesionales del análisis sensorial de alimentos es un poco arriesgado.

Después de darle muchas vueltas, me decidí por un restaurante céntrico de Manhattan llamado Le Madri, uno de esos sitios en los que tardan cinco minutos en decir la lista de sugerencias del día no incluidas en la carta. Cuando llegué, Heylmun y Civille, dos elegantes profesionales vestidas con ropa formal de trabajo, estaban ya sentadas y habían hablado con el camarero. Civille me recitó de memoria los platos que no estaban en la carta. Naturalmente, tardamos mucho en decidirnos. Heylmun eligió un plato de pasta precedido por una sopa de calabaza al horno aderezada con apio y cebolla, y después unos frijoles cocinados con crema fresca y tocino, acompañados por dados de calabaza, hojas de salvia fritas y semillas de calabaza tostadas. Civille tomó una ensalada, luego un arroz con mejillones Príncipe Eduardo y almejas de Manila con un toque de tinta de calamar (en Le Madri son raros los platos que no tienen «un toque» o que no están adornados con alguna «reducción»). Después de pedir, el camarero trajo una cuchara para la sopa de Heylmun, y Civille pidió otra para ella. «Lo compartimos todo», le informó.

«Debería vernos cuando salimos en grupo con la gente de Sensory», comentó Heylmun. «Nos pasamos los platos del pan y al final cada uno tiene la mitad de lo que había pedido y un poco de lo que han pedido los demás».

Llegó la sopa. Las dos la probaron. «Mmmm… es fantástica», dijo Civille elevando la mirada al cielo. Me pasó la cuchara para que la probase. Heylmun y Civille comían tomando pequeños bocados rápidos y, al mismo tiempo, hablaban y se interrumpían como viejas amigas, saltando de un tema a otro. Eran muy divertidas y hablaban muy deprisa. Pero la charla nunca se imponía a la comida, sino al revés: parecía que hablaban sólo para estimularse antes de probar el siguiente bocado, y cuando lo tomaban, sus caras reflejaban la mayor concentración. Heylmun y Civille no se limitan a comer. Piensan en la comida. Sueñan con la comida. Comer con ellas es como ir a comprar un violonchelo con Yo-Yo Ma o como pasarse por casa de Giorgio Armani por la mañana mientras decide lo que va a ponerse. «Mi marido dice que vivir conmigo es como estar en una degustación permanente», comentó Civille. «En mi familia están hartos. ¡Deja de hablar de lo mismo! ¿Recuerda la escena de la cafetería en la película *Cuando Harry encontró a Sally*? Eso es lo que siento por la comida cuando es buena de verdad».

El camarero vino a proponernos los postres: *crème brûlée*, sorbete de mango y chocolate o helado de fresa, azafrán, maíz dulce y vainilla. Heylmun pidió el helado de vainilla y el sorbete de mango, pero no sin antes sopesar durante mucho tiempo la opción de la *crème brûlée*. «La *crème brûlée* es la prueba de fuego de cualquier restaurante», afirmó. «Depende de la calidad de la vainilla. No me gusta la *crème brûlée* adulterada, porque entonces no se puede saborear la calidad de los ingredientes». Civille pidió un café solo. Al tomar el primer sorbo, hizo un gesto de sobresalto casi imperceptible. «Es bueno, pero no extraordinario», dijo. «Le falta la textura vinosa y tiene demasiada madera.»

Entonces Heylmun empezó a hablar de «recuperación», una práctica habitual en algunas fábricas de productos alimenticios que consiste en reciclar ingredientes sobrantes o rechazados de un lote de producción incorporándolos a otro. «Dame una galleta o un aperitivo», comentó, «y no sólo te diré de qué fábrica ha salido, sino además el tipo de recuperación que han usado». Civille intervino para decir que la noche anterior había comido dos galletas (y nombró dos marcas destacadas). «Pude *saborear* la recuperación», añadió, y cambió de expresión. «Hemos dedicado muchos años a desarrollar esta destreza», continuó. «Veinte años. Es como la formación de un médico. Primero está en prácticas y luego es residente. Repites y repites hasta que puedes fijarte en algo y decir de manera muy objetiva cuánto tiene de dulce, o de amargo, o de acaramelado o de carácter cítrico; y dentro de los cítricos, distingues entre el limón, la lima, la uva y la naranja».

En otras palabras: Heylmun y Civille son expertas. ¿Las habría confundido el Reto Pepsi? Por supuesto que no. Y tampoco se habrían dejado arrastrar por el envase de Christian Brothers ni habrían sucumbido fácilmente ante la confrontación entre lo que de verdad no les gustaba y lo que era simplemente inusual. El don de su experiencia estriba en que tienen un conocimiento muy superior de lo que ocurre tras la puerta cerrada del inconsciente. Ésta es la última lección del caso Kenna y la más importante, ya que explica por qué es un error primar tan claramente los resultados de la investigación de mercado sobre las reacciones entusiastas de los especialistas del sector, el público del Roxy y los espectadores de MTV2. Las primeras impresiones de los expertos son distintas. No quiero decir con esto que los expertos tengan gustos distintos del resto de la gente, aunque esto sea innegable. Cuando somos expertos en algo, nuestros gustos se vuelven más refinados y complejos. Lo que quiero decir es que los únicos que pueden confiar de verdad en sus reacciones son los expertos.

Jonathan Schooler, de quien ya he hablado en el capítulo anterior, hizo en cierta ocasión un experimento con Timothy Wilson que ilustra muy bien la diferencia. Esa vez se trataba de mermelada de fresa. *Consumer Reports* reunió un panel de expertos en alimentación y les pidió que ordenasen 44 marcas distintas de mermelada de fresa de mayor a menor, de acuerdo con mediciones muy específicas de textura y sabor. Wilson y Schooler tomaron las mermeladas que habían quedado en las posiciones 1, 11, 24, 32 y 44 —Knott's Berry Farm, Alpha Beta, Featherweight, Acme y Sorrell Ridge— y las presentaron ante un grupo de estudiantes de instituto. Querían averiguar en qué medida se aproximaban las puntuaciones de los estudiantes a las asignadas por los expertos. El resultado fue que se aproximaban mucho. Los estudiantes colocaron Knott's Berry Farm en segundo lugar y Alpha Beta en el primer puesto (invirtieron el orden de los expertos). Éstos y los estudiantes estuvieron de acuerdo en que Featherweight fuese la número tres. Y, como los expertos, los alumnos pensaron que Acme y Sorrell Ridge eran claramente inferiores a las otras, aunque los primeros consideraron que la última era peor que la Acme, mientras los estudiantes las clasificaron al revés. Los científicos utilizan una prueba llamada correlación para medir la exactitud con que un factor predice otro y, en conjunto, las puntuaciones de los estudiantes mantuvieron una correlación con las otorgadas por los expertos de 0.55, que es un valor muy alto. Lo que esto indica es que nuestras reacciones ante la mermelada son muy buenas; incluso quienes no somos expertos en estos productos reconocemos una buena confitura cuando la probamos.

¿Pero qué ocurriría si les presentase un cuestionario y les pidiera que enumerasen los motivos por los que prefieren una mermelada a otra? Sería un desastre. Wilson y Schooler pidieron a otro grupo de estudiantes que justificase por escrito las puntuaciones que había dado, y esta vez la Knott's Berry Farm, la mejor según los expertos, apareció en penúltimo lugar, y la Sorrell Ridge, la peor según los expertos, apareció en tercer lugar. La correlación bajó hasta 0.11, lo que significa para todos los efectos que las evaluaciones de los estudiantes no tenían casi nada que ver con las de los expertos. Esto recuerda los experimentos de Schooler que he descrito en ocasión del caso Van Riper, en los que la introspección destruía la capacidad de las personas para resolver problemas que exigen perspicacia. Al hacerles pensar en las mermeladas, Wilson y Schooler transformaron a los estudiantes en tontos para la evaluación de esos productos.

Ya he hablado de las cosas que deterioran nuestra capacidad para resolver problemas. Ahora quiero hablar de la pérdida de una capacidad mucho más importante: la de conocer nuestro propio pensamiento. Además, en este caso tenemos una explicación mucho más concreta de por qué la introspección confunde nuestras reacciones.

Lo que ocurre es, sencillamente, que no tenemos ninguna forma de explicar lo que nos hace sentir la mermelada. Sabemos de manera inconsciente cuál es la buena: Knott's Berry Farm. Pero de repente se nos pide que expongamos por qué pensamos eso basándonos en una lista de términos que no tienen sentido para nosotros. La textura, por ejemplo. ¿Qué significa? Quizá no nos hayamos preguntado nunca por la textura de una mermelada y, sin duda, no sabemos qué significa; además, es posible que en el fondo no nos importe mucho la textura. Pero ahora ha aparecido en nuestra mente la idea de textura, y pensamos en ella y decidimos que parece un poco extraña y que, en definitiva, quizá no nos guste esta mermelada. Como observó Wilson, lo que ocurre es que encontramos una razón admisible por la que algo nos gusta o nos disgusta, y a continuación ajustamos nuestras auténticas preferencias para adecuarlas a esa razón.

En cambio, los expertos en mermeladas no tienen ninguna dificultad para explicar sus sensaciones. Los degustadores profesionales tienen un vocabulario muy específico que les permite describir con exactitud sus reacciones ante los distintos alimentos. La mayonesa, por ejemplo, se valora en función de seis dimensiones de aspecto (color, intensidad del color, gama de colores, brillo, presencia de grumos y burbujas), 10 dimensiones de textura (adherencia a los labios, firmeza, densidad, etc.) y 14 de sabor, divididas en tres grupos: aroma (a huevo, a mostaza, etc.), sabores básicos (salado, ácido y dulce) y componentes químicos (ardiente, picante, astringente). Cada uno de estos factores se valora sobre una escala de 15 puntos. Si, por ejemplo, quisiéramos describir la textura oral de algo, uno de los atributos en que hemos de fijarnos es su carácter escurridizo. En una escala de 15 puntos, en la que cero es «nada escurridizo» y 15 «muy escurridizo», los alimentos infantiles de carne y jugo de carne de Gerber tienen una puntuación de dos; el yogur de vainilla Whitney, de 7.5, y el batido Miracle, de 13. Si probaran algo no tan escurridizo como el batido Miracle pero más que el yogur de vainilla Whitney, podrían atribuirle 10 puntos. Otro aspecto es el carácter crujiente, que alcanza dos puntos en el caso de las barras de chocolate bajas en grasa de Quaker, cinco en el de los aperitivos Keebler Cluc y 14 en el de los copos de maíz Kellogg's. Todos los productos del supermercado pueden analizarse con arreglo a estas variables, que con el paso de los años acaban por incorporarse al inconsciente del experto analista. «Hicimos las galletas Oreo», dijo Heylmun, «y las descompusimos en 90 atributos de aspecto, sabor y textura». Hizo una pausa, y estoy seguro de que estaba recreando mentalmente el gusto de una Oreo. «Resultó que hay 11 atributos que probablemente son cruciales».

Nuestras reacciones inconscientes proceden de una sala cerrada en cuyo interior no podemos mirar. Pero con la experiencia aprendemos a usar nuestro comportamiento y nuestra formación para interpretar y descodificar lo que hay detrás de nuestros juicios instantáneos y primeras impresiones. Es algo muy parecido a lo que se hace ante el psicoanalista: durante años se analiza el inconsciente con ayuda de un terapeuta experto hasta que se empieza a comprender cómo funciona el pensamiento. Heylmun y Civille han hecho lo mismo, aunque en lugar de psicoanalizar sus sentimientos han psicoanalizado los sentimientos que les inspiran la mayonesa y las galletas Oreo.

Todos los expertos hacen esto, formal o informalmente. Gottman no estaba conforme con sus reacciones instintivas ante las parejas. Por tanto, grabó en video a miles de hombres y mujeres, analizó cada segundo de las cintas y pasó los datos por una computadora; ahora puede sentarse junto a una pareja en un restaurante y seleccionar unos cuantos datos reveladores sobre su matrimonio para extraer conclusiones sobre el mismo con la mayor seguridad. A Vic Braden, el entrenador de tenis, lo frustraba saber que un jugador estaba a punto de cometer doble falta y no saber por qué lo sabía. Ahora se ha asociado con expertos en biomecánica que están filmando y analizando digitalmente a tenistas profesionales en el momento del saque para averiguar cuál es el aspecto del saque que Braden capta de forma inconsciente. ¿Por qué quedó Thomas Hoving tan convencido en sólo dos segundos de que el kurós del Museo Getty era falso? Porque durante su vida había contemplado innumerables esculturas antiguas y había aprendido a entender e interpretar esa primera impresión que cruzó su mente. «Durante mi segundo año en el Museo Metropolitano de Arte de Nueva York tuve la suerte de contar con un conservador europeo que estuvo prácticamente todo el tiempo conmigo», afirma. «Pasamos una tarde tras otra sacando objetos de las cajas y colocándolos en la mesa. Trabajábamos en los almacenes, y había miles de objetos. Todos los días nos quedábamos hasta las 10, y no sólo para echar una ojeada de rutina. Estudiábamos las cosas con mucha atención, una y otra vez». En aquellas noches que pasó en el almacén construyó en su inconsciente una especie de base de datos. Aprendió a emparejar la sensación que le producía un objeto con lo que había aprendido formalmente sobre su estilo, sus antecedentes y su valor. Siempre que nos topamos con algo que conocemos bien, que dominamos, esa experiencia y esa pasión cambian de manera fundamental nuestras primeras impresiones.

Esto no significa que cuando nos encontramos fuera de nuestros ámbitos de pasión y experiencia nuestras reacciones sean invariablemente erróneas. Sólo significa que son superficiales. Son difíciles de explicar y fáciles de alterar. No están asentadas en un conocimiento auténtico. ¿Creen ustedes, por ejemplo, que sabrían describir con exactitud la diferencia entre la Coca-Cola y la Pepsi-Cola? Resulta sorprendentemente difícil. Los profesionales del análisis de alimentos, como Civille y Heylmun, utilizan una escala llamada DOD, *degree-of-difference* (que llamaremos GdD, grado de diferencia, en castellano), para comparar productos de la misma categoría. La escala va de cero a 10; 10 corresponde a dos cosas completamente distintas, y uno o dos a diferencias de producción entre dos lotes de un mismo producto. Las patatas fritas Wise's y Lay's, por ejemplo, tienen un valor GdD de ocho. («¡Dios mío, qué diferentes son!», exclama Heylmun. «Las Wise's son oscuras, y las Lay's, uniformes y claras»). Las cosas con un GdD de cinco o seis son mucho más parecidas, pero aún es posible diferenciarlas. La Pepsi-Cola y la Coca-Cola tienen una puntuación de cuatro, y en algunos casos la diferencia es aún menor; sobre todo si los refrescos han envejecido un poco, el grado de carbonatación ha disminuido y la vainilla ha adquirido una presencia más acusada y abrupta.

Esto significa que si se nos pregunta lo que pensamos de la Coca-Cola y la Pepsi-Cola, nuestras respuestas tendrán poca utilidad. Podemos decir si nos gusta. Podemos hacer algunos comentarios vagos y generales sobre el grado de carbonatación o el sabor o la dulzura o la acidez. Pero con un valor GdD de cuatro, sólo algunos expertos en refrescos de cola son capaces de captar los delicados matices que diferencian un refresco del otro.

Supongo que algunos de ustedes, en particular los consumidores empedernidos de refrescos de cola, discrepan en este punto. Estoy siendo un poco ofensivo. Ustedes creen que son perfectamente capaces de diferenciar la Pepsi-Cola de la Coca-Cola. De acuerdo; admitamos que son capaces de diferenciar una de otra, incluso cuando el GdD resulta alrededor de cuatro. Pero pónganse a prueba. Pídanle a un amigo que llene un vaso de Pepsi y otro de Coca-Cola y traten de identificarlas. Supongamos que aciertan. Enhorabuena. Repitan ahora la prueba con una ligera variante: pídanle a su amigo que llene tres vasos, dos con una de las colas y el tercero con la otra. En el sector de los refrescos, esto se llama «prueba triangular». Además, no tendrán que diferenciar la Coca-Cola de la Pepsi-Cola, sino únicamente decir cuál de las tres bebidas es distinta de las otras dos. Lo crean o no, averiguarlo les resultará increíblemente difícil. Si se hace esta prueba con un millar de personas, sólo poco más de un tercio dará la respuesta correcta, una proporción no muy superior a la del mero azar; daría lo mismo echarlo a suertes.

Cuando oí hablar por vez primera de las pruebas triangulares, decidí hacer un ensayo con un grupo de amigos. Ninguno de ellos acertó. Se trataba de personas con un nivel de instrucción elevado, reflexivas y en su mayor parte bebedores habituales de refrescos de cola, y no podían creer el resultado. Se levantaban y se sentaban, me acusaron de hacer trampa, arguyeron que debía de haber pasado algo raro con los embotelladores de Pepsi-Cola y Coca-Cola, dijeron que había manipulado el orden de los vasos para ponerles las cosas más difíciles. Pero ninguno quiso admitir la verdad: que su conocimiento de los refrescos de cola era increíblemente superficial. Con dos refrescos, todo lo que debemos hacer es comparar las dos primeras impresiones. Pero con tres vasos tenemos que aprender a describir y retener en la memoria el sabor de los dos refrescos y transformar una percepción sensorial fugaz en algo permanente; y eso exige conocer y dominar el vocabulario del gusto. Heylmun y Civille son capaces de superar la prueba triangular con brillantez, porque sus conocimientos aportan persistencia a su primera impresión. El caso de mis amigos era otro. Podían beber muchos refrescos de cola, pero jamás habían pensado en ellos. No eran expertos, y obligarlos a serlo, exigirles demasiado, es hacer sus reacciones inútiles.

¿No es esto lo que pasó con Kenna?

«No hay derecho a lo que te están haciendo las discográficas»

Después de años de arranques y paradas, Kenna acabó por firmar con Columbia Records. Lanzó un álbum llamado *New Sacred Cow* [La nueva vaca sagrada]. Hizo su primera gira, durante la cual tocó en 14 ciudades del Oeste y el Medio Oeste de Estados Unidos. Fue un principio modesto; actuaba como telonero de otro grupo y tocaba durante 35 minutos. Muchos de los asistentes ni siquiera se habían dado cuenta de que estaba en el cartel. Pero cuando lo escuchaban, quedaban entusiasmados. También rodó un video de una de sus canciones, que recibió un premio en VH-1. Las emisoras de radio universitarias empezaron a emitir *New Sacred Cow*, que comenzó a subir en las listas de los centros de enseñanza. Luego le hicieron algunas entrevistas por televisión. Pero el premio gordo no acababa de llegarle. Su álbum no despegaba porque no conseguía que lo transmitiesen en *Top 40*.

Siempre la misma historia. A quienes eran como Gail Vance Civille y Judy Heylmun, Kenna les encantaba. Craig Kallman escuchó su maqueta, llamó por teléfono y dijo: «Quiero verlo *ahora*». Fred Durst escuchó una de sus canciones por teléfono y decidió que eso era lo que buscaba. Paul McGuinness lo llevó a Irlanda. A quienes sabían estructurar sus primeras impresiones, a quienes tenían el vocabulario necesario para captarlas y la experiencia para entenderlas, Kenna les gustaba, y en un mundo perfecto eso habría contado más que los cuestionables resultados del estudio de mercado. Pero el mundo de la radio no acumulaba tantos conocimientos como el de la comida o el de los fabricantes de muebles de Herman Miller. En la radio prefieren un sistema que no puede medir lo que promete medir.

«Supongo que fueron a sus grupos de muestra y que allí les dijeron que no iba a ser un éxito. No querían invertir dinero en algo que no superaba la prueba», dice Kenna. «Pero esta música no funciona así. Esta música exige fe. Claro que al negocio de la música ya no le interesa la fe. Es absolutamente frustrante, y también abrumador. No puedo dormir. No dejo de darle vueltas. Pero al menos puedo tocar, y la respuesta de la gente es tan enorme y tan hermosa, que me da fuerzas para levantarme al día siguiente y continuar luchando. Vienen a verme después de los conciertos y me dicen: "No hay derecho a lo que te están haciendo las discográficas, pero estamos aquí por ti y se lo estamos contando a todo el mundo"».

6

Siete segundos en el Bronx:
el delicado arte de leer el pensamiento

La manzana 1100 de la Avenida Wheeler, que se encuentra en el barrio de Soundview, al sur del Bronx, está formada por casas y apartamentos modestos de dos pisos que dan a una calle estrecha. En uno de los extremos está la bulliciosa Avenida Westchester, la principal arteria comercial del barrio, y a partir de ahí la calle se prolonga unos 200 metros, flanqueada por árboles y dobles filas de coches estacionados. Los edificios se construyeron a principios del siglo pasado. Muchos de ellos tienen la fachada de ladrillo rojo con adornos y cuatro o cinco escalones que conducen a la entrada principal. Es un barrio pobre de clase obrera, en el que, en los últimos años noventa, prosperó el tráfico de droga, sobre todo en la Avenida Westchester y, una calle más allá, en la Avenida Elder. Soundview es el tipo de lugar al que iría un inmigrante en Nueva York que quisiera vivir en un sitio barato y cercano al metro, y eso fue lo que llevó a Amadou Diallo hasta la Avenida Wheeler.

Diallo era de Guinea. En 1999 tenía 22 años y trabajaba en el sur de Manhattan como vendedor ambulante de cintas de video, calcetines y guantes, que extendía sobre la acera de la calle 14. Era un joven bajito y sencillo, de un metro setenta de estatura y unos sesenta y ocho kilos. Vivía en el 1157 de Wheeler, en el segundo piso de una de las estrechas casas de apartamentos de la calle. La noche del 3 de febrero de 1999, Diallo volvió a su departamento poco antes de medianoche, charló un rato con sus compañeros de habitación y luego bajó a la entrada principal de la casa, y allí, de pie sobre el escalón superior, permaneció tomando el fresco. Unos cuantos minutos más tarde, un Ford Taurus camuflado giró lentamente hacia la Avenida Wheeler con un grupo de agentes de policía vestidos de paisano en el interior del automóvil. Eran cuatro: todos blancos; todos con pantalones de mezclilla, sudaderas, gorras de beisbol y chalecos antibalas, y todos con pistolas semiautomáticas de 9 milímetros especiales para policías. Los agentes pertenecían a la denominada Unidad contra la Delincuencia Callejera, una sección especial del Departamento de Policía de Nueva York dedicada a patrullar por los «puntos conflictivos» de delincuencia en los barrios más pobres de la ciudad. Conducía el Taurus Ken Boss, de 26 años. Junto a él iba Sean Carroll, de 35, y el asiento trasero lo ocupaban Edward McMellon, de 26, y Richard Murphy, también de 26.

Carroll fue el primero que vio a Diallo. «Un momento, un momento», dijo a los otros ocupantes del coche. «¿Qué hace ese tipo ahí?». Carroll explicaría posteriormente que le pasaron dos pensamientos por la cabeza. Uno fue que Diallo podría estar vigilando para algún ladrón de los que entran a robar en los pisos haciéndose pasar por una visita. El otro fue que Diallo encajaba con la descripción de un violador múltiple que había estado actuando en el barrio hacía un año. «Estaba ahí, de pie», recordó Carroll. «Ahí, de pie sobre el escalón, mirando a uno y otro lado de la calle, asomando la cabeza y luego apoyándola contra la pared. En cuestión de segundos hizo lo mismo otra vez, miró hacia abajo, miró hacia la derecha. Y pareció que se metía en el portal cuando nos aproximábamos, como si no quisiera que le viéramos. Entonces, al pasar por delante, yo le miré, intentando averiguar qué pasaba. ¿Qué trama el tipo?».

Boss detuvo el coche y retrocedió hasta que el Taurus quedó justo enfrente del 1157 de Wheeler. Diallo seguía allí, lo cual, según afirmó más tarde Carroll, «le sorprendió». «Pensé que, bueno, que no cabía duda de que algo pasaba allí». Carroll y McMellon salieron del coche. «¡Policía!», grito McMellon, mostrándole la placa a Diallo. «¿Podemos hablar?». El joven no contestó. Más tarde se supo que era tartamudo, de modo que bien pudo haber intentado decir algo, aunque sin conseguirlo. Además, no hablaba bien inglés y corría el rumor de que un grupo de hombres armados habían robado hacía poco a un conocido suyo, de modo que debía sentirse aterrorizado: allí estaba, fuera de su casa, en un mal barrio y pasada la medianoche, mientras dos hombres muy corpulentos, con gorras de beisbol y el pecho hinchado por los chalecos antibalas, avanzaban hacia él a grandes zancadas. Diallo se quedó quieto un instante y a continuación entró corriendo en el portal. Carroll y McMellon salieron corriendo tras él. Diallo llegó a la puerta interior y asió el picaporte con la mano izquierda, según declararon más tarde los agentes, mientras giraba el cuerpo hacia un lado y se metía la otra en el bolsillo «rebuscando». «¡Que yo te vea las manos!», gritó Carroll.

McMellon también gritaba: «¡Saca las manos de los bolsillos. No me obligues a matarte, carajo!». Pero Diallo estaba cada vez más nervioso, y Carroll comenzaba a estarlo también, ya que le parecía que giraba el cuerpo hacia un lado porque quería esconder lo que estaba haciendo con la mano derecha.

«Nos encontrábamos probablemente en la parte superior de las escaleras del portal, intentando atraparle antes de que entrara por esa puerta», recordó Carroll. «El sujeto se volvió y nos miró. Aún tenía la mano en el picaporte. Entonces empezó a sacar un objeto negro del lado derecho. Conforme extraía ese objeto, lo único que pude ver fue la parte superior de… parecía la corredera de un arma negra. Mi experiencia y mi formación previas, así como mis anteriores arrestos, me decían que esa persona estaba sacando un arma».

Carroll gritó: «¡Un arma! ¡Tiene un arma!». Diallo no se detuvo. Siguió sacando algo del bolsillo y empezó a levantar el objeto en dirección a los policías. Carroll abrió fuego. McMellon retrocedió instintivamente y se cayó, disparando a la vez, por el tramo de escaleras hasta dar de espaldas en el descansillo. Como las balas rebotaban por todo el portal, Carroll pensó que procedían del arma de Diallo, y cuando vio a McMellon volando hacia atrás, supuso que era por el impacto recibido por su compañero, de modo que siguió disparando, procurando apuntar, como les enseñan a los policías, al «centro de la masa». Había trozos de cemento y astillas volando en todas direcciones, y el aire estaba electrizado por los destellos que salían de las bocas de las pistolas y las chispas de las balas.

Boss y Murphy salieron también del coche y se dirigieron corriendo al edificio. Más adelante, cuando los cuatro agentes fueron procesados por homicidio en primer grado y asesinato en segundo grado, Boss declaró: «Vi que Ed McMellon, que estaba en el lado izquierdo del portal, de pronto salió volando escaleras abajo. Mientras, Sean Carroll, que estaba a la derecha, bajó por las escaleras. Era una auténtica locura. Él iba bajando por las escaleras, y era… era tan intenso… Hacía todo lo que podía para retirarse de esas escaleras. Y Ed estaba en el suelo. Los disparos continuaban. Yo corría, iba de un lado a otro. Y Ed, alcanzado por un tiro. Eso es todo lo que pude ver. Ed estaba disparando con su arma. Sean disparaba en dirección al portal… y entonces fue cuando vi al señor Diallo. Estaba al fondo del portal, en la parte trasera, junto a la pared donde está la puerta interior. Estaba ligeramente hacia un lado de esa puerta y agachado. Agachado y con la mano fuera, y yo vi un arma. Entonces dije: "¡Dios mío, voy a morir!". Disparé. Disparé el arma mientras iba retrocediendo, hasta que di un salto hacia la izquierda y me quedé fuera de la línea de fuego… Diallo estaba en cuclillas. La espalda erguida. Y lo que parecía era alguien que intentaba hacer blanco en algo más pequeño. Parecía que estaba en posición de combate, la misma que me enseñaron a mí en la academia de policía».

En ese momento, el abogado que estaba interrogando a Boss lo interrumpió:

—¿Y cómo tenía la mano?
—Fuera.
—¿Del todo?

—Del todo.

—Y usted vio que tenía un objeto en la mano, ¿verdad?

—Sí, creí ver que tenía un arma en la mano… Lo que yo vi fue el arma entera. Un arma cuadrada. En una fracción de segundo, tras el tiroteo, el humo y Ed Mc-Mellon derribado en el suelo, lo que a mí me pareció fue que él empuñaba un arma con la que acababa de disparar a Ed, y el siguiente sería yo.

Carroll y McMellon dispararon 16 tiros cada uno: todo el cargador. Boss disparó cinco veces. Murphy, cuatro. Entonces se hizo el silencio. Con las armas desenfundadas, subieron las escaleras y se acercaron a Diallo. «Le vi la mano derecha», diría Boss más tarde. «Estaba fuera del bolsillo, con la palma abierta. Y lo que debería haber sido un arma era una cartera. Dije: "¿Dónde diablos está el arma?"».

Boss salió corriendo calle arriba, hacia la Avenida Westchester, porque con el tiroteo y los gritos había perdido a sus compañeros. Más tarde, cuando llegaron las ambulancias, estaba tan destrozado que no podía ni hablar.

Carroll se sentó en un escalón, junto al cuerpo de Diallo acribillado a balazos, y empezó a llorar.

TRES ERRORES FATALES

Tal vez las formas más comunes, y las más importantes, de la cognición rápida sean los juicios que elaboramos y las impresiones que nos formamos de los demás.

Cada minuto que pasamos en presencia de alguien, hacemos fluir una corriente constante de predicciones y deducciones acerca de lo que esa persona está pensando y sintiendo. Cuando alguien dice: «Te quiero», le miramos a los ojos para juzgar si lo dice con sinceridad. Cuando conocemos a alguien, solemos percibir señales sutiles que nos permiten afirmar más tarde: «Me parece que no le he gustado» o «No me parece que sea muy feliz», aunque esa persona haya hablado en tono normal y amistoso. A partir de la expresión facial nos resulta fácil analizar rasgos distintivos complejos. Si, por ejemplo, me vieran sonreír y con los ojos chispeantes, dirían que me estoy divirtiendo. Pero si me vieran asentir con la cabeza y sonreír exageradamente, con los labios apretados, pensarían que me han tomado el pelo y que estoy respondiendo con sarcasmo. Si mirara a alguien, le sonriera ligeramente y luego mirara hacia abajo y apartara la vista, pensarían que estoy coqueteando. Si hiciera un comentario e inmediatamente después sonriera unos instantes y a continuación asintiera con la cabeza o la ladeara, podrían deducir que acabo de decir algo un poco duro e intento suavizar lo dicho. Para llegar a tales conclusiones, no necesitarían oír lo que yo digo. Llegarían y ya está, en un abrir y cerrar de ojos. Si se acercaran a una niña de un año que está sentada en el suelo, jugando, e hicieran algo un poco chocante, como cubrirle las manos con las suyas, la niña les miraría de inmediato a los ojos. ¿Por qué? Porque lo que acaban de hacer exige una explicación, y la niña sabe que puede encontrar la respuesta en su cara. Esta práctica de deducir los motivos e intenciones de los demás es un ejemplo clásico de selección de datos significativos. Consiste en captar indicios sutiles y fugaces que nos permitan leer la mente de alguien, y no hay, prácticamente, otro impulso tan básico y automático que, además, nos salga tan bien sin esfuerzo alguno. Ahora bien, en la madrugada del 4 de febrero de 1999, los cuatro agentes que patrullaban por la Avenida Wheeler fallaron en esta labor tan esencial. No leyeron el pensamiento a Diallo.

En primer lugar, Sean Carroll vio a Diallo y dijo a los demás ocupantes del vehículo: «¿Qué hace ese tipo ahí?». La respuesta era que Diallo había salido a tomar el fresco. Pero Carroll lo clasificó al instante y decidió que parecía sospechoso. Ése fue el primer error. A continuación, dieron marcha atrás con el coche y Diallo no se movió. Carroll diría más tarde que eso «lo sorprendió»: ¡Qué tipo tan descarado, que ni siquiera corría al ver a la policía! Diallo no era descarado. Era curioso. He aquí el segundo error. Después, Carroll y Murphy avanzaron hacia Diallo y vieron que éste giraba el cuerpo ligeramente hacia un lado y hacía ademán de meter la mano en el bolsillo. En esa fracción de segundo decidieron que era peligroso. Pero no lo era. Estaba aterrorizado. Ése fue el tercer error. Por lo común, no tenemos dificultad alguna para distinguir, en un abrir y cerrar de ojos, entre alguien que es desconfiado y alguien que no lo es, entre alguien que es descarado y alguien que es curioso y, lo más fácil de todo, entre alguien aterrorizado y alguien peligroso; cualquiera que vaya caminando por una calle de una ciudad avanzada ya la noche no deja de hacer esas cavilaciones instantáneas. En todo caso, esa capacidad humana tan básica les falló a los agentes esa noche por alguna razón. ¿Por qué?

Este tipo de equivocaciones no son acontecimientos anómalos. Todos cometemos errores al leer el pensamiento. Son el origen de incontables riñas, desacuerdos, malentendidos y sentimientos heridos. Aun así, por su carácter instantáneo y misterioso, no sabemos en realidad cómo comprender tales errores. En las semanas y los meses posteriores al asesinato de Diallo, por ejemplo, conforme fue apareciendo el caso en las portadas de todo el mundo, la polémica sobre lo sucedido aquella noche fue pasando de un extremo a otro. Hubo quienes afirmaron que sólo fue un terrible accidente, una consecuencia inevitable del hecho de que los agentes de policía a veces tienen que tomar decisiones sobre cuestiones de vida o muerte en condiciones de incertidumbre. Ésa fue la conclusión a la que llegó el jurado del caso Diallo, de modo que Boss, Carroll, McMellon y Murphy fueron absueltos de los cargos de asesinato. Del otro lado estaban los que consideraron lo que pasó como un caso clarísimo de racismo. Se produjeron protestas y manifestaciones por toda la ciudad. Diallo se convirtió en un mártir. La Avenida Wheeler pasó a llamarse Plaza de Amadou Diallo. Bruce Springsteen escribió y cantó una canción en su honor titulada *41 Shots* [41 disparos], cuyo estribillo dice así: «Te pueden matar sólo por vivir en tu piel americana».

Ninguna de estas explicaciones, sin embargo, es muy satisfactoria. No había pruebas de que los cuatro agentes del caso Diallo fueran malas personas, ni racistas, ni de que fueran por Diallo. Por otra parte, parece erróneo llamar «simple accidente» al asesinato, puesto que la labor policial no fue precisamente ejemplar. Los agentes hicieron una serie de juicios erróneos cruciales, el primero de los cuales fue suponer que un hombre que estaba tomando el fresco a la puerta de su casa era un posible criminal.

En otras palabras: el asesinato de Diallo se puede clasificar como perteneciente a una especie de zona gris, un terreno intermedio entre lo deliberado y lo accidental. Los errores al leer el pensamiento a veces son así. No siempre resultan tan espectaculares y obvios como otras fallas de la cognición rápida. Son sutiles, complejos y sorprendentemente comunes, y lo que sucedió en la Avenida Wheeler es un ejemplo muy claro de cómo funciona la lectura del pensamiento... y de cómo, en ocasiones, ésta fracasa estrepitosamente.

La teoría de la lectura del pensamiento

Buena parte de lo que sabemos acerca de la lectura del pensamiento se lo debemos a dos notables científicos, Silvan Tomkins y Paul Ekman, profesor y alumno respectivamente. Tomkins nació en Filadelfia a finales del siglo XIX y era hijo de un dentista ruso. Era bajito y grueso, tenía una melena rebelde de pelo blanco y llevaba unos enormes lentes negros con montura de plástico. Enseñaba psicología en Princeton y Rutgers y es el autor de *Affect, Imagery, Consciousness* [Afecto, imágenes, conciencia], una obra en cuatro volúmenes, tan densa que sus lectores estaban proporcionalmente divididos entre los que la entendían y pensaban que era brillante, y los que no la entendían y pensaban que era brillante. Era un conversador legendario. Al final de cualquier coctel podía tener a sus pies a una multitud de personas escuchándolo embelesada. Y alguna de ellas podía decir: «Otra pregunta», y todo el mundo se quedaba hora y media más mientras Tomkins pontificaba sobre, por ejemplo, los tebeos, una serie de televisión, la biología de las emociones, su problema con Kant y su entusiasmo por la última moda de las dietas, todo ello comprendido en una larga conferencia improvisada.

Durante la Depresión, en medio de sus estudios de doctorado en Harvard, trabajó como perito en una organización dedicada a las carreras de caballos, y su labor era tan satisfactoria que le permitía vivir en el Upper East Side de Manhattan. En el hipódromo, donde pasaba horas sentado en las tribunas observando con prismáticos los caballos, era conocido como «el profesor». «Tenía un sistema para predecir lo que haría un caballo en función de si éste estaba a un lado u otro de él, en función de su relación emocional con ellos», recuerda Ekman. Si un caballo, por ejemplo, había perdido frente a una yegua en su primer o segundo año, y Tomkins se dirigía a la puerta con una yegua junto a él, sería su ruina (o algo por el estilo, nadie sabe a ciencia cierta).

Tomkins creía que las caras, incluso las de los caballos, ofrecían claves inestimables de sus emociones y motivaciones interiores. Se decía que Tomkins podía entrar en una oficina de correos, dirigirse a los carteles de personas buscadas por la ley y, sólo con mirar las fotografías del archivo policial, deducir qué delitos habían cometido los prófugos. «Le gustaba el programa *To Tell the Truth* [Decir la verdad], y podía señalar siempre, sin fallar, qué personas mentían», recuerda su hijo Mark. «De hecho, llegó a escribir al realizador para decirle que era demasiado fácil, a lo que éste respondió invitándolo a que fuera a Nueva York, se colocara detrás del escenario e hiciera una demostración de sus habilidades». Virginia Demos, profesora de psicología en Harvard, recuerda las largas conversaciones que mantuvo con Tomkins durante la Convención Nacional Demócrata de 1988. «Nos sentábamos a hablar por teléfono y, por ejemplo, mientras Jesse Jackson hablaba con Michael Dukakis, Tomkins bajaba el volumen, leía las caras y emitía sus predicciones sobre lo que iba a suceder. Era impresionante».

Paul Ekman se encontró por vez primera con Tomkins a comienzos de la década de 1960. Ekman era entonces un joven psicólogo recién salido de la universidad que se interesaba por el estudio de las caras. ¿Las expresiones faciales de los seres humanos —se preguntaba— se rigen por una serie de reglas comunes? Silvan Tomkins dijo que sí. Pero la mayoría de los psicólogos dijo que no. La opinión ortodoxa de aquella época mantenía que las expresiones estaban determinadas por la cultura, es decir, que usamos nuestra cara de acuerdo con una serie de convenciones sociales aprendidas. Ekman no sabía qué punto de vista estaba en lo cierto, y para tomar una decisión viajó a Japón, Brasil y Argentina —incluso visitó a tribus remotas de las selvas de Extremo Oriente— con fotografías de hombres y mujeres con diversas expresiones características. Para su asombro, en todos los sitios a los que fue, la gente coincidió en el significado de esas expresiones. Así pues, se dio cuenta de que era Tomkins quien tenía razón.

Poco después, Tomkins visitó en su laboratorio de San Francisco a Ekman. Éste había encontrado algo más de 3 mil metros de película rodados por el virólogo Carleton Gajdusek en las lejanas selvas de Papúa Nueva Guinea. Algunas de las secuencias estaban dedicadas a la tribu de los fore, formada por gente pacífica y amable. El resto era sobre los kukukuku, tribu hostil y asesina con un ritual homosexual en el que unos niños preadolescentes tenían que ofrecer favores sexuales a los patriarcas del grupo. Ekman y su colaborador Wallace Friesen se pasaron seis meses ordenando el material, cortando las escenas superfluas y dejando sólo los primeros planos de las caras de los miembros de la tribu para comparar las expresiones faciales de los dos grupos.

Mientras Ekman preparaba el proyector, Tomkins se quedó esperando en el fondo de la habitación. No había sido informado de nada en relación con las tribus que tomaban parte; cualquier contexto que facilitara la identificación se había eliminado. Tomkins observó con ojos escrutadores a través del cristal de sus gafas. Cuando acabó la filmación, se acercó a la pantalla y señaló las caras de los fore. «Éstas son gentes dulces y delicadas, muy indulgentes, muy pacíficas», dijo. Acto seguido señaló las caras de los kukukuku. «Este otro grupo es violento, y hay muchos indicios que revelan homosexualidad». Todavía hoy, transcurrido un tercio de siglo desde entonces, Ekman no ha podido olvidar lo que hizo Tomkins. «¡Dios mío! Recuerdo, como si lo estuviera viendo, que dije: "Silvan, ¿cómo demonios lo haces?" Mientras pasábamos la película hacia atrás a cámara lenta, Tomkins se acercó a la pantalla y señaló las protuberancias y los pliegues especiales que había en las caras en las que había basado su juicio. Fue entonces cuando me di cuenta de que tenía que descomponer la cara en sus partes. Ese hombre era una mina de oro de información a quien nadie hizo caso. Él pudo verlo, y si él pudo, tal vez los demás también puedan».

Ekman y Friesen decidieron, en ese momento y en ese lugar, elaborar una taxonomía de las expresiones faciales. Repasaron de arriba abajo los manuales médicos que describían los músculos faciales e identificaron cada uno de los movimientos musculares específicos que podía hacer una cara. Eran 43, y los denominaron unidades de acción. A continuación se pasaron días sentados frente a frente, manipulando una por una cada unidad de acción, ubicando primero el músculo en sus mentes y concentrándose después en aislarlas unas de otras, sin perder detalle de lo que el otro hacía, comprobando los movimientos en un espejo, tomando notas de cómo cambiaba el patrón de las arrugas con cada movimiento muscular y grabando en video el movimiento para que quedara registrado. En las escasas ocasiones en que no podían hacer un movimiento concreto, acudían al departamento de anatomía de la Universidad de California en San Francisco, que estaba al lado, y allí un cirujano que conocían les clavaba una aguja y estimulaba con electricidad el músculo recalcitrante. «Era muy desagradable», recuerda Ekman.

Una vez dominadas cada una de tales unidades de acción, Ekman y Friesen empezaron a combinarlas, a superponer los movimientos. El proceso duró en total siete años. «Hay 300 combinaciones de dos músculos», afirma Ekman. «Si se añade un tercero, resultan más de

400. Nosotros consideramos hasta cinco músculos, de los que se obtienen más de 10 mil configuraciones faciales visibles». La mayoría de esas 10 mil expresiones faciales no significa nada, desde luego. Es el tipo de gesto sin sentido que hacen los niños. En todo caso, al trabajar con cada una de las combinaciones de las unidades de acción, los dos estudiosos identificaron cerca de 3 mil que sí parecían significar algo, hasta que catalogaron el repertorio esencial de las muestras faciales de emoción del ser humano.

Paul Ekman es ahora sexagenario. No lleva barba ni bigote, tiene los ojos muy juntos, cejas pobladas y prominentes, y, aunque es de complexión normal, aparenta ser mucho más corpulento: hay algo de tenacidad y solidez en su porte. Se crió en Newark, Nueva Jersey. Hijo de un pediatra, a los 15 años ingresó en la Universidad de Chicago. Habla pausadamente. Antes de reír, se queda inmóvil un instante, como si esperara que le dieran permiso. Es de ese tipo de personas que hacen listas y numeran sus razonamientos. Sus escritos académicos siguen una lógica metódica; al final de sus ensayos, se recopilan y catalogan todos los cabos sueltos de objeciones y problemas. Desde mediados de la década de 1960 trabaja en una destartalada casa victoriana de la Universidad de California en San Francisco, donde tiene una cátedra. Cuando conocí a Ekman, estaba sentado en su despacho y comenzó a ensayar las configuraciones de las unidades de acción que había aprendido hacía ya mucho tiempo. Se inclinó levemente hacia delante y apoyó las manos en las rodillas. En la pared que tenía a su espalda había fotografías de sus dos héroes, Tomkins y Charles

Darwin. «La unidad de acción número cuatro puede hacerla todo el mundo», comenzó. Bajó el ceño valiéndose del músculo depresor del entrecejo y del superciliar. «La número nueve puede hacerla casi todo el mundo». Arrugó la nariz mediante el elevador común del ala de la nariz y del labio superior. «Cualquiera puede hacer la cinco». Contrajo el elevador del párpado superior, levantando ese párpado.

Yo trataba de imitarlo, y se quedó mirándome. «Hace usted muy bien la cinco», dijo generoso. «Cuanto más hundidos se tienen los ojos, más difícil es hacer la número cinco. Y luego está la siete». Entrecerró los ojos. «La 12». Sonrió activando el cigomático mayor. La parte interna de sus cejas se disparó hacia arriba. «Ésa es la unidad de acción número uno: aflicción, angustia». Acto seguido, utilizando la porción lateral del frontal, elevó la mitad exterior de las cejas. «Ésa es la dos. Es también muy difícil, pero no merece la pena. No forma parte de nada, salvo del teatro kabuki. Una de mis favoritas es la 23. Consiste en apretar los labios. Una muestra de ira que no falla. Es muy difícil hacerla involuntariamente». Frunció los labios. «Y mover sólo una de las orejas sigue siendo una de las más difíciles. Me tengo que concentrar a fondo. He de poner todo mi empeño». Se rió. «Mi hija me pedía siempre que lo hiciera para sus amigos. Bueno, pues allá vamos». Movió la oreja izquierda, y luego la derecha. Ekman no tiene una cara especialmente expresiva. Su comportamiento es el de un psicoanalista, atento e impasible, y tiene una capacidad asombrosa para transformar su cara con la mayor facilidad y rapidez. «Hay una que no puedo hacer», continuó. «Es la unidad de acción 39. Por suerte, uno de mis alumnos de posdoctorado sí puede hacerla. La unidad 38 consiste en dilatar las fosas nasales. Y la unidad 39 consiste en hacer lo contrario. Es el músculo que las contrae». Hizo un movimiento negativo con la cabeza y volvió a mirarme. «¡Oh! Usted tiene una 39 fantástica. Una de las mejores que he visto. Es algo genético. Deben existir otros miembros de su familia que presenten esta habilidad y no lo sepan. Usted, desde luego, la tiene». Volvió a reírse. «Está en condiciones incluso de exhibirlo en público. ¡Debería probar en uno de esos bares para solteros!».

A continuación, Ekman comenzó a superponer unidades de acción, una tras otra, a fin de componer las expresiones faciales más complicadas, que son las que reconocemos en general como emociones.

La expresión de felicidad, por ejemplo, es básicamente la suma de las unidades de acción seis y 12: contracción de los músculos que levantan el carrillo (el orbicular de los ojos y la porción orbitaria del nervio óptico) en combinación con el cigomático mayor que sube las comisuras de los labios. La expresión de miedo se forma con las unidades de acción una, dos y cuatro o, con mayor precisión, la uno, la dos, la cuatro, la cinco y la 20, con o sin las unidades 25, 26 o 27. Es decir: el músculo que levanta la parte interna de la frente (la porción media del músculo frontal) más el que levanta la parte externa de la frente (la porción lateral del frontal), más el que hace que baje la ceja (el depresor superciliar), más el que sube la parte superior del párpado (elevador del párpado superior), más el que estira los labios (risorio), más el correspondiente a la apertura de los labios (el depresor del labio inferior), más el que suelta la mandíbula (masetero). ¿La indignación? Es sobre todo la unidad de acción número nueve: arrugar la nariz (elevador común del ala de la nariz y del labio superior), aunque a veces corresponde a la número 10, y en ambos casos puede combinarse con las unidades 15, 16 o 17.

Lo que hicieron al final Ekman y Friesen fue organizar todas estas combinaciones, así como las reglas para leerlas e interpretarlas, en el Sistema de Codificación de las Acciones Faciales (FACS es el acrónimo en inglés), y redactar con ellas un documento de 500 páginas. Es una obra extrañamente fascinante, llena de detalles como los movimientos que pueden hacerse con los labios (alargarlos, acortarlos, estrecharlos, ensancharlos, aplanarlos, abultarlos, apretarlos y estirarlos); o los cuatro cambios de la piel que hay entre los ojos y las mejillas (protuberancias, ojeras, bolsas y arrugas), y la distinción crucial entre los surcos infraorbitales y el surco nasolabial. John Gottman, de cuya investigación sobre el matrimonio me ocupé en el capítulo 1, lleva años colaborando con Ekman y utiliza los principios del FACS para analizar los estados emocionales de las parejas. Otros investigadores han empleado el sistema de Ekman para estudiar todo tipo de cosas, desde la esquizofrenia a las cardiopatías; incluso lo han usado los responsables de la animación por computadora de Pixar *(Toy Story)* y DreamWorks *(Shrek)*. Dominar por completo el FACS lleva semanas, y sólo hay 500 personas en todo el mundo con certificación para usarlo en investigación. Ahora bien, los que lo dominan adquieren un nivel extraordinario en la percepción de los mensajes que nos enviamos mutuamente cuando nos miramos a los ojos.

Ekman recordó la primera vez que vio a Bill Clinton, durante las primarias del Partido Demócrata de 1992. «Estaba observando sus expresiones faciales y le dije a mi mujer: "Éste es el clásico niño malo. He aquí un tipo que quiere que lo pillen con las manos en la masa y que, a pesar de ello, lo sigamos queriendo". Le vi una expresión que es una de sus favoritas. Es una mirada que parece decir: "Mamá, aquí me tienes con las manos en el tarro de mermelada; quiéreme, mamá, porque soy un pillo". Se trata de las unidades de acción números 12, 15, 17 y 22, con la mirada hacia arriba». Ekman hizo una pausa y luego reconstruyó esa secuencia especial de expresiones que vio en la cara de Clinton: había contraído el cigomático mayor, la unidad número 12, formando una sonrisa clásica, y a continuación había bajado la comisura de los labios con el triangular de los labios, la número 15; había doblado el mentoniano, la número 17, que eleva la barbilla, luego había apretado ligeramente los labios para formar la unidad 24 y, por último, había elevado la mirada: fue como si el propio «Slick Willie» (Willie el escurridizo)* hubiera irrumpido de repente en la habitación.

---

* En inglés «Slick Willie», sobrenombre con que se refería la prensa sensacionalista a Clinton en los comienzos de su carrera política por su habilidad para sortear obligaciones, como librarse de Vietnam, u ocultar determinadas facetas del pasado, como sus supuestas infidelidades matrimoniales. (*N. de la T.*)

«Yo conocía a un miembro del departamento de comunicación de Clinton, así que me puse en contacto con él. Le dije: "Mira, Clinton tiene una manera de girar los ojos hacia arriba, acompañada de cierta expresión, que lo que transmite es: 'Soy un niño malo'. En mi opinión, no debería hacerlo. Yo podría enseñarle, en dos o tres horas, a no hacerlo". A lo que él me respondió: "No podemos arriesgarnos a que la gente se entere de que acude a un experto en mentir"». La voz de Ekman se fue apagando. Estaba claro que a él le gustaba Clinton y que quería que su expresión no fuera más que un tic facial sin significado. Ekman se encogió de hombros. «Por desgracia, supongo, lo que él necesitaba era que lo sorprendieran. Y lo hicieron».

La cara desnuda

Lo que Ekman quiere decir es que la cara es una fuente de información acerca de las emociones de una riqueza enorme. En realidad lo que afirma es aún más atrevido, además de esencial para comprender el funcionamiento de la lectura del pensamiento: que la información que hay en nuestra cara no es sólo una señal de lo que pasa en el interior de nuestra mente; en cierto sentido, *es* lo que pasa en el interior de nuestra mente.

Los comienzos de esta percepción se produjeron cuando Ekman y Friesen se sentaron por vez primera uno frente a otro para trabajar con las expresiones de ira y aflicción. «Pasaron semanas hasta que uno de nosotros admitió por fin que se sentía muy mal después de una sesión en la que nos habíamos pasado todo el día poniendo esas caras», comenta Friesen. «Entonces el otro se dio cuenta de que también él se había sentido mal, así que empezamos a prestar atención a esos estados». Volvieron a ello y comenzaron a examinar lo que les pasaba a sus cuerpos durante esos movimientos faciales concretos. «Hicimos, pongamos por caso, la unidad de acción número uno, es decir, levantar la parte interior de las cejas, y la número seis, que es levantar las mejillas, y la número 15, bajar la comisura de los labios», dijo Ekman. «Lo que descubrimos es que esa expresión por sí misma basta para crear cambios en el sistema nervioso autónomo. Cuando ocurrió por vez primera, nos quedamos pasmados. No lo esperábamos en absoluto. Y nos sucedió a los dos. Nos sentíamos fatal. Lo que estábamos generando era tristeza, angustia. Y si se bajan las cejas, que es la número cuatro; se sube la parte superior del párpado, la cinco; se encogen los párpados, la siete, y se aprietan los labios, la 24, lo que se genera es ira. El ritmo cardiaco subía 10 o 12 pulsaciones. Las manos se calentaban. Mientras se hace, no se puede desconectar uno del sistema. Es muy, muy desagradable».

Ekman, Friesen y otro colega, Robert Levenson (que también fue colaborador de John Gottman durante muchos años: el mundo de la psicología es un pañuelo), decidieron tratar de documentar este efecto. Reunieron a un grupo de voluntarios y los conectaron a unos monitores que medían la frecuencia cardiaca y la temperatura corporal (las señales fisiológicas de tales emociones son la ira, la tristeza y el miedo). A la mitad de los voluntarios se indicó que intentara recordar y revivir una experiencia especialmente estresante. A la otra mitad sólo se le enseñó a componer en sus caras las expresiones que corresponden a emociones de estrés, como la ira, la tristeza y el miedo. Pues bien, en el segundo grupo, el de las personas que estaban actuando, se observaron las mismas respuestas psicológicas, las mismas frecuencia cardiaca y temperatura corporal altas que en el primer grupo.

Pocos años después, un equipo de psicólogos alemanes realizó un estudio similar. Mostró dibujos animados a un grupo de personas, algunas de las cuales tenían que sujetar un bolígrafo en los labios (una acción que impide la contracción de cualquiera de los dos músculos principales de la sonrisa, el risorio y el cigomático mayor), mientras que otras debían apretar un bolígrafo entre los dientes (lo que causaba el efecto opuesto y les obligaba a sonreír). A los integrantes de este último grupo los dibujos les parecieron mucho más divertidos. Tal vez estos resultados sean difíciles de creer, ya que damos por sentado que primero sentimos una emoción y después expresamos, o no, esa emoción en la cara. Pensamos que la cara es un residuo de la emoción. En todo caso, lo que reveló el estudio es que el proceso funciona también en la dirección opuesta. La emoción puede *empezar* igualmente en la cara. La cara no es un escaparate secundario de nuestros sentimientos interiores. Es un componente de igual valor en el proceso emocional.

Este punto esencial tiene enormes repercusiones en el acto de leer el pensamiento. Al principio de su carrera, por ejemplo, Paul Ekman filmó a 40 pacientes psiquiátricos entre los que había una mujer llamada Mary, un ama de casa de 42 años. Tenía en su historial tres intentos de suicidio, y sobrevivió al último

—una sobredosis de pastillas— porque alguien la había encontrado a tiempo y la había llevado rápidamente al hospital. Sus hijos mayores ya no vivían en casa, su marido no le hacía caso y ella estaba deprimida. La primera vez que estuvo en el hospital, Mary se limitó a quedarse sentada llorando, aunque pareció responder bien al tratamiento. Pasadas tres semanas, le dijo a su médico que se sentía mucho mejor y que quería un permiso de fin de semana para ver a su familia. El médico accedió, pero justo cuando Mary estaba a punto de salir del hospital, ésta confesó que el auténtico motivo por el que deseaba un permiso era para intentar suicidarse de nuevo. Varios años después, cuando un grupo de jóvenes psiquiatras preguntaron a Ekman cómo se podía saber si un paciente suicida estaba mintiendo, éste recordó la película que habían grabado de Mary y decidió comprobar si allí estaba la respuesta. Se le ocurrió que, si la cara era en verdad una guía fiable de las emociones, ¿no podrían ver en la película si Mary estaba mintiendo cuando dijo que se sentía mejor? Ekman y Friesen comenzaron a analizar la película en busca de alguna pista. La reprodujeron una y otra vez durante decenas de horas, mientras examinaban en cámara lenta cada gesto y cada expresión. Hasta que por fin vieron lo que buscaban: cuando el médico preguntó a Mary qué planes tenía para el futuro, un gesto de total desesperación atravesó la cara de la paciente, aunque fue tan rápido que resultaba casi imperceptible.

A esas expresiones fugaces, Ekman las denomina «microexpresiones», que son un tipo de expresión facial muy particular y esencial. Muchas expresiones faciales pueden hacerse de forma voluntaria. Yo no tendría dificultad alguna en parecer severo mientras les echo una bronca, como tampoco la tendrían ustedes para interpretar mi mirada. Pero nuestras caras también se rigen por otro sistema, involuntario, que genera expresiones sobre las que no tenemos un control consciente. Por ejemplo, pocos de nosotros podemos hacer de forma voluntaria la unidad de acción número uno, la muestra de tristeza. (Una excepción notable, señala Ekman, es Woody Allen, que utiliza la porción media del frontal para poner esa característica mirada suya entre cómica y afligida). En cualquier caso, cuando somos infelices levantamos la parte interna de las cejas sin darnos cuenta. Observen si no a un bebé cuando se echa a llorar. Por lo común, la porción media del frontal sale disparado hacia arriba como si tiraran de él. Asimismo, hay una expresión que Ekman ha bautizado como «la sonrisa de Duchenne», en honor de Guillaume Duchenne, neurólogo francés del siglo XIX, a quien se deben los primeros intentos de documentar con una cámara el funcionamiento de los músculos de la cara. Si yo les pidiera que sonriesen, ustedes doblarían el cigomático mayor. En cambio, si lo hicieran de forma espontánea, como respuesta a una emoción auténtica, no sólo contraerían el cigomático, sino que tensarían el músculo que rodea el ojo, que se llama orbicular. Resulta casi imposible tensar este músculo a nuestro antojo, e igualmente difícil es evitar que se tense cuando sonreímos ante algo agradable de verdad. Es un tipo de sonrisa que «no obedece a la voluntad», como escribió Duchenne. «Su ausencia deja en evidencia al amigo hipócrita».

Cuando experimentamos una emoción básica, los músculos faciales la expresan de forma automática. Tal respuesta puede persistir en el rostro sólo una fracción de segundo o ser detectable únicamente si se colocan sensores eléctricos en la cara. Pero siempre se produce. Silvan Tomkins comenzó una vez una conferencia diciendo a voz en grito: «¡La cara es como el pene!», refiriéndose a que la cara tiene, en gran medida, su propia mente. Esto no significa que no tengamos dominio sobre nuestras caras. Podemos usar el sistema muscular voluntario para intentar reprimir esas respuestas involuntarias. Ahora bien, es frecuente que una pequeña parte de la emoción reprimida —como el sentimiento de que uno se sienta muy infeliz aunque lo niegue— salga al exterior. Eso es lo que le pasó a Mary. Nuestro sistema expresivo voluntario es la forma que tenemos de indicar intencionadamente nuestras emociones. Pero nuestro sistema expresivo involuntario es incluso más importante en muchos aspectos: es el modo en que nos ha equipado la evolución para que podamos reflejar nuestros verdaderos sentimientos.

«Seguro que le ha sucedido alguna vez que alguien le haya hecho una observación sobre su expresión, y usted no sabía que la tuviera», dice Ekman. «Ese alguien le pregunta entonces: "¿Por qué te enfadas?" o "¿De qué te ríes?". Podemos oír nuestras voces, pero no ver nuestras caras. Si supiésemos lo que refleja nuestra cara, podríamos ocultarlo. Aunque eso no sería necesariamente bueno. Imaginen que todos tuviésemos un interruptor con el que pudiéramos desactivar a voluntad nuestras expresiones faciales. Si los bebés tuvieran un interruptor así, no sabríamos lo que sienten. Sería un problema para ellos. Se podría rebatir, si se quiere, que el sistema habría evolucionado de tal modo que los padres sabrían cómo cuidar de sus hijos. O imagínense que estuvieran casados con alguien que tuviese el interruptor. Sería imposible. Si nuestras caras no funcionaran así, no creo que se produjeran los emparejamientos, los amores a primera vista, las amistades o las relaciones estrechas».

Ekman introdujo una cinta del juicio a O. J. Simpson en el reproductor de video. Reproducía la secuencia en que Kato Kaelin, el greñudo huésped de Simpson, es interrogado por Marcia Clark, la fiscal principal del caso. Kaelin estaba sentado en el estrado de los testigos, con mirada ausente. Clark le hacía una pregunta hostil. Kaelin se inclinaba hacia delante y respondía con suavidad. «¿Se ha fijado?», me preguntó Ekman. Yo no había visto nada. A Kato y sólo a Kato, inofensivo y pasivo. Ekman detuvo la cinta, la regresó y volvió a reproducirla en cámara lenta. En la pantalla se veía a Kaelin echándose hacia delante para responder a la pregunta, y, en esa fracción de segundo, la cara le cambiaba por completo. La nariz se le arrugó conforme doblaba el elevador común del ala de la nariz y del labio superior. Tenía los dientes al descubierto, las cejas hacia abajo. «Es casi una unidad de acción número nueve completa», dijo Ekman. «Es indignación, con algo de ira también, y la clave está en que cuando se bajan las cejas, lo normal es que los ojos no estén tan abiertos como están ahí. La elevación del párpado superior es un componente de la ira, no de la indignación. Es muy rápido». Ekman detuvo la cinta y volvió a reproducirla, mirando atentamente a la pantalla. «La verdad es que parece un perro gruñendo».

Ekman me enseñó otro fragmento, esta vez de una conferencia de prensa que dio Harold «Kim» Philby en 1955. Aún no se había descubierto que Philby era un espía soviético, pero dos de sus colegas, Donald Maclean y Guy Burgess, acababan de desertar a la Unión Soviética. Philby aparecía con traje oscuro y camisa blanca. El pelo lo llevaba liso y con raya a la izquierda. La cara reflejaba la altivez de su situación privilegiada.

—Señor Philby —le preguntaba un periodista—, el ministro de Asuntos Exteriores, señor Macmillan, ha afirmado que no hay pruebas de que fuera usted el presunto tercer hombre que se supone pasó información a Burgess y Maclean. ¿Está usted conforme con esa exculpación que le ha concedido?

Philby contestaba con aplomo y con ese tono afectado de la clase alta inglesa:

—Sí, lo estoy.
—Bien, pues si había un tercer hombre, ¿era usted de hecho ese tercer hombre?
—No —respondía Philby con igual convencimiento—. No lo era.

Ekman regresó la cinta y volvió a ponerla en cámara lenta. «Mire esto», dijo señalando a la pantalla. «Se le formulan preguntas serias acerca de si ha cometido traición, y en dos ocasiones está a punto de sonreír. Parece el gato que se ha comido al canario». La expresión aparece y desaparece en cuestión de milisegundos. Pero si la velocidad se reduce a la cuarta parte, se ve claramente en su cara: los labios apretados en un gesto de pura petulancia. «Se está divirtiendo, ¿no cree?». Ekman continuó. «Yo lo llamo "el placer de embaucar", la emoción que produce engañar a otras personas». Ekman volvió a poner el video en marcha. «Y hace además otra cosa», dijo. En la pantalla se veía a Philby, que respondía a otra pregunta: «En segundo lugar, el asunto Burgess-Maclean ha suscitado cuestiones de gran... —se detenía un instante— "delicadeza"». Ekman regresó hasta el momento en que Philby se detiene y congeló la imagen. «Aquí está», dijo. «Una microexpresión muy sutil de aflicción o desdicha. Sólo se advierte en las cejas; en realidad, sólo en una de ellas». No cabía duda de que la parte interna de la ceja derecha de Philby estaba levantada formando una inequívoca unidad de acción número uno. «Es muy breve», afirmó Ekman «No lo hace de forma voluntaria. Y no se corresponde en absoluto con todo su aplomo y seguridad en sí mismo. Se produce cuando está hablando acerca de Burgess y Maclean, a quienes ha pasado información. Es un punto conflictivo que indica: "No te fíes de lo que oigas"».

Lo que describe Ekman, en un sentido muy real, es la base fisiológica de cómo extraemos conclusiones sobre otras personas a partir de la selección de unos cuantos datos significativos. Todos podemos leer el pensamiento sin esfuerzo y automáticamente, porque las claves que necesitamos para comprender a alguien o alguna situación social están allí mismo, en las caras de los que tenemos delante. Tal vez no seamos capaces de leer las caras tan bien como lo hacen Paul Ekman o Silvan Tomkins, ni de percibir momentos tan sutiles como la transformación de Kato Kaelin en un perro gruñón. Pero en una cara hay suficiente información como para poder hacer lectura del pensamiento a diario. Cuando alguien nos dice: «Te quiero», miramos de inmediato y directamente a la persona que nos lo ha dicho, ya que, al ver la cara, podemos saber —o al menos saber mucho más— si el sentimiento es auténtico o no. ¿Vemos ternura y placer? ¿O advertimos una fugaz microexpresión de aflicción y desdicha que recorre esa cara? Un bebé nos mira a la cara si le cogemos las manos entre las nuestras, porque sabe que en nuestra cara puede encontrar la explicación. En ese momento, ¿qué es lo que hacemos, contraemos las unidades número seis y 12 (el orbicular de los ojos en combinación con el cigomático mayor) en señal de felicidad? ¿O contraemos las unidades una, dos, cuatro, cinco y 20 (la porción media del frontal; la porción lateral del frontal, el supercilar, el elevador del párpado superior y el risorio) en lo que incluso un niño interpretaría intuitivamente como clara señal de temor? Todos estos complicados cálculos sabemos hacerlos muy bien y a la velocidad del rayo. Los hacemos todos los días, sin pensar. Y ése es el enigma del caso de Amadou Diallo, porque la madrugada del 4 de febrero de 1999, Sean Carroll y sus compañeros policías fueron incapaces, por alguna razón, de hacerlo. Diallo era inocente, era curioso y estaba aterrorizado, y debía tener cada una de estas emociones escrita en su cara. Aun así, ellos no vieron ninguna. ¿Por qué?

El modelo clásico para comprender lo que significa perder la capacidad de leer el pensamiento es el autismo. En palabras del psicólogo británico Simon Baron-Cohen, cuando una persona es autista, tiene «ceguera mental». Para los autistas es difícil, si no imposible, hacer todas las cosas a las que me he referido hasta ahora como procesos naturales y automáticos para el ser humano. Tienen dificultades para interpretar señales no verbales, como los gestos y las expresiones faciales, o para ponerse en lugar de otro o para extraer algún significado de las palabras que no sea el literal. Ellos tienen el aparato que activa las primeras impresiones básicamente inhabilitado, y la forma en que ven el mundo nos proporciona una buena idea de lo que sucede cuando fallan nuestras facultades para leer el pensamiento.

Uno de los mayores expertos del país en materia de autismo es un hombre llamado Ami Klin. Es profesor del Child Study Center [Centro para el Estudio de la Infancia] de la Universidad de Yale en New Haven, donde tiene un paciente, a quien llamaremos Peter, al que lleva años estudiando. Peter tiene cuarenta y tantos años. Es muy culto, trabaja y vive sin depender de nadie. «Es una persona que funciona muy bien. Nos vemos todas las semanas y hablamos», explica Klin. «Se expresa perfectamente, pero carece de intuición acerca de las cosas, así que me necesita para que yo le defina el mundo». Klin, que tiene un parecido sorprendente con el actor Martin Short, es medio israelí y medio brasileño, lo que naturalmente da un acento peculiar a su forma de hablar. Lleva años tratando a Peter, y no habla de la enfermedad de éste con condescendencia ni distancia, sino con total naturalidad, como si se estuviera refiriendo a un tic del carácter sin importancia. «Hablo con él todas las semanas, y la sensación que me produce es que yo podría hacer cualquier cosa mientras estoy con él: hurgarme la nariz, bajarme los pantalones, llevarme trabajo y aprovechar para hacerlo... Aunque me mira, no me da la sensación de que me está escrutando o vigilando. Está muy atento a lo que digo. Las palabras significan mucho para él. Pero no advierte en absoluto que mis palabras tienen un contexto formado por expresiones faciales y señales no verbales. Cualquier cosa que suceda dentro de la mente, es decir, que no pueda observar directamente, para él es un problema. Entonces, ¿soy su terapeuta? En realidad, no. La terapia normal se basa en la capacidad de las personas para percibir sus propias motivaciones. Pero con él, esa percepción no nos llevaría muy lejos. De modo que soy más bien quien le resuelve los problemas».

Una de las cosas que Klin deseaba descubrir al hablar con Peter era cómo interpreta el mundo alguien con esa enfermedad, para lo que él y sus colaboradores idearon un ingenioso experimento. Decidieron que proyectarían una película ante Peter y observarían en qué dirección movía los ojos mientras miraba la pantalla. La película que escogieron fue una versión cinematográfica, de 1966, de la obra de teatro titulada *¿Quién teme a Virginia Woolf?*, de Edward Albee. Los protagonistas son Richard Burton y Elizabeth Taylor, que hacen los papeles de marido y mujer que invitan a una pareja mucho más joven, interpretada por George Segal y Sandy Dennis, a lo que se convierte al final en una noche intensa y agotadora. «Es mi pieza teatral favorita, y la película me encanta. Me gusta mucho Richard Burton y me gusta mucho Elizabeth Taylor», explica Klin, y para lo que él intentaba hacer, la película era perfecta. A los autistas les obsesionan los objetos mecánicos, pero en este caso se trataba de una película que seguía con gran fidelidad el diseño austero y centrado en los actores de la pieza teatral. «La contención es enorme en la obra», afirma Klin. «Trata de cuatro personas y sus mentes. Y hay en ella muy pocos detalles inanimados que distraerían a un autista. Si hubiera optado por *Terminator II*, en la que el protagonista es un arma de fuego, no hubiera conseguido esos resultados. En la obra que elegí, todo es interacción social intensa e interesante en muchos niveles de significado, emoción y expresión. A lo que intentamos llegar es a la búsqueda de significado que realizan las personas. Por eso escogí ¿*Quién teme a Virginia Woolf?* Lo que me interesaba era poder ver el mundo a través de los ojos de una persona autista».

Klin colocó a Peter un casco con un dispositivo muy simple, aunque potente, que permitía seguir el movimiento de los ojos mediante dos cámaras diminutas. Una de ellas grababa el movimiento de la fóvea, o parte central del ojo, de Peter. La otra grababa todo lo que miraba Peter y, después, ambas imágenes se superponían. Eso significaba que en cada fotograma Klin podía trazar una línea que reflejara dónde estaba mirando Peter en ese momento. Por otra parte, hizo que la película la vieran también personas no autistas, y comparó los movimientos oculares de éstas con los de Peter. Hay una escena en la que Nick (George Segal), quien está intentando resultar agradable con su conversación, señala en dirección a la pared del estudio del anfitrión George (Richard Burton) y le pregunta: «¿Quién ha pintado ese cuadro?». Tanto ustedes como yo veríamos la escena de una manera bastante sencilla: dirigiríamos la mirada en la dirección que señala Nick, la posaríamos en el cuadro, volveríamos a los ojos de George para saber su respuesta y, después, a la cara de Nick para ver cómo reacciona. Todo eso tiene lugar en una fracción de segundo, y en las imágenes de exploración visual de Klin, la línea que representa la mirada de un espectador normal forma un triángulo bien delimitado y nítido cuyos vértices serían Nick, el cuadro y George. Ahora bien, la figura que resulta de la mirada de Peter es un poco diferente. Comienza por los alrededores del cuello de Nick. Pero no sigue la dirección que señala el brazo de éste, ya que si uno desea interpretar un gesto de señal necesita, si se piensa en ello, introducirse instantáneamente en la mente de la persona que señala. Necesita leerle el pensamiento, algo que, desde luego, los autistas no pueden hacer. «Los niños responden a los gestos para señalar alguna cosa cuando tienen unos 12 meses», dijo Klin. «Este hombre, con 42 años y siendo muy brillante, no lo hace. Ese tipo de señales las aprenden los niños de manera natural, pero él, sencillamente no las capta».

Entonces, ¿qué hace Peter? Él oye las palabras «cuadro» y «pared», así que busca cuadros en la pared. Pero hay tres en esa parte. ¿Cuál de ellos es? Las imágenes de exploración visual de Klin muestran que Peter dirige la mirada frenéticamente de una a otra. Entre tanto, la conversación ya va por otros derroteros. La única manera de que Peter hubiera comprendido esa escena es que Nick hubiera sido absoluta y verbalmente explícito, si hubiera dicho: «¿Quién ha pintado ese cuadro del hombre y el perro que hay a la izquierda?». En cualquier entorno que no sea totalmente literal, un autista está perdido.

Hay otra lección esencial en esa escena. Los espectadores normales miraron a los ojos de George y Nick mientras éstos conversaban, y lo hicieron porque cuando las personas hablan, escuchamos las palabras que dicen y las miramos a los ojos para asimilar todos esos matices expresivos que tan minuciosamente ha catalogado Ekman. Pero Peter no miró a los ojos de nadie en esa escena. En otro momento fundamental de la película, cuando, de hecho, George y Martha (Elizabeth Taylor) están fundidos en un apasionado abrazo, Peter no miró a los ojos de la pareja que se besaba —lo que habríamos hecho ustedes o yo—, sino al interruptor de la luz que se ve en la pared que tienen detrás. Y no se debe a que Peter esté en contra de las personas o a que le repugne la idea de las relaciones íntimas. Se debe a que, si no se es capaz de leer el pensamiento, es decir, si uno no puede ponerse en la mente de otro, no se gana nada especial al mirar caras y ojos.

Uno de los colegas de Klin en Yale, Robert T. Schultz, realizó en una ocasión un experimento con lo que se llama una FMRI (imagen funcional por resonancia magnética), un escáner del cerebro muy complejo que permite ver el recorrido de la sangre en el cerebro en un momento determinado y, en consecuencia, qué parte del cerebro se está usando. Schultz colocaba a las personas en la máquina de FMRI y les pedía que hicieran una labor muy sencilla: se les mostraban pares de caras o de objetos (como sillas o martillos) y ellos tenían que pulsar un botón según les pareciera que los pares eran iguales o diferentes.

Las personas normales, al mirar las caras, usaban una zona del cerebro llamada circunvolución fusiforme, que es una parte increíblemente compleja del *software* cerebral que nos permite hacer distinciones entre los casi miles de caras que conocemos. (Imagínense la cara de Marilyn Monroe. ¿Ya? Acaban de usar la circunvolución fusiforme.) Ahora bien, cuando los participantes normales vieron la silla, usaron una parte completamente distinta y menos poderosa del cerebro, la circunvolución temporal inferior, reservada, por lo común, a los objetos. (La diferencia en la complejidad de esas dos regiones explica por qué pueden reconocer a una compañera suya del colegio al cabo de 40 años, pero tienen dificultad en reconocer su maleta en la cinta transportadora del aeropuerto.) Sin embargo, cuando Schultz repitió el experimento con personas autistas, descubrió que habían usado la zona que reconoce objetos tanto para las caras como para las sillas. En otras palabras, en el nivel neurológico más básico, para un autista una cara no es más que otro objeto. He aquí una de las primeras descripciones de un paciente autista en la literatura médica: «Nunca miraba a la cara de las personas. Cuando tenía cualquier trato con personas, las trataba (más que a ellas, a partes de ellas) como si fueran objetos. Una mano le servía de guía. Cuando jugaba, se golpeaba la cabeza contra su madre como había hecho ya en otras ocasiones contra una almohada. Permitía que la mano de su madre lo vistiera, sin prestarle la más mínima atención a ella».

En cualquier caso, cuando Peter vio la escena en que Martha y George se besan, sus caras no atrajeron automáticamente su atención. Lo que vio fueron tres objetos: un hombre, una mujer y un interruptor de la luz. ¿Y qué es lo que prefirió? Según parece, el interruptor. «Sé que para Peter, los interruptores de la luz han sido importantes en su vida», dice Klin. «Cuando ve uno, va derecho hacia él. Es como si un experto en Matisse estuviera mirando muchos cuadros y, de pronto, dijera: *"Ahí* está el Matisse". Lo que Peter dice es: *"Ahí* está el interruptor". Lo que busca es el significado, la organización. No le gusta la confusión. A todos nos atrae lo que significa algo para nosotros y, para la mayoría, son las personas. Pero si a las personas no les encuentras significado, entonces buscas algo que lo tenga».

Tal vez la escena más intensa de las que estudió Klin en la película fue aquella en la que Martha está sentada junto a Nick y coquetea descaradamente con él, llegando incluso a ponerle la mano sobre el muslo. En el fondo, dándoles ligeramente la espalda, merodea George, cada vez más enojado y celoso. Conforme va desarrollándose la escena, los ojos de un espectador normal se moverían en un triángulo casi perfecto entre los ojos de Martha, los de Nick y los de George, y después volverían a dirigirse a los de Martha, pendientes de los estados emocionales de los tres según va subiendo la temperatura en la habitación. Pero ¿qué pasa con Peter? La mirada de Peter empieza en la boca de Nick, luego baja hacia la bebida que éste tiene en la mano y después deambula hasta que se detiene en un broche que lleva Martha en el suéter. En ningún momento mira a George, de manera que la escena pierde todo significado emocional para él.

«Hay una escena en la que George está a punto de perder los estribos», dice Warren Jones, colaborador de Klin en el experimento. «Se dirige al armario, saca un arma de un estante, apunta con ella en dirección a Martha y aprieta el gatillo. Al hacerlo, del cañón del arma sale un paraguas. Pero el espectador no tiene ni idea de que es un arma de broma hasta que ve salir el paraguas, de modo que se produce una situación de verdadero temor. Y una de las cosas más reveladoras es que un autista clásico se echará a reír a carcajadas y considerará este momento una auténtica comedia física. No capta el sustrato emocional de la secuencia. Interpreta sólo el aspecto superficial y ve que alguien aprieta el gatillo y aparece un paraguas, por lo que concluye que los personajes se están divirtiendo».

El experimento de Peter con las películas es un ejemplo perfecto de lo que sucede cuando la lectura del pensamiento fracasa. Peter es un hombre sumamente inteligente. Tiene títulos de posgrado de una prestigiosa universidad. Su cociente intelectual está muy por encima del normal y Klin habla de él con verdadero respeto. Ahora bien, puesto que le falta una facultad muy básica, la de leer el pensamiento, cuando ve la mencionada secuencia de *¿Quién teme a Virginia Woolf?* puede llegar a una conclusión que es, desde el punto de vista social, completa y catastróficamente equivocada. Peter, como es natural, comete este tipo de equivocación a menudo: su enfermedad le produce ceguera mental permanente. Pero yo no puedo evitar plantearme que, en determinadas circunstancias, ¿no podríamos el resto de nosotros pensar también como Peter por un momento? ¿Cabría la posibilidad de que el autismo (es decir, la ceguera mental) fuera una enfermedad transitoria, en lugar de crónica? ¿Podría ser la explicación de que, a veces, ciertas personas, por lo demás normales, lleguen a conclusiones que están completa y catastróficamente equivocadas?

DISCUTIR CON UN PERRO

En las películas y en los programas televisivos de detectives vemos a personas que no paran de disparar armas de fuego. Disparan una y otra vez, salen en persecución de alguien y, a veces, lo matan y se quedan junto al cadáver, mirándolo mientras se fuman un cigarrillo, tras lo cual se marchan a tomar una cerveza con su compañero. Según lo pinta Hollywood, disparar un arma es una acción bastante común y sencilla. Aunque, a decir verdad, eso no es cierto. La mayoría de los agentes de policía —un promedio por encima de 90 por ciento— acaba su carrera profesional sin haber disparado nunca a nadie, y los que lo han hecho cuentan que es una experiencia tan inconcebiblemente estresante que cabe preguntar si disparar un arma podría ser el tipo de experiencia capaz de causar autismo transitorio.

A continuación se reproducen, entre otros, algunos fragmentos de las entrevistas que David Klinger, criminólogo de la Universidad de Missouri, realizó a agentes de policía para su fascinante libro *Into the Kill Zone* [En el distrito del asesinato]. El primero corresponde al de un agente que disparó a un hombre cuando éste amenazó con matar a su compañero, Dan:

Levantó la vista, me vio y dijo: «Oh, mierda». Pero no lo dijo en un tono de «Oh, mierda, estoy asustado», sino más bien de «Oh, mierda, ahora voy a tener que matar a otro más», con verdadera agresividad y maldad. En lugar de seguir apuntando a la cabeza de Dan, intentó desviar el arma en mi dirección. Todo esto pasó muy deprisa, en milisegundos, al tiempo que yo sacaba mi propia arma. Dan seguía luchando con él, y el único pensamiento que cruzó mi mente fue: «Ay, dios, no permitas que yo le atine a Dan». Disparé cinco veces. Mi visión cambió en cuanto comencé a disparar. Pasé de ver la escena en su conjunto a sólo la cabeza del sospechoso. Todo lo demás desapareció. Dejé de ver a Dan, dejé de ver el resto de las cosas. No veía más que la cabeza del sospechoso.

Vi que cuatro de los cinco disparos lo alcanzaron. El primero le dio en la ceja izquierda. Abrió un orificio. El tipo recuperó con rapidez la posición vertical de la cabeza y exclamó: «Aaaay», como diciendo: «Aaaay, me has dado». Él seguía volviendo el arma hacia mí, y yo efectué el segundo disparo. Vi un punto rojo justo bajo la base de su ojo izquierdo, y pareció que la cabeza se le giraba hacia un lado. Disparé otra vez. Le dio en la parte exterior del ojo izquierdo. El ojo le estalló; sencillamente, le reventó y se le salió. El cuarto disparo le dio justo delante de la oreja izquierda. El tercer disparo le había hecho girar la cabeza aún más hacia mí, y cuando recibió el cuarto, vi que se abría un punto rojo en ese lado de la cabeza y luego se cerraba. El último disparo que hice no sé dónde fue a parar. Entonces oí el golpe del tipo al caer de espaldas en el suelo.

He aquí otro pasaje:

Cuando comenzó a avanzar hacia nosotros, daba casi la impresión de que lo hacía en cámara lenta y todo quedó enfocado con nitidez... Cuando se puso en marcha, se me tensó todo el cuerpo. No recuerdo ninguna sensación de pecho para abajo. Toda mi atención estaba dirigida a observar y reaccionar ante mi blanco. ¡Y luego dicen de las descargas de adrenalina! Todo se tensó y tenía los cinco sentidos puestos en el hombre que corría hacia nosotros con un arma. Tenía la vista fija en el torso y la pistola del hombre. No podría decirle qué iba haciendo con la mano izquierda. No tengo ni idea. Yo no quitaba ojo de la pistola. El arma descendía por la zona del pecho, y entonces fue cuando realicé los primeros disparos.

No escuché nada; nada de nada. Alan había disparado una vez cuando yo realicé mi primer par de disparos, pero yo no lo oí. Cuando yo disparé por segunda vez, él realizó dos disparos más, pero tampoco los oí. Dejamos de disparar cuando el hombre cayó al suelo y se deslizó hacia mí. Allí estaba yo, de pie junto a ese tipo. No recuerdo siquiera cómo me incorporé. Lo único que sé es que lo siguiente que recuerdo es estar de pie mirando hacia el suelo, al hombre. No sé cómo llegué a esa posición, si me levanté apoyándome en las manos o si me puse de rodillas. No lo sé, pero una vez de pie recuperé el oído, porque escuché el ruido del metal que rebotaba aún en las baldosas del suelo. El tiempo también se había normalizado para entonces, porque durante el tiroteo todo fue más despacio. Esa sensación empezó en cuanto él avanzó hacia nosotros. Aunque yo sabía que venía corriendo, parecía que se movía en cámara lenta. Es lo más increíble que he visto en mi vida.

Supongo que estarán de acuerdo en que son historias profundamente extrañas. En el primer caso, el agente parece estar describiendo algo bastante inconcebible. ¿Cómo es posible ver dónde hacen impacto las balas que se disparan a otra persona? E igual de extraña es la afirmación del segundo policía de no haber oído el sonido del arma al disparar. ¿Cómo es posible? En todo caso, en las entrevistas realizadas a policías que han participado en tiroteos, este tipo de descripciones aparecen una y otra vez: claridad visual extrema, visión en túnel, disminución del sonido y sensación de que el tiempo pasa más despacio. Así reacciona el cuerpo en condiciones de máximo estrés, y tiene su lógica. La mente, ante una situación en que la vida corre peligro, limita radicalmente la variedad y cantidad de información que tenemos disponible. El sonido, la memoria y una interpretación social más amplia han de sacrificarse en favor de una mayor conciencia de la amenaza que tenemos justo ante nosotros. Desde el punto de vista de lo que era fundamental en ese momento, los agentes de policía que describe Klinger desempeñaron mejor su cometido porque restringieron sus sentidos: esa restricción les permitió centrarse en la amenaza que tenían frente a ellos.

Ahora bien, ¿qué sucede si esa respuesta al estrés se lleva al extremo? Dave Grossman, un ex teniente coronel del ejército y autor de *On Killing* [Sobre el asesinato], alega que el estado óptimo de «excitación» —el nivel en el que el estrés mejora el rendimiento— es aquel en el que la frecuencia cardiaca es de entre 115 y 145 latidos por minuto. Grossman afirma que midió la frecuencia cardiaca del campeón de tiro Ron Avery, y que ésta alcanzó el máximo nivel cuando estaba tirando en el campo. La superestrella del baloncesto Larry Bird solía decir que en momentos cruciales del juego, la cancha se quedaba en silencio y los jugadores parecían moverse en cámara lenta. Está claro que jugaba al baloncesto en ese mismo nivel óptimo de excitación en el que tiraba Ron Avery. Pero son muy pocos los jugadores de baloncesto que ven la cancha con tanta claridad como Larry Bird, y eso se debe a que muy pocas personas juegan en ese nivel óptimo. La mayoría de nosotros, cuando estamos sometidos a una presión intensa, nos excitamos demasiado y, superado un cierto punto, son tantas las fuentes de información que el cuerpo empieza a desconectarse y nos convertimos en unos inútiles.

«Por encima de 145 pulsaciones», sostiene Grossman, «empiezan a pasar cosas malas. Las destrezas motoras complejas comienzan a descomponerse. Realizar alguna acción con una mano y no con la otra se hace difícil... Con 175, se produce un fallo completo del proceso cognitivo... El posencéfalo se cierra y el mesencéfalo —la parte del cerebro que es igual a la de los perros (todos los mamíferos la tienen)— alcanza el posencéfalo y se apodera de él. ¿Ha intentado usted alguna vez mantener una discusión con una persona enojada o asustada? No se puede... Es como tratar de discutir con un perro». A tan elevada frecuencia cardiaca, el campo visual se reduce aún más. El comportamiento adopta una agresividad inadecuada. Es elevadísimo el número de casos de personas que evacuan el vientre cuando están en un tiroteo, y ello se debe a que al acentuado nivel de amenaza que representa una frecuencia cardiaca de 175 o superior, el cuerpo no considera ese tipo de control fisiológico como una actividad esencial. La sangre se retira de la capa muscular exterior y se concentra en la masa muscular central. El sentido evolutivo de este proceso es endurecer los músculos todo lo posible, convertirlos en una especie de armadura y limitar la hemorragia en caso de que se produzcan lesiones. Pero eso nos deja torpes e inútiles. De ahí que, según Grossman, todo el mundo debería hacer prácticas de marcar el 112, porque él sabe de demasiadas situaciones de urgencia en las que la gente coge el teléfono y es incapaz de desempeñar una función tan básica como ésa. Con una frecuencia cardiaca disparada y la coordinación motora deteriorada, no es difícil marcar el 221 en lugar del 112, pues es el único número que recordamos en ese momento; o bien olvidamos pulsar la tecla que activa la llamada en el teléfono móvil o, sencillamente, no distinguimos unos números de otros. «Hay que ensayar», sostiene Grossman, «porque sólo de esa manera se recordará el número».

Éste es, precisamente, el motivo de que en los últimos años muchos departamentos de policía hayan prohibido las persecuciones a gran velocidad. No se debe sólo al riesgo de golpear a algún transeúnte inocente durante la persecución, aunque no cabe duda de que es en parte lo que se desea evitar, puesto que cerca de 300 estadounidenses mueren cada año por accidente durante estas persecuciones. Se debe también a lo que sucede después de la persecución, ya que perseguir a un sospechoso a gran velocidad es el tipo de actividad que empuja a los agentes de policía a ese peligroso estado de «excitación» máxima. «Los disturbios sucedidos en Los Ángeles comenzaron por lo que los policías hicieron a Rodney King al final de una persecución a gran velocidad», dice James Fyfe, jefe de formación en el Departamento de Policía de Nueva York, quien ha prestado declaración en muchos casos de brutalidad policial. «Los disturbios en Liberty City, Miami, en 1980, comenzaron por lo que hicieron los policías al término de una persecución. Golpearon a un tipo hasta dejarlo muerto. En 1986, hubo otros desórdenes callejeros en Miami a consecuencia de lo que los policías hicieron al final de una persecución. La causa de tres de los principales disturbios raciales en este país en el último cuarto de siglo es la actuación policial al final de una persecución».

«Es espantoso ir a gran velocidad, sobre todo por barrios residenciales», afirma Bob Martin, un ex oficial de alta graduación del Departamento de Policía de Los Ángeles. «Aunque sea sólo a 80 kilómetros por hora. La adrenalina y el corazón empiezan a bombear como locos. Es casi como el punto máximo que alcanza un corredor. Es algo que produce mucha euforia. Se pierde perspectiva. La persecución te envuelve. Hay un viejo refrán que dice: "Cuando está de cacería, el perro no se detiene a rascarse las pulgas". Si ha escuchado alguna vez la retransmisión de algún agente de policía en mitad de una persecución, habrá advertido que se les nota en la voz. Casi gritan cuando lo hacen. Y si se trata de agentes que llevan poco tiempo, es casi histeria. Recuerdo mi primera persecución. Hacía sólo dos meses que había salido de la academia. Fue por un barrio residencial. Hubo un par de ocasiones en las que incluso las ruedas del vehículo no tocaban el suelo. Al final lo capturamos. Yo volví al coche a informar por radio de que nos encontrábamos bien, y no fui capaz siquiera de coger el radiotransmisor, tan tembloroso estaba». Martin afirma que la paliza a King fue precisamente lo que cabe esperar cuando dos partes —ambas con las pulsaciones disparadas y reacciones cardiovasculares de depredador— se enfrentan tras una persecución. Martin asegura: «En un punto clave, Stacey Koon [uno de los oficiales superiores presentes en el momento del arresto] dijo a los agentes que retrocedieran. Pero no le hicieron caso. ¿Por qué? Porque no lo oyeron. Habían desconectado».

Fyfe afirma que no hace mucho declaró en un caso de Chicago en el que unos agentes de policía habían disparado y matado a un joven al final de una persecución. A diferencia de Rodney King, él no estaba oponiendo resistencia a la autoridad, sólo estaba sentado en su coche. «Era un jugador de futbol de Northwestern. Se llamaba Robert Russ. Sucedió la misma noche en que los policías dispararon a otra persona, una muchacha, tras la persecución de un vehículo. Fue un caso del que se ocupó Johnnie Cochran, que consiguió un acuerdo extrajudicial de 20 millones de dólares. Los agentes dijeron que iba conduciendo de manera irregular. Los hizo perseguirlo, pero ni siquiera a gran velocidad. No llegaron a superar los 115 kilómetros por hora. Al cabo de un rato, obligaron al coche a salir de la carretera y lo hicieron parar en la autopista Dan Ryan. Las instrucciones relativas a cómo proceder cuando se obliga a un vehículo a detenerse son muy precisas. Se supone que uno no debe acercarse al coche, sino pedirle al conductor que salga del mismo. Pues bien, dos de los policías se acercaron corriendo hasta la parte delantera y abrieron la puerta del asiento del pasajero. El otro majadero estaba en el otro lado, ordenándole a gritos a Russ que abriera la puerta. Éste, sin embargo, se quedó sentado donde estaba. No sé en qué estaba pensando, pero no respondió. De modo que el policía rompió el cristal de la ventana trasera izquierda del coche y disparó un solo tiro, que alcanzó a Russ en la mano y el pecho. El agente afirma que dijo: "Muéstrame las manos, enséñamelas", y alega también que Russ intentaba coger su pistola. No sé si eso fue lo que pasó. Tengo que admitir lo que afirma el agente. Pero eso no viene al caso. El disparo sigue siendo injustificado, ya que no debería haber estado en las proximidades del coche, y tampoco haber roto la ventanilla».

¿Estaba leyendo el pensamiento el agente en cuestión? En absoluto. La lectura del pensamiento nos permite ajustar y actualizar nuestras percepciones acerca de las intenciones de los demás. En la escena de *¿Quién teme a Virginia Woolf?* en la que Martha coquetea con Nick mientras George merodea celoso detrás de ellos, dirigimos la mirada de los ojos de Martha a los de George, y de los de éste a los de Nick, y vuelta a empezar, puesto que no sabemos lo que George va a hacer. No dejamos de recopilar información sobre él, ya que deseamos saber qué pasará. Pero el paciente autista de Ami Klin dirigió la mirada a la boca de Nick, de ahí a su bebida, y después al broche que llevaba Martha. Su mente procesa del mismo modo seres humanos y objetos. Él no vio personas con emociones y pensamientos. Lo que vio fue una serie de objetos inanimados en una habitación, y construyó un sistema para explicarlos; un sistema que interpretó con una lógica tan rígida y pobre, que cuando George dispara a Martha y de la pistola sale un paraguas, eso lo hizo reírse a carcajadas. En cierto modo, es lo mismo que hizo el agente en la autopista Dan Ryan. En la extrema excitación de la persecución, dejó de leer la mente de Russ. Su campo visual y su pensamiento se restringieron. Elaboró un sistema rígido en virtud del cual un joven negro que va en un coche huyendo de la policía tiene que ser un criminal peligroso, y cualquier prueba en sentido contrario, que hubiera tenido en cuenta en condiciones normales (el hecho de que Russ sólo estaba sentado en su coche y que no hubiera pasado de los 115 kilómetros por hora) no quedó registrada en absoluto en su pensamiento. La excitación produce ceguera mental.

¿Han visto alguna vez el video del intento de asesinato de Ronald Reagan? Tuvo lugar la tarde del 30 de marzo de 1981. Reagan acababa de pronunciar un discurso en el hotel Washington Hilton y salió por una puerta lateral hacia su limusina. Saludó con la mano a la multitud congregada allí, que le respondía con gritos de: «¡Presidente Reagan! ¡Presidente Reagan!». En ese momento, un joven llamado John Hinckley se abrió paso de pronto con una pistola calibre 22 en la mano y disparó seis balas a quemarropa a los miembros del equipo de Reagan, antes de que éstos lo derribaran tras un forcejeo. Una de las balas alcanzó en la cabeza al secretario de prensa de Reagan, James Brady. La segunda hirió en la espalda a Thomas Delahanty, agente de policía. La tercera la recibió en el pecho al agente del servicio secreto Timothy McCarthy, y la cuarta rebotó en la limusina y atravesó el pulmón de Reagan a pocos centímetros del corazón. El enigma del caso, desde luego, es cómo se las arregló Hinckley para llegar hasta Reagan con tanta facilidad. Los presidentes van rodeados de guardaespaldas, y se supone que éstos deben vigilar si hay gente como John Hinckley entre los presentes. Las personas que suelen esperar a la puerta de un hotel en un frío día de primavera sólo por si su presidente les dirige una mirada es gente que le desea lo mejor, y la labor de los guardaespaldas es escudriñar a la multitud para detectar a cualquier persona que no encaje en el esquema, que en absoluto le desee lo mejor. Parte de lo que los guardaespaldas deben hacer es leer las caras. Tienen que leer el pensamiento. Entonces, ¿por qué no leyeron el de Hinckley? La respuesta es obvia al ver el video, y es la segunda causa fundamental de la ceguera mental: la falta de tiempo.

Gavin de Becker, que dirige una empresa de seguridad en Los Ángeles y ha escrito un libro titulado *The Gift of Fear [El valor del miedo*, Barcelona, Ed. Urano, 1999], afirma que el factor esencial de la protección es la cantidad de «espacio en blanco», es decir, la distancia que hay entre el objetivo y cualquier posible agresor. Cuanto mayor sea el espacio en blanco, más tiempo tiene el guardaespaldas para reaccionar. Y cuanto más tiempo tenga el guardaespaldas, mejor será su capacidad para leer el pensamiento de cualquier posible agresor. Pero en el caso de los disparos de Hinckley, no había espacio en blanco. Estaba entre un puñado de periodistas que se encontraban a escasos metros del presidente. Los agentes del servicio secreto no advirtieron su presencia hasta que comenzó a disparar. Desde el primer instante en que los guardaespaldas de Reagan se dieron cuenta de que se estaba produciendo un atentado —lo que, en el sector de la seguridad, se conoce como «el momento del reconocimiento»— hasta que ya no se causaron más daños, transcurrieron 1.8 segundos. «El atentado contra Reagan incluye reacciones heroicas por parte de varias personas», afirma De Becker. «Aun así, Hinckley efectuó los cinco disparos. En otras palabras: tales reacciones no cambiaron el curso de los acontecimientos en absoluto, ya que él se hallaba demasiado cerca. En el video se ve que uno de los guardaespaldas saca una ametralladora de su maletín, aunque se queda donde está. Hay otro que también desenfunda el arma. ¿A qué iban a disparar? Ya había pasado todo». En esos 1.8 segundos lo único que podían hacer era recurrir a su instinto más primitivo, más automático y, en este caso, más inútil: sacar las armas. No tenían posibilidad alguna de comprender o prever lo que estaba pasando. «Si se elimina el tiempo», dice De Becker, «estás expuesto a una reacción intuitiva de la más baja calidad».

No solemos pensar en la función que desempeña el tiempo en las situaciones de vida o muerte, tal vez porque Hollywood ha distorsionado nuestro sentido de lo que sucede en un enfrentamiento violento. En las películas, los tiroteos son secuencias interminables en las que un policía tiene tiempo para susurrarle de forma dramática algunas palabras a su compañero, el villano tiene tiempo de lanzarles un desafío, y el fuego cruzado aumenta lentamente hasta que llega a un fin devastador. El simple hecho de contar la historia de un tiroteo hace que lo sucedido parezca que llevó mucho más tiempo del que llevó en realidad. Lean cómo describe De Becker el atentado contra la vida del presidente de Corea del Sur hace unos años: «El asesino se pone en pie y se dispara a sí mismo en una pierna. Así es como empieza. Está nervioso, fuera de sí. Después dispara al presidente, pero yerra el tiro. En cambio, alcanza a la esposa de éste en la cabeza y la mata. El guardaespaldas se levanta y contesta los disparos. Falla. El tiro lo recibe un niño de ocho años. Algo absurdo, se mire por donde se mire. Todo salió mal». ¿Cuánto creen que duró toda la secuencia? ¿Quince segundos? ¿Veinte? No, 3,5 segundos.

En mi opinión, también nos volvemos autistas transitorios en situaciones en las que nos falta tiempo. El psicólogo Keith Payne, por ejemplo, colocó en cierta ocasión a varias personas frente a una computadora y las predispuso —al igual que hizo John Bargh en los experimentos que se describen en el capítulo 2—, mostrándoles imágenes fugaces de la cara de una persona negra o de la cara de una persona blanca. A continuación, Payne les enseñó la imagen de un arma o la de una llave inglesa. La imagen permanecía en la pantalla 200 milisegundos, y todos tenían que identificar lo que acababan de ver en la pantalla. El experimento estaba inspirado en el caso Diallo. Los resultados se los pueden imaginar. Si a uno se le predispone mostrándole primero una cara negra, identificará el arma como tal un poco más deprisa que si se le muestra primero una cara blanca. A continuación, Payne volvió a hacer el experimento, aunque esta vez más deprisa. En lugar de dejar que cada persona respondiera a su propio ritmo, las obligó a tomar una decisión en 500 milisegundos, es decir, en medio segundo. En esta ocasión, los sometidos a la prueba empezaron a cometer errores. Les llevó menos tiempo identificar un arma como tal cuando vieron la cara negra en primer lugar. Pero cuando vieron la cara negra primero, también les llevó menos tiempo identificar una llave inglesa como un arma. Sometidos a condiciones en las que el tiempo apremiaba, empezaron a comportarse como se comportan las personas cuando están muy excitadas. Dejaron de fiarse de las pruebas reales que les proporcionaban sus sentidos y recurrieron a un sistema rígido e implacable, a un cliché.

«Cuando tomamos una decisión en una fracción de segundo», afirma Payne, «somos muy vulnerables a dejarnos llevar por nuestros estereotipos y prejuicios, incluso por aquellos en los que no necesariamente creemos ni respaldamos». Payne ha probado todo tipo de técnicas para reducir este sesgo. En un intento de que las personas que se sometían al experimento se comportaran lo mejor que pudieran, les dijo que lo que hicieran lo iba a examinar después un compañero de clase. Eso aumentó su parcialidad. Payne explicó con todo detalle a algunos en qué consistía el experimento, y les pidió de manera explícita que evitaran los clichés fundados en la raza. Dio exactamente igual. Lo único que no dio igual, según averiguó Payne, fue conceder más tiempo para realizar el experimento y decir a las personas que esperaran un poco antes de identificar el objeto que había en la pantalla. Nuestro poder para seleccionar datos significativos y para hacer juicios instantáneos es extraordinario. Pero incluso la computadora gigante de nuestro inconsciente necesita un momento para llevar a cabo su labor. Los expertos en arte que emitieron un juicio sobre el kurós del Getty necesitaron verlo antes de poder afirmar que era una falsificación. Si se hubieran limitado a mirar la estatua por la ventanilla de un coche que pasara a 100 kilómetros por hora, sólo podrían haber emitido una conjetura al azar sobre su autenticidad.

Por esta razón, precisamente, en los últimos años muchos departamentos de policía han pasado a asignar a un solo agente en lugar de a dos en los coches-patrulla. Tal vez no parezca muy acertado, ya que seguramente tiene más lógica el trabajo conjunto de dos policías.

¿No pueden respaldarse entre sí? ¿No les resultaría así más fácil y seguro enfrentarse a situaciones problemáticas? La respuesta en ambos casos es que no. Un agente acompañado no va más seguro que solo. E, igualmente importante, es más probable que se denuncie la actuación policial cuando los agentes van en pareja que cuando va uno solo. Cuando van en parejas aumenta la probabilidad de que los enfrentamientos con los ciudadanos acaben en una detención, en lesiones al detenido o en una acusación por agresión al agente de policía. ¿Por qué? Porque cuando los agentes van de uno en uno se toman las cosas con más calma, y cuando van acompañados, las aceleran. «Todos los policías desean patrullar de dos en dos», dice De Becker. «De ese modo vas con tu compañero, tienes a alguien con quien hablar. Ahora bien, cuando sale a patrullar uno solo, se mete en menos líos, ya que no se envalentona como cuando va acompañado. Un policía solo adopta una postura diferente por completo. No es tan propenso a tender emboscadas. No se lanza al ataque. Lo que se dice es: "Voy a esperar a que lleguen los otros agentes". Se muestra más comprensivo. Se da más tiempo».

¿Habría acabado muerto Russ, el joven del coche en Chicago, si se hubiera enfrentado sólo a un agente? Cuesta creer que sí. Un solo policía, a pesar de todo el acaloramiento de la persecución, habría tenido que detenerse y esperar refuerzos. Lo que envalentonó a los tres agentes para perseguir el coche fue la falsa seguridad de ser superiores en número. «Es preciso que la situación se calme», afirma Fyfe. «Nosotros enseñamos a los agentes que el tiempo está de su lado. En el caso Russ, los abogados de la otra parte sostenían que se trataba de una situación que estallaría en cualquier momento. Pero sólo se debió a que los agentes dejaron que la situación llegara a ese punto. A Russ le hicieron parar. Ya no se escaparía».

Lo que se consigue con la formación policial, en el mejor de los casos, es enseñarlos a mantenerse alejados de este tipo de problemas, es decir, evitar el riesgo del autismo transitorio. Si hacen parar un vehículo, por ejemplo, el deber de los agentes es aparcar detrás del coche que persiguen. Si es por la noche, deben dirigir las luces largas directamente al vehículo. A continuación tienen que acercarse a pie hasta el coche, por el lado del conductor, quedarse de pie justo detrás de éste y, por encima de su hombro, iluminarle con la linterna la zona comprendida entre la cintura y las rodillas. A mí me han parado en alguna ocasión, y siempre me ha parecido una falta de respeto: ¿por qué el agente no puede colocarse delante de mí y hablarme cara a cara, como cualquier persona normal? La razón es que si el policía está de pie detrás de mí, me sería prácticamente imposible sacar un arma y apuntarle. En primer lugar, el agente me está enfocando con la linterna de modo que puede ver dónde tengo las manos y si voy a coger un arma. E incluso si llego a coger el arma, tengo que hacer un giro de casi 90 grados en el asiento, asomarme por la ventanilla y disparar al agente por encima del montante de la puerta (sin olvidar que la luz larga del coche patrulla me está deslumbrando), y todo ello ante sus narices. El procedimiento policial, en otras palabras, va en beneficio mío: significa que el agente sólo sacará su arma si yo emprendo una secuencia de acciones larguísima y totalmente inequívoca.

En una ocasión, Fyfe dirigió un proyecto en el condado de Dade, Florida, donde se produjo un número excepcionalmente alto de incidentes violentos entre agentes de policía y civiles. Imagínense la tensión que causó tanta violencia. Algunos colectivos sociales acusaron a la policía de falta de sensibilidad y racismo. La policía respondió con actitud iracunda y a la defensiva; la violencia, dijeron, era una parte trágica aunque inevitable de la labor policial. Era el pan de cada día. En todo caso, Fyfe decidió mantenerse ajeno a la polémica y realizar el estudio. Colocó observadores en los coches-patrulla y les pidió que tomaran nota de todos los comportamientos de los policías y los puntuaran según el grado de correspondencia entre su actuación y las técnicas adecuadas de formación. «Eran cosas del tipo: ¿aprovechó el agente los lugares que le brindaban la posibilidad de ponerse a cubierto? Nosotros formamos a los agentes para que procuren por todos los medios no ofrecer un blanco fácil, de manera que es el malo quien tiene que decidir si le van a disparar o no. Así que nos fijábamos en aspectos como si los agentes se mantuvieron a cubierto en la medida de lo posible o si entraron directamente por la puerta principal. ¿Tuvieron el arma apartada del sospechoso en todo momento? ¿Tenían la linterna en la mano no dominante? Al recibir un aviso de robo, ¿pidieron más información o sólo dijeron "es un 10-4"? ¿Pidieron refuerzos? ¿Coordinaron su método de actuación? (por ejemplo, "tú disparas y yo te cubro"). ¿Dieron una vuelta para examinar el vecindario? ¿Colocaron otro coche en la parte posterior del edificio? Una vez que entraron en el lugar en cuestión, ¿enfocaron las linternas hacia un lado? (porque si en el interior hay alguien armado, disparará al foco de luz). Si habían parado un vehículo, ¿miraron la parte trasera del mismo antes de acercarse al conductor? Ese tipo de cosas».

Lo que Fyfe descubrió fue que los agentes lo hacían verdaderamente bien cuando estaban cara a cara con un sospechoso y cuando lo habían detenido. En tales situaciones, hicieron lo «correcto» 92 por ciento de las veces. Pero el modo en que se acercaron a la escena del delito fue nefasto y su puntuación fue sólo de 15 por ciento. Ahí residía el problema. No adoptaron las medidas necesarias para evitar el autismo transitorio. Y cuando el condado de Dade se concentró en la mejora de la actuación policial antes de enfrentarse con el sospechoso, el número de reclamaciones contra los agentes y el de lesiones a policías y civiles cayó en picada. «A nadie le gusta ponerse en una posición en la que la única manera de defenderse es disparando a otro», dice Fyfe. «Si tienes que depender de tus reflejos, alguien va a salir herido y sin necesidad alguna. Si aprovechas la inteligencia y te pones a cubierto, casi nunca será necesario tomar una decisión instintiva».

«ALGO ME DIJO QUE NO DISPARARA AÚN»

Lo valioso del diagnóstico de Fyfe es cómo da la vuelta a la cuestión tan debatida de los tiroteos policiales. Los detractores de la conducta policial se centran siempre en las intenciones de agentes concretos. Hablan de racismo y parcialidad deliberada. Los defensores de la policía, por su parte, se escudan siempre en lo que Fyfe denomina «el síndrome de la fracción de segundo»: un agente acude cuanto antes al lugar de los hechos, ve al malo, no hay tiempo para pensar, actúa. Esa situación requiere que se acepten las equivocaciones como algo inevitable. En definitiva, ambos puntos de vista son derrotistas. Dan por sentado que una vez iniciado un incidente crucial, no puede hacerse nada para impedirlo o dominarlo. Y cuando intervienen las reacciones instintivas, esa opinión se generaliza. Pero es una suposición errónea. Hay un aspecto fundamental en el que el pensamiento inconsciente no se diferencia del pensamiento consciente: en ambos podemos desarrollar nuestra capacidad para tomar decisiones rápidas a base de formación y experiencia.

¿Son inevitables la excitación extrema y la ceguera mental en condiciones de estrés? Desde luego que no. De Becker, cuya empresa presta servicios de seguridad a personajes públicos, somete a sus guardaespaldas a un programa de lo que él llama «inoculación de estrés». «En la prueba que realizamos, la persona a la que se ofrece protección le dice al guardaespaldas: "Acérquese; oigo un ruido", y según éste dobla la esquina, ¡pum!, le disparan. No se hace con un arma real. La bala no es más que una cápsula de plástico que deja una marca, pero la sientes. Y has de seguir adelante. A continuación, decimos: "Tienes que hacerlo de nuevo", y esta vez le disparamos según entra en la casa. Pues bien, la cuarta o quinta vez que recibes un disparo simulado, ya es otra cosa». De Becker hace un ejercicio parecido en el que solicita a los guardaespaldas en prácticas que se enfrenten a un perro furioso repetidas veces. «Al principio, su frecuencia cardiaca es de 175. Ni siquiera ven con claridad. Pero la segunda o la tercera vez las pulsaciones bajan a 120, después a 110 y entonces ya pueden funcionar». Ese tipo de entrenamiento, realizado una y otra vez en combinación con experiencias de la vida real, hace variar esencialmente la forma en que un agente de policía reacciona ante una situación violenta.

La lectura del pensamiento es asimismo una capacidad que mejora con la práctica. Para Silvan Tomkins, tal vez el mejor lector del pensamiento, era casi una obsesión. Cuando nació su hijo Mark, se tomó un periodo sabático de la Universidad de Princeton y se quedó en su casa de Jersey Shore, observando con minuciosidad la cara del niño, analizando los patrones de emoción —los ciclos de interés, alegría, tristeza e ira— que refleja fugazmente la cara de un bebé en los primeros meses de vida. Reunió un archivo compuesto por miles de fotografías de caras humanas con todas las expresiones imaginables, y aprendió la lógica de los surcos, las arrugas y los pliegues, las sutiles diferencias entre una cara a punto de sonreír y una a punto de llorar.

Paul Ekman ha elaborado varios tests sencillos sobre la capacidad de las personas para leer el pensamiento. En uno de ellos reproduce una secuencia corta de un video en el que cerca de una docena de personas afirma haber hecho algo que ha hecho o no. La labor de los que se someten al test es adivinar quién miente. Las pruebas son sorprendentemente difíciles. La mayoría de la gente alcanza un resultado similar al que habría conseguido eligiendo las respuestas al azar. ¿Y quién responde bien? Los que han practicado. Las víctimas de un derrame cerebral que han perdido la capacidad de hablar, por ejemplo, son maestros, ya que su enfermedad las ha obligado a ser mucho más sensibles a la información que hay escrita en la cara de la gente. Las víctimas de malos tratos continuados en su niñez también responden correctamente: al igual que los que han sufrido un derrame, han tenido que practicar el difícil arte de la lectura del pensamiento; en su caso, el pensamiento de unos padres alcohólicos o violentos. Ekman organiza incluso seminarios para los cuerpos policiales en los que enseña a los alumnos a mejorar sus aptitudes de lectura del pensamiento. Con sólo media hora de práctica, afirma, una persona puede convertirse en un experto en la percepción de microexpresiones. «Yo tengo una cinta para el curso, y a los alumnos les entusiasma», dice Ekman. «Al comienzo no son capaces de ver ninguna de esas expresiones. Pero 35 minutos después, las ven todas. Lo que quiere decir que es una habilidad accesible».

En una de las entrevistas de David Klinger, éste conversa con un veterano agente de policía que ha participado en situaciones violentas muchas veces durante su carrera profesional y que se ha visto obligado otras tantas a leer el pensamiento de personas en momentos de estrés. Lo que cuenta el agente a continuación es un magnífico ejemplo de cómo un momento de gran estrés, en las manos apropiadas, puede dar un giro completo. Era de noche. El policía iba persiguiendo a tres adolescentes, miembros de una banda. Uno de ellos saltó por una valla, otro cruzó corriendo delante del coche y el tercero se quedó inmóvil, apenas a 300 metros del agente, paralizado por la luz. El agente recuerda:

Cuando yo salía del coche, por el lado del pasajero, el muchacho se llevó la mano derecha al cinturón y comenzó a buscar algo. Después vi que la mano seguía bajando en dirección a la entrepierna y que intentaba llegar a la zona del muslo izquierdo, como si tratara de coger algo que se le estaba escurriendo por la pernera.

Mientras rebuscaba en los pantalones, empezó a darse vuelta hacia mí. Me miraba fijamente, y yo le dije que no se moviera: «¡Quieto! ¡No te muevas! ¡No te muevas! ¡No te muevas!». Mi compañero le gritaba también: «¡Quieto! ¡Quieto! ¡Quieto!». Mientras le daba órdenes, desenfundé el revólver. Cuando llegué apenas a un metro y medio de él, el chico dejó al descubierto una automática calibre 25. Entonces, en cuanto tuvo la mano a la altura del vientre, dejó caer el arma sobre la acera. Lo detuvimos, y ahí acabó todo.

Creo que la única razón por la que no disparé fue su edad. Tenía 14 años, pero aparentaba nueve. Si hubiera sido un adulto, seguramente le habría disparado. Percibí la amenaza del arma, qué duda cabe. Vi con toda claridad que era de cromo y tenía empuñadura nacarada. Pero yo llevaba las de ganar, y quería concederle el beneficio de la duda un poco más, sólo porque parecía muy joven. En mi opinión, el hecho de que yo fuera un agente con gran experiencia tuvo mucho que ver con la decisión que tomé. Vi en su cara que estaba muy asustado, algo que ya había percibido en otras situaciones, y eso me llevó a pensar que si le concedía un poquito más de tiempo, me daría la oportunidad de no dispararle. El resultado fue que yo lo miré, vi lo que sacaba de los pantalones, lo identifiqué como un arma y vi adónde iba a dirigir la boca de esa pistola a continuación. Si el muchacho hubiera subido la mano un poco más arriba del cinturón, si la hubiera apartado más de la zona del estómago de modo que yo hubiera visto que dirigía el arma hacia mí, todo habría terminado. Pero no llegó a subir el cañón, y algo en mi interior me dijo que no disparara aún.

¿Cuánto duró este enfrentamiento? ¿Dos segundos? ¿Un segundo y medio? Observen que la experiencia y la habilidad del agente le permitieron estirar esa fracción de tiempo, calmar la situación, seguir recopilando información hasta el último momento. El agente ve salir el arma. Ve la empuñadura nacarada. Imagina la dirección que va a tomar la boca. Espera a que el muchacho decida si levanta el arma o sencillamente la deja caer. Y durante todo ese tiempo, incluso cuando va siguiendo el recorrido del arma, mira también a la cara del muchacho, para ver si es peligroso o sólo está asustado. ¿Hay un ejemplo más magnífico de juicio instantáneo? He aquí lo que se consigue con formación y experiencia: la capacidad de extraer una enorme cantidad de información significativa a partir de una mínima cantidad de experiencia. Para un novato, ese incidente habría transcurrido en una especie de neblina. Pero no fue neblinoso en absoluto. Cada momento, lo que dura un abrir y cerrar de ojos, está compuesto de una serie de partes diferenciadas en movimiento, y cada una de esas partes brinda una ocasión para la intervención, la reforma y la corrección.

Pues bien, ahí estaban: Sean Carroll, Ed McMellon, Richard Murphy y Ken Boss. Era ya tarde. Se encontraban en la zona sur del Bronx. Vieron a un joven negro que parecía comportarse de forma extraña. Aunque no pudieron verlo bien, puesto que pasaron delante de él en coche, se pusieron de inmediato a elaborar una teoría que explicara semejante comportamiento. Por ejemplo: no era un hombre corpulento, sino bastante pequeño. «¿Y qué significa pequeño? Pues que lleva un arma», afirmó Becker, tratando de imaginar lo que pasó por sus mentes en ese momento. «Estaba ahí fuera, solo, a las 12 y media de la noche. En un barrio tan malo como ése. Solo. Un tipo negro. Tiene un arma; si no, no estaría ahí. Y, por si fuera poco, es pequeño. ¡Hacen falta huevos para estar ahí en mitad de la noche! Tiene un arma. Ésa es la explicación que se da uno mismo». El coche dio marcha atrás. Carroll dijo más tarde que le «sorprendió» que Diallo siguiera allí. ¿No sale corriendo cualquier tipo malo en cuanto ve un coche lleno de policías? Carroll y McMellon salieron del automóvil. McMellon gritó: «¡Policía! ¿Podemos hablar?». Diallo permaneció inmóvil. Estaba aterrado, desde luego, y el terror se le notaba en la cara. Dos hombres altísimos, que no tenían nada que hacer en ese barrio y a esas horas, lo habían abordado. Diallo se dio la vuelta y entró corriendo en el edificio, momento en el que se perdió la ocasión para leer el pensamiento. En ese instante se trataba ya de una persecución, aunque Carroll y McMellon no tenían la misma experiencia que tenía el agente que vio la pistola de empuñadura nacarada subir en dirección a él. Eran novatos. Nuevos en el Bronx, nuevos en la Unidad de Delincuencia Callejera y nuevos en el inimaginable estrés que causa perseguir por un pasillo oscuro a un hombre al que creían armado. El ritmo cardiaco se acelera vertiginosamente. Se reduce el campo de atención. La Avenida Wheeler es una zona antigua del Bronx. La acera está a continuación de la cuneta, y entre la acera y el apartamento de Diallo sólo hay cuatro escalones. Aquí no hay espacio en blanco. Cuando los agentes salieron del coche patrulla, McMellon y Carroll se quedaron apenas a tres o cuatro metros de Diallo. Éste echa a correr. ¡Una persecución! Carroll y McMellon ya estaban un poquito excitados. Y en ese momento, ¿cuál era su frecuencia cardiaca? ¿175? ¿200? Diallo se encontraba en el portal, apoyado en la puerta interior del edificio. Giró el cuerpo hacia un lado mientras rebuscaba algo en el bolsillo. Carroll y McMellon no tenían un lugar donde ponerse a cubierto o esconderse: aquí no había un montante de la puerta del coche que les pudiera servir de escudo, que les permitiera tomarse el momento con más calma. Estaban en la línea de fuego, y lo que Carroll vio fue la mano de Diallo y la punta de algo negro. Luego resultó ser una cartera. Pero Diallo era negro, era tarde, estaban en la zona sur del Bronx, el tiempo en un momento así se mide en milisegundos y, en tales circunstancias, todos sabemos que las carteras parecen siempre armas. La cara de Diallo podría haberle transmitido algo diferente, pero Carroll no miraba a la cara de Diallo; aunque lo hubiera hecho, no es seguro que hubiera comprendido lo que veía en ella. En ese momento no leía el pensamiento. Para los efectos, era autista. Sólo estaba pendiente de lo que fuera a sacar Diallo del bolsillo, al igual que Peter sólo estaba pendiente del interruptor de la luz en la escena del beso de George y Martha. Carroll gritó: «¡Tiene un arma!». Y empezó a disparar. McMellon cayó hacia atrás y también comenzó a disparar —y la conjunción de un hombre que cae hacia atrás y la detonación de un arma parece significar sólo una cosa: lo han alcanzado—. Así que Carroll siguió disparando, y McMellon, al ver disparar a su compañero, continuó disparando a su vez, y Boss y Murphy, al ver disparar a los primeros, saltaron del coche y procedieron a disparar también. Los periódicos del día siguiente dieron mucha importancia al hecho de que se dispararan 41 balas, pero la realidad es que cuatro personas con pistolas semiautomáticas pueden disparar 41 tiros en cuestión de dos minutos y medio. De hecho, es probable que todo el incidente, de principio a fin, no durara más de lo que se tarda en leer este párrafo. Pero en esas pocas milésimas de segundo se tomaron las suficientes medidas y decisiones como para llenar toda una vida. Carroll y McMellon le gritan algo a Diallo. Mil 1. Él entra en la casa. Mil 2. Los agentes corren tras él atravesando la acera y suben los escalones de la entrada. Mil tres. Diallo se queda en el portal, buscando algo en el bolsillo. Mil 4. Carroll grita: «¡Tiene un arma!». Empieza el tiroteo. Mil 5. Mil 6. ¡Pum! ¡Pum! ¡Pum! Mil 7. Silencio. Boss se acerca corriendo hasta donde está Diallo, mira al suelo y grita: «¿Dónde diablos está el arma?», y después se dirige corriendo calle arriba, hacia la Avenida Westchester, porque con los gritos y el tiroteo se ha desorientado. Carroll se sienta en la escalera, junto al cuerpo de Diallo, acribillado a balazos, y empieza a llorar.

Conclusión

Escuchar con los ojos: las lecciones extraídas de *Inteligencia intuitiva*

Al principio de su carrera como profesional de la música, Abbie Conant estuvo en Italia tocando el trombón en el Teatro Real de Turín. Corría el año 1980. Ese verano, ella había enviado 11 solicitudes para diversos puestos vacantes en orquestas de toda Europa. Recibió sólo una respuesta: la de la Orquesta Filarmónica de Múnich. «Estimado señor Abbie Conant», comenzaba la carta. Al considerarlo ahora, una vez transcurrido el tiempo, ese error debería haber disparado todas las alarmas en la mente de Conant.

Le hicieron la prueba en el Museo Alemán de Múnich, ya que el edificio del centro cultural de la orquesta estaba aún sin acabar de construir. Se presentaron 33 candidatos, y todos tocaron detrás de una cortina para que el tribunal no pudiera verlos. Este tipo de pruebas con cortina era rara en Europa en aquella época. Pero, habida cuenta de que uno de los aspirantes era hijo de un miembro de una de las orquestas de Múnich, la Filarmónica decidió, en aras de la imparcialidad, realizar la primera ronda de pruebas sin ver a los intérpretes. Conant era la decimosexta. Interpretó el *Concertino para trombón* de Ferdinand David, una de las piezas más trilladas en las audiciones en Alemania, y falló en una nota (desafinó en un sol). En ese momento se dijo a sí misma: «Se acabó», y salió del escenario para recoger sus cosas e irse a casa. Pero el tribunal no opinaba lo mismo que ella. Les había dejado de una pieza. Las audiciones son momentos característicos de selección de unos cuantos detalles reveladores. Los intérpretes expertos en música clásica dicen que pueden dilucidar si un músico es bueno o no casi al instante —a veces en cuestión de unos cuantos compases, a veces con la primera nota—, y en el caso de Conant, lo hicieron. Después de que ella abandonara la sala de pruebas, el director musical de la Filarmónica, Sergiu Celibidache, gritó: «¡Justo lo que queríamos!». A los 17 aspirantes que quedaban los mandaron a casa. Alguien fue en busca de Conant. Ésta volvió a la sala de audiciones y, cuando apareció por detrás de la cortina, escuchó: *Was ist'n des? Sacra di! Meine Goetter! Um Gottes willen!*, que es el equivalente en bávaro a: «¡Pero bueno! ¿Esto qué es?». Ellos esperaban ver aparecer al señor Conant. Y lo que vieron fue a la señora Conant.

Fue una situación cuando menos incómoda. Celibidache era un director de orquesta de la vieja escuela, un hombre imperioso y tenaz, con ideas muy firmes acerca de cómo debe tocarse la música y también de quién debe interpretarla. Además, estaban en Alemania, la cuna de la música clásica. En cierta ocasión, justo después de la Segunda Guerra Mundial, en la Filarmónica de Viena hicieron una audición con cortina a modo de prueba y acabaron en lo que el ex presidente de la orquesta, Otto Strasser, describió en sus memorias como «una situación grotesca»: «Uno de los aspirantes se calificó como el mejor intérprete, y cuando descorrieron la cortina, lo que el atónito tribunal vio ante sí fue a un japonés». Para Strasser, un japonés no podía, sencillamente, tocar con alma y fidelidad una música compuesta por un europeo. Para Celibidache, de igual manera, una mujer no podía tocar el trombón. La Filarmónica de Múnich tenía una o dos mujeres al violín y el oboe. Pero se trataba de instrumentos «femeninos». El trombón es masculino. Es el instrumento que tocaban los hombres en las bandas de desfiles militares. Los compositores de ópera lo usaban para simbolizar el infierno. Beethoven utilizó el trombón en las sinfonías quinta y novena para hacer ruido. «Incluso ahora», comenta Conant, «un profesional del trombón podría preguntarle a usted: "¿Qué clase de *equipo* toca?" ¿Se imaginan a un violinista que diga: "Yo toco un Black and Decker"?».

Hubo dos rondas más de audiciones. Conant salió airosa de ambas. Pero cuando Celibidache y el resto de los miembros del tribunal la vieron en carne y hueso, todos esos arraigados prejuicios empezaron a competir con la primera impresión irresistible que les había causado su interpretación. Conant se incorporó a la orquesta y Celibidache tuvo que fastidiarse. Transcurrió un año, y en mayo de 1981 Conant fue convocada a una reunión. Se le informó de que iba a bajar a la categoría de segundo trombón. No se le dieron razones. Conant estuvo un año en periodo de prueba, para demostrar de nuevo su valía. Dio lo mismo. «¿Sabe cuál es el problema?» le dijo Celibidache. «Necesitamos a un hombre para el solo de trombón».

Conant no tuvo más remedio que llevar el caso a juicio. Lo que la orquesta alegaba en su expediente era que «la demandante no tiene la fuerza física necesaria para ser primer trombón». Se envió a Conant a la clínica Gautinger, especializada en pulmón, para someterla a un examen completo. Tuvo que soplar por máquinas especiales, le tomaron una muestra de sangre para medir su capacidad de absorción de oxígeno y le examinaron el tórax. Los resultados mostraron valores superiores a la media. La enfermera llegó a preguntarle si era una atleta. El caso se alargaba. La orquesta afirmaba que la «falta de aliento de Conant era apreciable al oído» en sus interpretaciones del famoso solo de trombón del *Réquiem* de Mozart, aunque el director invitado a esas interpretaciones había procurado que la trombonista destacara para que recibiera los aplausos del público. Se organizó una audición especial ante un experto en trombón. Conant interpretó siete de los pasajes más difíciles del repertorio para este instrumento. El experto se mostró efusivo. La orquesta alegó que Conant no era fiable ni profesional. Era mentira. Después de ocho años, se reincorporó como primer trombón.

Pero eso sólo fue el comienzo de una nueva serie de problemas que se prolongó durante otros cinco años, ya que la orquesta se negó a pagarle lo mismo que cobraban sus colegas varones. Conant volvió a ganar. Ninguno de los cargos que se presentaron contra ella prosperó, y no prosperaron debido a que la Filarmónica de Múnich no pudo rebatir los argumentos que ella presentó. Sergiu Celibidache, el hombre que ponía en duda sus aptitudes, la había escuchado interpretar el *Concertino para trombón* de Ferdinand David en condiciones de total objetividad, y en ese momento de imparcialidad lo que dijo fue: «¡Justo lo que queríamos!». Y mandó a su casa al resto de los aspirantes. A Abbie Conant lo que la salvó fue la cortina.

UNA REVOLUCIÓN EN LA MÚSICA CLÁSICA

El mundo de la música clásica, en particular en su patria europea, ha sido hasta hace muy poco dominio de los hombres blancos. Las mujeres, se pensaba, no podían tocar como los hombres, y no había más que hablar. No tenían la fuerza, ni la disposición ni la resistencia para ciertos tipos de piezas. Sus labios eran diferentes. Sus pulmones eran menos potentes. Sus manos eran más pequeñas. Y eso no parecía un prejuicio, sino un hecho, porque cuando se convocaban pruebas, a los directores de orquesta, los directores musicales y los maestros les parecía siempre que los hombres sonaban mejor que las mujeres. Nadie prestaba mayor atención al modo en que se celebraban las audiciones, puesto que era un artículo de fe que una de las cosas que hacía que un experto musical fuera tal era que, independientemente de las circunstancias en las que se interpretara la música que él escuchaba, era capaz de evaluar, de forma instantánea y objetiva, la calidad de la interpretación. Las pruebas para las orquestas importantes se realizaban a veces en el camerino del director, o en la habitación de su hotel si estaba de paso en la ciudad. Los intérpretes tocaban durante cinco minutos, o dos minutos, o 10 minutos, ¿qué más daba? La música era la música. Rainer Kuchl, primer violín de la Filarmónica de Viena, dijo en una ocasión que él podía distinguir al instante y con los ojos vendados entre, pongamos por caso, un violinista y una violinista. En su opinión, un oído educado podía captar la suavidad y flexibilidad del estilo femenino.

En todo caso, en las últimas décadas el mundo de la música clásica ha experimentado una revolución. En Estados Unidos, los músicos de orquesta comenzaron a organizarse políticamente. Formaron un sindicato y lucharon por conseguir contratos decentes, prestaciones médicas y protección contra el despido improcedente, a lo que se unió una campaña en favor de la contratación justa. Muchos músicos pensaban que los directores de orquesta abusaban de su poder y beneficiaban a sus favoritos. Por ello deseaban que el sistema de selección se formalizara. Eso significó que, en lugar de que la decisión dependiera en exclusiva del director de orquesta, se instituyera un tribunal oficial de audiciones. En algunos lugares se implantaron normas por las que quedaba prohibido que los miembros de los tribunales hablaran entre sí durante las pruebas, de manera que la opinión de una persona no enturbiara el criterio de otra. A los músicos se les dejó de identificar por su nombre para hacerlo por números. Se pusieron cortinas entre el tribunal y la persona que se sometía a la prueba, y en caso de que ésta se aclarara la garganta o hiciera cualquier clase de sonido que permitiera su identificación (si, por ejemplo, llevaba tacones y pisaba una zona del suelo que no estuviera alfombrada), se la invitaba a que saliera de la sala y se le asignaba otro número. Y mientras estas nuevas reglas se iban implantando en todo el país, sucedió algo extraordinario: las orquestas empezaron a contratar mujeres.

En los últimos 30 años, desde que se generalizó el uso de las cortinas, el número de mujeres en las principales orquestas de Estados Unidos se ha multiplicado por cinco. «La primera vez que se aplicaron las nuevas normas, nosotros estábamos buscando cuatro nuevos violinistas», recuerda Herb Weksleblatt, tuba de la Ópera Metropolitana de Nueva York, que encabezó la lucha por la utilización de cortinas en las pruebas para la orquesta neoyorquina a mediados de la década de 1960. «Y las ganadoras fueron mujeres. Algo que, sencillamente, no podría haber pasado antes. Hasta ese momento, teníamos tal vez tres mujeres en toda la orquesta. Recuerdo que tras el anuncio de que habían ganado cuatro mujeres, un tipo se puso totalmente furioso conmigo. Me dijo: "Se le recordará como el hijo de p… que trajo mujeres a esta orquesta"».

Lo que comprendieron, pues, los integrantes del mundo de la música clásica fue que lo que ellos habían considerado una pura y poderosa primera impresión —escuchar a alguien tocando— estaba en realidad podrido sin remedio. «Hay personas que parece que suenan mejor de lo que lo hacen porque dan sensación de seguridad en sí mismas y tienen una buena postura», afirma un músico, veterano ya en materia de audiciones. «Otras, sin embargo, tienen un aspecto horroroso cuando tocan, pero suenan muy bien. También están los que parecen sufrir al tocar, pero en su música no se aprecia. Hay siempre esa discordancia entre lo que uno ve y lo que oye. Una prueba comienza en el primer instante en que la persona está a la vista. Uno piensa: ¿Quién será este ganso? O bien: ¿Quién se creerá que es? y sólo por su modo de andar cuando salen con su instrumento».

Julie Landsman, que toca la trompa en la Ópera Metropolitana de Nueva York, dice que a ella le ha distraído en alguna ocasión la posición de la boca de algún músico. «Si se colocan la boquilla en una posición extraña, puedes pensar de inmediato: ¡Cielo santo, así no va a funcionar! Las posibilidades son tantas… Algunos trompistas usan un instrumento de metal, y otros, de cinc-níquel, y el tipo de trompa que toca una persona te dice algo acerca de la ciudad de donde procede, su profesor y su escuela, y ese historial es algo que influye en tu opinión. Yo he estado en pruebas sin cortina, y le aseguro que estaba llena de prejuicios. Empecé a escuchar con los ojos, y no hay manera de que los ojos no influyan en tu juicio. La única forma verdadera de escuchar es con los oídos y con el corazón».

En Washington, D. C., la Orquesta Sinfónica Nacional contrató a Sylvia Alimena para que tocara la trompa. ¿Habría sido contratada antes de la instauración de las cortinas? Desde luego que no. La trompa, como el trombón, es un instrumento «masculino». Además, Alimena es diminuta: apenas sobrepasa el metro y medio. En realidad, es un factor que no tiene la menor importancia. Como afirma otro destacado trompista: «Sylvia puede derribar una casa al soplar». Ahora bien, si uno la viera antes de escucharla tocar, no sería posible oír esa potencia, porque lo que uno ve contradice en gran medida lo que escucha. Sólo hay una manera de hacer un juicio instantáneo correcto de Sylvia Alimena: cuando está detrás de una cortina.

De esta revolución en la música clásica se puede extraer una lección poderosa. ¿Por qué los directores de orquesta se desentendieron durante tantos años de la deformación de sus juicios instantáneos? Porque solemos ser descuidados respecto a nuestros poderes de cognición rápida. No sabemos de dónde proceden nuestras primeras impresiones ni lo que significan exactamente, así que no siempre somos conscientes de su fragilidad. Tomar en serio nuestro poder de cognición rápida significa que debemos reconocer las sutiles influencias que pueden alterar, minar o influir en los productos de nuestro inconsciente. Juzgar la música parece una tarea sencillísima. Pero no lo es, no es como beber un refresco, decidirse por un modelo de silla o probar mermelada. Sin una cortina de por medio, Abbie Conant habría sido descalificada antes de tocar una sola nota. Con la cortina, de pronto era lo suficientemente buena como para pertenecer a la Filarmónica de Múnich.

¿Y qué hicieron las orquestas cuando se les planteó la cuestión de sus prejuicios? Solucionaron el problema, y he ahí la segunda lección de este libro. Demasiado a menudo nos resignamos a las cosas que suceden en un santiamén. No parece que tengamos mucho dominio sobre lo que aflora a la superficie desde nuestro inconsciente. Pero lo tenemos, y si podemos controlar el entorno en el que tiene lugar la cognición rápida, entonces podemos controlarla. Podemos evitar que las personas que luchan en las guerras, o las que atienden en las salas de urgencias o las que patrullan por las calles cometan equivocaciones.

«Cuando iba a ver una obra de arte, solía pedir a los vendedores que colocaran una tela negra sobre la pieza y la levantaran cuando yo entrara. Así, de repente, podía concentrarme por completo en ese objeto en particular», dice Thomas Hoving. «En el Museo Metropolitano, cuando estábamos pensando en adquirir una nueva obra, hacía que mi secretario u otro conservador la colocara en alguna parte en la que me produjera sorpresa verla, como un ropero, de manera que cuando abriera la puerta la viera allí. Entonces, o bien me gustaba o súbitamente veía algo que no había advertido antes». Hoving valoraba tanto los frutos del pensamiento espontáneo que adoptó medidas especiales para garantizar que sus primeras impresiones fueran las mejores posibles. No consideraba el poder de su inconsciente como una fuerza mágica. Lo consideraba algo que podía proteger, dominar y educar, y cuando posó la vista por primera vez en el kurós, ya estaba preparado.

El hecho de que ahora haya mujeres tocando en orquestas sinfónicas no es un cambio trivial. Es importante, puesto que ha abierto todo un mundo de posibilidades a un grupo de personas que habían sido excluidas. Es importante también porque, al fijar la primera impresión en el corazón de la audición —juzgar estrictamente las aptitudes—, las orquestas contratan ahora a mejores músicos, y esto se traduce en mejor música. ¿Y cómo hemos conseguido una música mejor? Desde luego, no ha sido replanteando todo el sector de la música clásica ni construyendo nuevas salas de conciertos ni invirtiendo millones de dólares más, sino prestando atención a los detalles diminutos: los primeros dos segundos de la audición.

Cuando Julie Landsman realizó la prueba para el puesto de trompa principal de la Ópera Metropolitana, acababan de extender la cortina en la sala de ensayo. En esa época no había mujeres en la sección de metales de la orquesta, ya que todos «sabían» que las mujeres no podían tocar la trompa tan bien como los hombres. Pero apareció Landsman, se sentó y tocó, y lo hizo bien. «En la última vuelta, ya sabía que yo había pasado; antes de que me lo dijeran», dice Landsman. «Ha sido por mi forma de interpretar la última pieza. Prolongué un buen rato el último do alto, sólo para que no les quedara ninguna duda. Y se echaron a reír, porque superé con creces lo que se me pedía». Pero cuando la eligieron ganadora y ella apareció por detrás de la cortina, se escuchó un grito ahogado. No sólo era una mujer —que no abundaban entre los trompistas, como había sido el caso de Conant— y no sólo fue ese enérgico y prolongado do alto, que era el tipo de sonido «de macho» que podían esperar exclusivamente de un hombre, es que la *conocían*. Landsman ya había tocado con esta orquesta con anterioridad como suplente. Pero hasta que no la escucharon a ella sola no se dieron cuenta de que era tan buena. Cuando la cortina permitió que se creara un momento de intuición de los más puros de los que se estudian en este libro, se produjo un pequeño milagro; el tipo de milagrito que puede suceder cuando nos hacemos cargo de los dos primeros segundos: la vieron como lo que era en verdad.

Notas

INTRODUCCIÓN

LA ESTATUA QUE TENÍA ALGO RARO

Margolis publicó sus descubrimientos en un artículo de éxito clamoroso en *Scientific American:* Stanley V. Margolis, «Authenticating Ancient Marble Sculpture», *Scientific American* 260, n.º 6 (junio de 1989), pp. 104-110.

La historia del kurós ha aparecido en diversos lugares. El que mejor la ha recogido es Thomas Hoving, en el capítulo 18 de *False Impressions: The Hunt for Big Time Art Fakes,* Londres, Andre Deutsch, 1996. Las versiones de los expertos en arte que vieron el kurós en Atenas están recogidas en *The Getty Kouros Colloquium: Athens,* pp. 25-27, mayo de 1992, Malibú, Museo J. Paul Getty, y Atenas, Fundación Nicholas P. Goulandris, Museo de Arte Cicládico, 1993. Véase también Michael Kimmelman, «Absolutely Real? Absolutely Fake?», *New York Times,* 4 de agosto de 1991; Marion True, «A Kouros at the Getty Museum», *Burlington Magazine* 119, n.º 1006, (enero de 1987), pp. 3-11; George Ortiz, *Connoisseurship and Antiquity: Small Bronze Sculpture from the Ancient World,* Malibú, Museo J. Paul Getty, 1990, pp. 275-278, y Robert Steven Bianchi, «Saga of the Getty Kouros», *Archaeology* 47, n.º 3 (mayo/junio de 1994), pp. 22-25.

El experimento con las barajas rojas y azules se describe en Antoine Bechara, Hanna Damasio, Daniel Tranel y Antonio R. Damasio, «Deciding Advantageously Before Knowing the Advantageous Strategy», *Science* 275 (febrero de 1997), pp. 1293-1295. Este experimento constituye en realidad una magnífica manera de adentrarse en una serie de temas fascinantes. Para más información, véase Antonio Damasio, *Descartes' Error*, Nueva York, HarperCollins, 1994, p. 212 [*El error de Descartes*, Barcelona, Ed. Crítica, 2001].

Las ideas en las que se basa el concepto de «rápido y frugal» se pueden encontrar en Gerd Gigerenzer, Peter M. Todd y el ABC Research Group, *Simple Heuristics That Make Us Smart*, Nueva York, Oxford University Press, 1999.

La persona que ha reflexionado a fondo acerca del inconsciente adaptativo y que ha escrito la interpretación más accesible de lo que tiene de «computadora» el interior de nuestra mente es el psicólogo Timothy Wilson. Le estoy profundamente agradecido por su magnífico libro *Strangers to Ourselves: Discovering the Adaptive Unconscious*, Cambridge, Mass., Harvard University Press, 2002. Wilson aborda también, con cierto detalle, el experimento del juego efectuado en Iowa.

En cuanto al trabajo de investigación de Ambady sobre los profesores, véase Nalini Ambady y Robert Rosenthal, «Half a Minute: Predicting Teacher Evaluations from Thin Slices of Nonverbal Behavior and Physical Attractiveness», *Journal of Personality and Social Psychology* 64, n.º 3 (1993), pp. 431-441.

1

LA TEORÍA DE LA SELECCIÓN
DE DATOS SIGNIFICATIVOS

John Gottman ha escrito mucho sobre el matrimonio y las relaciones personales. El resumen de su trabajo se ofrece en su página web: www.gottman.com. Para profundizar en la teoría de la selección de datos significativos, véase Sybil Carrère y John Gottman, «Predicting Divorce Among Newlyweds from the First Three Minutes of a Marital Conflict Discussion», *Family Process* 38, n.º 3 (1999), pp. 293-301.

Nigel West ofrece más información al respecto en www. nigelwest.com.

Sobre la cuestión de cómo los consejeros matrimoniales y psicólogos pueden evaluar con exactitud el futuro de un matrimonio, véase Rachel Ebling y Robert W. Levenson, «Who Are the Marital Experts?», *Journal of Marriage and Family* 65, n.º 1 (febrero de 2003), pp. 130-142.

En relación con el estudio de los dormitorios, véase Samuel D. Gosling, Sei Jin Ko y cols., «A Room with a Cue: Personality Judgments Based on Offices and Bedrooms», *Journal of Personality and Social Psychology* 82, n.º 3 (2002), pp. 379-398.

Sobre la cuestión de las demandas por negligencia y los médicos, véase la entrevista a Jeffrey Allen y Alice Burkin realizada por Berkeley Rice: «How Plaintiffs' Lawyers Pick Their Targets», *Medical Economics* (24 de abril de 2000); Wendy Levinson y cols., «Physician-Patient Communication: The Relationship with Malpractice Claims Among Primary Care Physicians and Surgeons», *Journal of the American Medical Association* 277, n.º 7 (1997), pp. 553-559, y Nalini Ambady y cols., «Surgeons' Tone of Voice: A Clue to Malpractice History», *Surgery* 132, n.º 1 (2002), pp. 5-9.

2

Para profundizar en lo que dice Hoving de Berenson, etc., véase *False Impressions: The Hunt for Big Time Art Fakes*, Londres, Andre Deutsch, 1996, pp. 19-20.

En relación con el test de las palabras revueltas, véase Thomas K. Srull y Robert S. Wyer, «The Role of Category Accessibility in the Interpretation of Information About Persons: Some Determinants and Implications», *Journal of Personality and Social Psychology* 37 (1979), pp. 1660-1672.

El fascinante estudio de John Bargh se encuentra en John A. Bargh, Mark Chen y Lara Burrows, «Automaticity of Social Behavior: Direct Effects of Trait Construct and Stereotype Activation on Action», *Journal of Personality and Social Psychology* 71, n.º 2 (1996), pp. 230-244.

Sobre el estudio del Trivial Pursuit, véase Ap Dijksterhuis y Ad van Knippenberg, «The Relation Between Perception and Behavior, or How to Win a Game of Trivial Pursuit», *Journal of Personality and Social Psychology* 74, n.º 4 (1998), pp. 865-877.

El trabajo sobre el rendimiento de blancos y negros en un test y la predisposición en relación con la raza lo exponen Claude Steele y Joshua Aronson en «Stereotype Threat and Intellectual Test Performance of African Americans», *Journal of Personality and Social Psychology* 69, n.º 5 (1995), pp. 797-811.

Los estudios sobre el juego están incluidos en el maravilloso libro de Antonio Damasio *Descartes' Error: Emotion, Reason, and the Human Brain*, Nueva York, HarperCollins, 1994,

p. 193 *[El error de Descartes: la emoción, la razón y el cerebro humano*, Barcelona, Ed. Crítica, 2003].

La necesidad humana de explicar lo inexplicable la expusieron a las mil maravillas Richard Nisbett y Timothy Wilson en la década de 1970. Concluían con la siguiente afirmación: «Naturalmente es preferible, desde el punto de vista de la predicción y los sentimientos subjetivos de control, creer que tenemos acceso a ello. Es aterrador pensar que el conocimiento que tenemos del funcionamiento de nuestra propia mente no es más cierto que el que tendría un desconocido que conociera bien nuestra historia y los estímulos presentes en el momento en que ocurrió el proceso cognitivo». Véase Richard E. Nisbett y Timothy D. Wilson, «Telling More Than We Can Know: Verbal Reports on Mental Processes», *Psychological Review* 84, n.º 3 (1977), pp. 231-259.

Sobre el experimento de las cuerdas, véase Norman R. F. Maier, «Reasoning in Humans: II. The Solution of a Problem and Its Appearance in Consciousness», *Journal of Comparative Psychology*, 12 (1931), pp. 181-194.

3

EL ERROR DE WARREN HARDING

Hay muchos y excelentes libros sobre Warren Harding, entre ellos los siguientes: Francis Russell, *The Shadow of Blooming Grove: Warren G. Harding in His Times*, Nueva York, McGraw-Hill, 1968; Mark Sullivan, *Our Times: The United States 1900-1925*, vol. 6, *The Twenties*, Nueva York, Charles Scribner's Sons, 1935, 16; Harry M. Daugherty, *The*

Inside Story of the Harding Tragedy, Nueva York, Ayer, 1960; y Andrew Sinclair, *The Available Man: The Life Behind the Masks of Warren Gamaliel Harding*, Nueva York, Macmillan, 1965.

Para más información acerca del Test de Asociación Implícita (TAI), véase Anthony G. Greenwald, Debbie E. McGhee y Jordan L. K. Schwartz, «Measuring Individual Differences in Implicit Cognition: The Implicit Association Test», *Journal of Personality and Social Psychology* 74, n.º 6 (1998), pp. 1464-1480.

La cuestión de la estatura la trata de forma excelente Nancy Etcoff, *Survival of the Prettiest: The Science of Beauty*, Nueva York, Random House, 1999, p. 172 [*La supervivencia de los más guapos*, Barcelona, Editorial Debate, 2000].

El estudio sobre el sueldo en relación con la estatura se encuentra en Timothy A. Judge y Daniel M. Cable, «The Effect of Physical Height on Workplace Success and Income: Preliminary Test of a Theoretical Model», *Journal of Applied Psychology* 89, n.º 3 (junio de 2004), pp. 428-441.

Hay una descripción del estudio de los concesionarios de automóviles de Chicago en Ian Ayres, *Pervasive Prejudice? Unconventional Evidence of Race and Gender Discrimination*, Chicago, University of Chicago Press, 2001.

Como prueba de que se puede luchar contra los prejuicios, véase Nilanjana Dasgupta y Anthony G. Greenwald, «On the Malleability of Automatic Attitudes: Combating Automatic Prejudice with Images of Admired and Disliked Individuals», *Journal of Personality and Social Psychology* 81, n.º 5 (2001), pp. 800-814. Otros estudios han demostrado unos efectos similares. Entre otros: Irene V. Blair y cols., «Imagining Stereotypes Away: The Moderation of Implicit Stereotypes Through Mental Imagery», *Journal of Personality and Social Psychology* 81, n.º 5 (2001), pp.

828-841; y Brian S. Lowery y Curtis D. Hardin, «Social Influence Effects on Automatic Racial Prejudice», *Journal of Personality and Social Psychology* 81, n.º 5 (2001), pp. 842-855.

4

LA GRAN VICTORIA DE PAUL VAN RIPER

Una buena versión de la filosofía del Equipo Azul sobre la guerra se encuentra en William A. Owens, *Lifting the Fog of War*, Nueva York, Farrar, Straus, 2000, p. 11.

La obra clásica de Klein sobre la toma de decisiones es *Sources of Power*, Cambridge, Mass., MIT Press, 1998.

En relación con las reglas de la improvisación, véase Keith Johnstone, *Impro: Improvisation and the Theatre*, Nueva York, Theatre Arts Books, 1979.

Sobre los problemas de lógica, véase Chad S. Dodson, Marcia K. Johnson y Jonathan W. Schooler, «The Verbal Overshadowing Effect: Why Descriptions Impair Face Recognition», *Memory & Cognition* 25, n.º 2 (1997), pp. 129-139.

Por lo que respecta al dominio verbal, véase Jonathan W. Schooler, Stellan Ohlsson y Kevin Brooks, «Thoughts Beyond Words: When Language Overshadows Insight», *Journal of Experimental Psychology* 122, n.º 2 (1993), pp. 166-183.

La historia del bombero y otras se abordan en «The Power of Intuition» [El poder de la intuición], capítulo 4 del libro de Gary Klein *Sources of Power*, Cambridge, Mass., MIT Press, 1998.

Sobre el trabajo de investigación de Reilly, véase Brendan M. Reilly, Arthur T. Evans, Jeffrey J. Schaider y Yue

Wang, «Triage of Patients with Chest Pain in the Emergency Department: A Comparative Study of Physicians' Decisions», *American Journal of Medicine*, 112 (2002), pp. 95-103; y Brendan Reilly y cols., «Impact of a Clinical Decision Rule on Hospital Triage of Patients with Suspected Acute Cardiac Ischemia in the Emergency Department», *Journal of the American Medical Association*, 288 (2002), pp. 342-350.

Goldman ha escrito diversos artículos sobre su algoritmo. Entre otros: Lee Goldman y cols., «A Computer-Derived Protocol to Aid in the Diagnosis of Emergency Room Patients with Acute Chest Pain», *New England Journal of Medicine* 307, n.º 10 (1982), pp. 588-596; y Lee Goldman y cols., «Prediction of the Need for Intensive Care in Patients Who Come to Emergency Departments with Acute Chest Pain», *New England Journal of Medicine* 334, n.º 23 (1996), pp. 1498-1504.

Sobre la cuestión del sexo y la raza, véase Kevin Schulman y cols., «Effect of Race and Sex on Physicians' Recommendations for Cardiac Catheterization», *New England Journal of Medicine* 340, n.º 8 (1999), pp. 618-626.

El famoso estudio de Oskamp se recoge en Stuart Oskamp, «Over-confidence in Case Study Judgments», *Journal of Consulting Psychology* 29, n.º 3 (1965), pp. 261-265.

5

EL DILEMA DE KENNA

Se ha escrito mucho acerca de la variable industria de la música. El siguiente artículo me resultó de gran ayuda: Laura

M. Holson, «With By-the-Numbers Radio, Requests are a Dying Breed», *New York Times*, 11 de julio de 2002.

Dick Morris recoge sus recuerdos en *Behind the Oval Office: Getting Reelected Against All Odds*, Los Ángeles: Renaissance Books, 1999.

Donde mejor se cuenta la historia de la Coca-Cola es en Thomas Oliver, *The Real Coke, the Real Story*, Nueva York, Random House, 1986.

Para más información sobre Cheskin, véase Thomas Hine, *The Total Package: The Secret History and Hidden Meanings of Boxes, Bottles, Cans, and Other Persuasive Containers*, Nueva York, Little, Brown, 1995 [*¡Me lo llevo! Una historia del shopping: una historia cultural del shopping*, Barcelona, Editorial Lumen, 2003]; y Louis Cheskin y L. B. Ward, «Indirect Approach to Market Reactions», *Harvard Business Review* (septiembre de 1948).

La biografía de Silverman que escribe Sally Bedell [Smith] está en *Up the Tube: Prime-Time TV in the Silverman Years*, Nueva York, Viking, 1981.

Las formas en que Civille y Heylmun degustan alimentos se explican en profundidad en Gail Vance Civille y Brenda G. Lyon, *Aroma and Flavor Lexicon for Sensory Evaluation*, West Conshohocken, Pa., American Society for Testing and Materials, 1996; y Morten Meilgaard, Gail Vance Civille y B. Thomas Carr, *Sensory Evaluation Techniques*, 3.ª ed., Boca Raton, Florida, CRC Press, 1999.

Para más información acerca de la degustación de mermeladas, véase Timothy Wilson y Jonathan Schooler, «Thinking Too Much: Introspection Can Reduce the Quality of Preferences and Decisions», *Journal of Personality and Social Psychology* 60, n.º 2 (1991), pp. 181-192; y «Strawberry Jams and Preserves», *Consumer Reports*, (agosto de 1985), pp. 487-489.

Siete segundos en el Bronx

Para más información acerca de la lectura del pensamiento, véase Paul Ekman, *Telling Lies: Clues to Deceit in the Marketplace, Politics, and Marriage*, Nueva York, Norton, 1995 *[Cómo detectar mentiras: una guía para utilizar en el trabajo, la política y la pareja*, Barcelona, Ediciones Paidós Ibérica, 1999]; Fritz Strack, «Inhibiting and Facilitating Conditions of the Human Smile: A Nonobtrusive Test of the Facial Feedback Hypothesis», *Journal of Personality and Social Psychology* 54, n.º 5 (1988), pp. 768-777; y Paul Ekman y Wallace V. Friesen, *Facial Action Coding System, parts 1 and 2*, San Francisco, Human Interaction Laboratory, Dept. of Psychiatry, Universidad de California, 1978.

Klin ha escrito diversos informes basados en el estudio que efectuó con la película *¿Quién teme a Virginia Woolf?* La más completa es seguramente Ami Klin, Warren Jones, Robert Schultz, Fred Volkmar y Donald Cohen, «Defining and Quantifying the Social Phenotype in Autism», *American Journal of Psychiatry*, 159 (2002), pp. 895-908.

Sobre la lectura del pensamiento, véase también Robert T. Schultz y cols., «Abnormal Ventral Temporal Cortical Activity During Face Discrimination Among Individuals with Autism and Asperger"s Syndrome», *Archives of General Psychiatry*, 57 (abril de 2000).

La magnífica serie de videos de Dave Grossman se titula *The Bulletproof Mind: Prevailing in Violent Encounters... and After.* Las historias de los agentes de policía que disparan sus armas están basadas en el extraordinario libro de David

Klinger *Into the Kill Zone: A Cops' Eye View of Deadly Force*, San Francisco, Jossey-Bass, 2004.

Son varios los artículos que han estudiado la parcialidad étnica y las armas, entre los que se incluyen los siguientes: B. Keith Payne, Alan J. Lambert y Larry L. Jacoby, «Best-Laid Plans: Effects of Goals on Accessibility Bias and Cognitive Control in Race-Based Misperceptions of Weapons», *Journal of Experimental Social Psychology*, 38 (2002), pp. 384-396; Alan J. Lambert, B. Keith Payne, Larry L. Jacoby, Lara M. Shaffer y cols., «Stereotypes as Dominant Responses: On the "Social Facilitation" of Prejudice in Anticipated Public Contexts», *Journal of Personality and Social Psychology* 84, n.º 2 (2003), pp. 277-295; Keith Payne, «Prejudice and Perception: The Role of Automatic and Controlled Processes in Misperceiving a Weapon», *Journal of Personality, and Social Psychology* 81, n.º 2 (2001), pp. 181-192; Anthony Greenwald, «Targets of Discrimination: Effects of Race on Responses to Weapons Holders», *Journal of Experimental Social Psychology* 39 (2003), pp. 399-405; y Joshua Correll, Bernadette Park, Charles Judd y Bernd Wittenbrink, «The Police Officer's Dilemma: Using Ethnicity to Disambiguate Potentially Hostile Individuals», *Journal of Personality and Social Psychology*, 83 (2002), pp. 1314-1329. Este estudio es un videojuego en el que se presenta a personas blancas y negras en posiciones ambiguas, y el jugador tiene que decidir si disparar o no. Consulte http://psych.colorado.edu/%7ejcorrell/tpod.html y juegue. Resulta bastante aleccionador.

Sobre la cuestión de aprender a leer el pensamiento, véase Nancy L. Etcoff, Paul Ekman y cols., «Lie Detection and Language Comprehension», *Nature*, 405 (11 de mayo de 2000).

Sobre las patrullas con dos personas, véase Carlene Wilson, *Research on One- and Two-Person Patrols: Distinguishing Fact from Fiction*, Australia del Sur, Australasian Centre for Policing Research, 1991; y Scott H. Decker y Allen E. Wagner, «The Impact of Patrol Staffing on Police-Citizen Injuries and Dispositions», *Journal of Criminal Justice*, 10 (1982), pp. 375-382.

CONCLUSIÓN

ESCUCHAR CON LOS OJOS

El que mejor recoge la historia de Conant es su marido, William Osborne, en «You Sound like a Ladies Orchestra» [Suenas como una orquesta de señoras], en la página web de ambos: www.osborne-conant.org/ladies.htm.

Los siguientes artículos me fueron de especial utilidad como información sobre los cambios en el mundo de la música clásica: Evelyn Chadwick, «Of Music and Men», *The Strad* (diciembre de 1997), pp. 1324-1329; Claudia Goldin y Cecilia Rouse, «Orchestrating Impartiality: The Impact of "Blind" Auditions on Female Musicians», *American Economic Review* 90, n.º 4 (septiembre de 2000), pp. 715-741; y Bernard Holland, «The Fair, New World of Orchestra Auditions», *New York Times*, 11 de enero de 1981.

Agradecimientos

Hace unos años, antes de empezar a escribir este libro, me dejé el pelo largo. Solía llevarlo muy corto y con un estilo tradicional. Pero, de repente, se me antojó dejármelo crecer como en mi época de adolescente. De inmediato mi vida cambió; en aspectos pequeños, pero significativos. Empezaron a ponerme multas por exceso de velocidad, algo que nunca me había ocurrido. En las colas para el control de seguridad de los aeropuertos comenzaron a llevarme aparte para recibir una atención «especial». Y un día, mientras caminaba por la calle catorce, en el centro de Manhattan, se subió a la acera una camioneta policial del que salieron tres agentes a toda prisa. Resulta que andaban buscando a un violador y, según dijeron, se parecía mucho a mí. Me enseñaron el retrato robot y la descripción. Yo lo miré y les hice ver lo más amablemente que pude que, en realidad, el violador no se parecía a mí en absoluto. Él era, aparte de mucho más alto y mucho más corpulento que yo, unos 15 años más joven (además, añadí en un intento bastante inútil de poner algo de humor a la situación, distaba mucho de ser tan guapo como yo). Lo único que teníamos en común era la cabeza grande y el pelo rizado. Transcurridos 20 minutos más o menos, los agentes por fin me dieron la razón y me dejaron marchar. Comprendo que, desde una perspectiva amplia, no fue más que un malentendido sin importancia.

Los afroamericanos en Estados Unidos se ven sometidos en todo momento a situaciones indignantes mucho peores que ésta. Pero lo que me sorprendió fue que, en mi caso, el tópico era incluso más sutil y absurdo: no se trataba de algo realmente obvio, como el color de la piel, la edad, la altura o el peso. Se trataba sólo del pelo. Mi pelo ejercía, en la primera impresión que yo daba, un efecto que desbarataba cualquier otra consideración para atrapar al violador. Ese episodio en la calle me hizo pensar acerca del extraño poder de las primeras impresiones. Y esa reflexión fue lo que me condujo a *Inteligencia intuitiva*; de manera que, supongo que antes que a nadie, debería expresar mi agradecimiento a esos tres agentes de policía.

Y ahora, pasemos a los agradecimientos auténticos. David Remnick, director de *The New Yorker*, con gran gentileza y paciencia, me permitió desaparecer durante el año que estuve trabajando en el libro. Todo el mundo debería tener un jefe tan bueno y tan generoso como David. Little, Brown, la editorial que me trató como a un príncipe con *The Tipping Point* [en español, publicado con el título original y como *La frontera del éxito*, Madrid, Espasa Calpe, 2001], hizo lo mismo en esta ocasión. Gracias, Michael Pietsch, Geoff Shandler, Heather Fain y, sobre todo, Bill Phillips, que con destreza, esmero y alegría hizo que cobrara sentido el disparate inicial de este manuscrito. Estoy pensando en llamar a mi primer hijo Bill. Una lista muy larga de amigos leyó el manuscrito en diversas fases y me ofreció sus inestimables consejos: Sarah Lyall, Robert McCrum, Bruce Headlam, Deborah Needleman, Jacob Weisberg, Zoe Rosenfeld, Charles Randolph, Jennifer Wachtell, Josh Liberson, Elaine Blair y Tanya Simon. Emily Kroll realizó para mí el estudio relativo a la estatura de los directivos.

Joshua Aronson y Jonathan Schooler me brindaron con generosidad su experiencia académica. El maravilloso personal del Savoy me soportó en las largas tardes que pasé en la mesa que hay junto a la ventana. Kathleen Lyon veló por mi salud y mi felicidad. Mi fotógrafo favorito, el mejor del mundo, Brooke Williams, se encargó de mi foto de autor. Hay varias personas que, sin embargo, merecen un agradecimiento especial. Terry Martin y Henry Finder, como ya hicieron con *The Tipping Point*, escribieron extensas y extraordinarias críticas de las primeras versiones. Es una bendición tener dos amigos de una brillantez así. Suzy Hansen y la incomparable Pamela Marshall dieron definición y claridad al texto y me han salvado del bochorno y el error. Por lo que se refiere a Tina Bennett, yo propondría que se la nombrara principal directora ejecutiva de Microsoft, que se presentase como candidata a las elecciones para la Presidencia o que ocupara algún puesto que le permitiera aplicar su ingenio, inteligencia y gentileza a los problemas del mundo, aunque eso me privaría a mí de tenerla como agente. Por último, mi madre y mi padre, Joyce y Graham Gladwell, leyeron este libro como sólo los padres pueden hacerlo: con devoción, honestidad y amor. Gracias.

Índice analítico

Powell, Colin, 118
prejuicio, 94, 107, 110
primeras impresiones:
  alteración de las, 108; y
  autismo, 248; y catas de
  sorbo, 200; y citas rápidas,
  80; y cognición rápida,
  228; consecuencias de,
  108; contenido y origen
  de, 25; educación y
  control de, 27; y estudios
  de mercado, 182-186;
  y expertos, 195, 196,
  199, 200, 202, 204; e
  inconsciente adaptativo,
  22; y parcialidad,
  274; poder de las,
  94; y vendedores de
  automóviles, 108
problema de buscar respuesta
  para todo, el, 85-86
problemas de lógica, 144-145
problemas de perspicacia,
  144-148, 209
propósito, 126, 141
prueba centralizada (CLT),
  185
prueba de uso, 197
pruebas en casa, 185
pruebas triangulares, 215
psicoanálisis, 22

psicólogos: y análisis
  de matrimonios por
  personas no expertas, 62;
  y asociaciones implícitas,
  94, 98; e información,
  163, 164. *Véase también:*
  psicólogos específicos
puños, 39-41, 59

¿Quién teme a Virginia Woolf?
  (película), 250-255, 265

raza y racismo: y asociaciones
  implícitas, 72, 73, 87,
  103; y diagnóstico del
  dolor torácico, 150;
  disturbios raciales,
  262; y experimentos
  de predisposición, 69,
  71-72; de la policía, 220;
  y sentencia de Simpson,
  87; y tiroteos policiales,
  274; y vendedores de
  automóviles, 114-115, 117
Reagan, Ronald, 266-267
regla del acuerdo del teatro
  de improvisación, 138,
  142, 164
Reilly, Brendan, 150-157,
  159-160, 163-165
Reto Pepsi, 182-186, 207